FREIE ALTERNATIVSCHULEN

FREIE ALTERNATIVSCHULEN

Die Zukunft der Schule hat schon begonnen

herausgegeben von

Manfred Borchert und Michael Maas

KLINKHARDT

1998

VERLAG JULIUS KLINKHARDT · BAD HEILBRUNN / OBB.

Die Deutsche Bibliothek – CIP-Einheitsaufnahme

Freie Alternativschulen : die Zukunft der Schule hat begonnen /
hrsg. von Manfred Borchert und Michael Maas. – Bad Heilbrunn/Obb.
: Klinkhardt, 1998
ISBN 3–7815–0951–6

Gesamtherstellung: WB-Druck GmbH & Co. Buchproduktions-KG, Rieden
Printed in Germany 1998
Gedruckt auf chlorfrei gebleichtem alterungsbeständigem Papier
ISBN 3–7815–0951–6

Inhalt

III. Was heißt schon „alternativ"? - Einblicke in eine andere Schulwirklichkeit

IV. Anhang

Anderes auf andere Weise: Vorwort zu einem ungewöhnlichen Buch

"Unsicher, wo ich anfangen sollte,
da doch so vieles Abhilfe forderte,
begann ich mit kleinen Dingen,
von denen ich wußte, daß es in
meiner Macht stand, sie zu verändern."
Torey L. Hayden, 1995[1]

Als wir (eine Gruppe von Studenten, Lehrern und Dozenten) im September 1975 den Trägerverein FREIE SCHULE ESSEN gründeten, da ahnten wir alle die Bedeutung des Wortes: *Ein Schiff baut nur, wer Sehnsucht nach der Ferne spürt.* Ferne - das hieß für uns vor allem: Anders lehren zu dürfen als wir lernen mußten. So galt es, eben dieses Andere, dieses Alternative, aufzuspüren. Im lateinischen Adjektiv bzw. Adverb *alternus* (abwcchselnd) steckt das Wörtchen alter, was nicht nur den anderen meint, sondern auch: entgegengesetzt. Etymologisch steckt freilich noch mehr hinter dem Wort alternativ, nämlich, alter natus, wörtlich: von anderer Geburt. Irgendjemand oder irgendetwas ist von anderer Herkunft als das Gewöhnliche. Dieses ganz Andere galt es erst einmal 1975 aufzuspüren, ehe es realisiert werden konnte. So lasen wir *Rousseau* und *Illich*, *Neill* und *Montessori* (deren Hauptwerk übrigens "Das Geheimnis der Kindheit" heißt[2]) - die Alternativisten eben...

Zwei Jahre später wurde die FSE eröffnet, am Rande der Legalität, des Gewöhnlichen. Und allmählich begann sich unsere Semantik zu ändern. Heute weiß jeder von damals: *Nur wer Sehnsucht nach Heimat hat, baut sich und anderen ein Haus* - zum Beispiel ein "Haus des Lebens und Lernens".[3] In den folgenden Jahren wurden viele neue Häuser gebaut, in denen zu leben und zu lernen lohnt: Nicht nur in Leipzig und Offenburg, in Bremen und Bochum... Und nicht nur à la Glocksee oder Frankfurt, im Stile von Summerhill oder der First Street School des Georges Dennison. Nicht nur, aber auch. Und der hier vorliegende (von *Manfred Borchert* und *Michael Maas* mit großer Sachkenntnis edierte) Reader läßt diese Aufbauarbeiten noch einmal Revue passieren. Darüberhinaus aber initiierten just die Alternativisten der 70er Jahre auch viele

[1] Torey L. Hayden: Meine Zeit mit Sheila. Auf der Suche nach dem Geheimnis einer tragischen Kindheit. München: Goldmann 1995, S.18

[2] Maria Montessori: Il segreto dell` infanzia (Das Geheimnis der Kindheit) Mailand: Garzanti 17. Auflage 1988, Original 1938. Die deutsche Ausgabe firmiert unter dem modischen Titel: Kinder sind anders. München: Deutscher Taschenbuch Verlag 2. 1988

[3] Vgl. dazu: Rainer Winkel: Theorie und Praxis der Schule. Oder: Schulreform konkret – im Haus des Lebens und Lernens. Baltmannsweiler: Schneider 1997

Umbauten und Renovierungen in nicht wenigen Regelschulen. Ohne sie - so wird man vermuten dürfen - gäbe es viele Reformen nicht: die "Freiarbeit" und den "Offenen Unterricht", die "Community Education" und die "Projektwochen" -deren oberflächliche Verhunzungen freilich auch nicht ...

Ich will mit diesen Worten auf eine Schwierigkeit aufmerksam machen und gleichzeitig die Hoffnung vermitteln: die Pädagogik von Alternativschulen ist weder theoretisch mühelos zu kennzeichnen noch praktisch ohne Anstrengung zu verwirklichen. Es gibt keine (noch keine?) "Theorie der Alternativschulpädagogik", wohl aber Konzepte, Ideen, Programmatiken, Modelle ... Deshalb hat *Oskar Negt*, zusammen mit *Tom Ziehe*, Gründer und langjähriger wissenschaftlicher Begleitforscher der Glocksee-Schule in seinem neuen Buch über "Kindheit und Schule in einer Welt der Umbrüche" zu Recht bemerkt, daß er jede Idee, also auch die der Alternativschulpädagogik, im Hegelschen Sinne "als ein dialektisches Spannungsverhältnis zwischen Begriff und Realität (versteht), nicht als etwas, was durch Erfahrungsmangel und Abstraktion bestimmt ist." Und er fährt fort: "Brechungen, Um- und Irrwege in den empirischen Verhältnissen dieser Schulwirklichkeit lassen sich von der Lebenskraft solcher Ideen weder säuberlich trennen, noch können sie in jedem Punkt als Existenzeinwände verstanden werden."[1] Über "das" Alternative in der Pädagogik nachzudenken, es auf den Begriff zu bringen, ist ohne mühevolle Gedankenarbeit nicht zu leisten - auch nicht in diesem Buche hier ...

Neben dieser Warnung steht aber auch eine Hoffnung. Wer immer sich der Praxis in Alternativschulen nähert, registriert häufig und zunächst einmal "Chaos", was die einen den Untergang des Abendlandes befürchten läßt, die anderen als ein Symptom selbstregulierten Handelns beglückt zur Kenntnis nehmen. In dieser Oberflächlichkeit haben beide Unrecht und dienen weder der Sache, um die es geht, noch den Kindern. Statt dessen kommt es darauf an, die sichtbaren Merkmale einer alternativen Schulpädagogik wahrzunehmen und die latenten Absichten sowie die verborgenen Prozesse zu entdecken, wenn es beim bloßen Etikettieren (hier: anarchistisches laissez-faire und dort: Zeichen für Emanzipation) nicht bleiben soll. Wie aber das? Ein Weg, die Praxis von Alternativschulen kennenzulernen, liegt in der Lektüre ihrer Berichte, zu der dieses Buch wie kaum ein anderes einlädt. Und wenn dieser Weg weiterführt zu Hospitationen und gemeinsamen Erfahrungen, ist just das möglich, was pädagogische Klugheit nahelegt: Brücken zur Regelschule bauen zu helfen, über die von beiden Seiten gegangen werden kann. Denn beide Seiten (... *et*

[1] Oskar Negt: Kindheit und Schule in einer Welt der Umbrüche. Göttingen: Steidl 1997, S. 140

altera pars) können voneinander lernen - die (mitunter stützenden) Systemzwänge hier und die Gefahren von (allzu großer) Offenheit dort.

"Demokratie kann", so schreibt *Negt*[1], "auf Dauer nicht existenzfähig sein ohne Demokraten. Diese zu erziehen, den Eigensinn und die Selbsttätigkeit auf allen Ebenen zu fördern, in den Schulen, Universitäten, der Öffentlichkeit und in den Geselligkeitsforen das politische Urteilsvermögen zu bilden, bildet heute die Hauptaufgabe einer Gesellschaft, die sich der Probleme der Wiedervereinigung bewußt ist. Dazu ist die Integration des ganzen Reichtums von praktischen pädagogischen Alternativen in das Regelschulsystem nötig." Aber auch umgekehrt, würde ich hinzufügen: Jeder Alternativschule kann es nur gut tun, wenn sie lernend das wahrnimmt, was in den Regelschulen geschieht. Dann könnte ein drittes geflügeltes Wort den nach uns Kommenden eine Handlungsmaxime werden: *Fange nie an aufzuhören, und höre nie auf, anzufangen!*

Berlin/Dortmund im Sommer 1997

Rainer Winkel

---

[1] Ebd., S. 47

Einleitung

Der Titel des vorliegenden Buches „Freie Alternativschulen - die Zukunft der Schule hat schon begonnen“ signalisiert einen hohen Anspruch. Die kleine Schulbewegung der Freien Alternativschulen oder zumindest die Herausgeber des Bandes behaupten, daß die Freien Alternativschulen heute schon Schule so praktizieren, wie sie zukünftig für viel mehr Kinder aussehen wird.

Der rasante Wandel ökonomischer, sozialer und kultureller Bedingungen hat dazu geführt, daß jeder Mensch zum „Planungsbüro für sein eigenes Leben“ (Ulrich Beck) wird. Diese Entwicklung bringt einerseits die Chance zur Entwicklung individueller Lebensentwürfe mit sich, erzeugt andererseits aber den permanenten Druck, für das eigene Leben verantwortlich zu sein und Entscheidungen zu treffen, die von großer persönlicher Reichweite sind. Man denke nur daran, daß es heute kaum noch möglich ist, den Beruf fürs ganze Leben zu finden. Um wieviel schwieriger wird dies morgen sein.

Auf die erforderliche Selbstverantwortlichkeit bereiten die meisten Schulen heute völlig unzureichend vor. Neun bis dreizehn Jahre lang werden die SchülerInnen von Erwachsenen geführt. Sie haben kaum Einfluß auf die Gestaltung der Lehr- und Lernprozesse. Weder als Individuen noch als Gemeinschaft haben SchülerInnen normalerweise die Chance, sich darin einzuüben, wichtige Entscheidungen bewußt für sich selbst zu treffen. Das ist anders an den Freien Alternativschulen. Sie zeigen, daß Kinder von der ersten Klasse an in der Lage sind, einen Teil der Verantwortung für sich selbst und die Klassengemeinschaft zu tragen. Dies ist der erste und vielleicht wichtigste Grund dafür, daß Freie Alternativschulen von sich sagen können: Bei uns hat die Schule der Zukunft schon begonnen.

Bis in die 60er Jahre gab es einen breiten gesellschaftlichen Konsens darüber, was und wie Kinder an den Schulen lernen sollen. Weitgehende Einigkeit bestand auch über die erzieherische Funktion von Schule. Es galt Gehorsamkeit gegenüber den Erwachsenen einzuüben, christlich orientierte Wertvorstellungen zu vermitteln und angeblich für Kinder schädliche Einflüsse z.B. durch Comics fernzuhalten.

Früher nicht hinterfragte Traditionen und Werte, auf denen Schule basierte, sind heute für viele Menschen nicht mehr verbindlich. Das gängige kollektive Einbleuen von Moral ist gegenwärtig nicht mehr möglich. Im Gegensatz zu früheren Zeiten kann sich stabiler Gemeinschaftssinn gegenwärtig nur noch durch individuelle Bildungsprozesse entwickeln oder anders ausgedrückt: Jede moralische Entscheidung muß heute durch das Nadelöhr individuellen Denken und Fühlens gehen. Das ist der Kern des sozialen Lernens an Freien Alternativschulen und sicherlich eine ihrer auf die Zukunft gerichteten Stärken.

Die Schulen der Zukunft werden Schulen sein, die weitgehend unabhängig von staatlichen Direktiven arbeiten. Sie werden je eigene pädagogische Profile haben und sich weitgehend selbst verwalten müssen, weil sie andernfalls ihre gesellschaftliche Aufgabe nicht mehr wahrnehmen können. Freie Alternativschulen haben jahrzehntelange Erfahrung mit der Entwicklung pädagogischer Profile und der Selbstverwaltung. Andere Schulen werden sich diese Erfahrung noch mühsam erwerben müssen.

Selbstverständlich behaupten wir nicht, Freie Alternativschulen seien die einzigen Schulen in Deutschland, in denen die Zukunft der Schule schon begonnen habe. Viele andere Reformschulen - wie beispielsweise die Freinet- oder Montessorischulen oder auch staatliche Modellschulen wie die Laborschule Bielefeld - verfügen ebenso wie die Freien Alternativschulen über ein beachtliches Innovationspotential und zeichnen sich durch eine zukunftsweisende Lebens- und Lernkultur aus. Nicht die elitäre Abgrenzung gegenüber anderen Reformschulen ist das Ziel dieses Buches, sondern, ganz im Gegenteil, eine selbstkritische Diskussion über gute und schlechte Erfahrungen mit der pädagogischen Utopie von Freiheit, Selbstverantwortung und gelebter Demokratie in der Schule anzustoßen.

Es mag sein, daß die Offenheit bei der selbstkritischen Bestandsaufnahme eingefleischten Gegnern Freier Alternativschulen das eine oder andere Argument gegen diese Schulen frei Haus liefert. Sei´s drum, eine Schulbewegung die nun seit über 25 Jahren besteht, kann auf dem Hintergrund erfolgreicher pädagogischer Arbeit solche Kritik von außen gut verkraften. Etwas anderes ist es, wenn der kritische Blick mancher Eltern, Lehrer und Lehrerinnen auf ihre eigene Freie Alternativschule bisweilen so streng ausfällt, daß sie kaum noch sehen, wieviel innere Schulreform in ihrer Schule praktisch gelebt wird. Dennoch ist diese Selbstkritik notwendig und sinnvoll, ja sie ist geradezu ein Merkmal Freier Alternativschulen, auf das sie stolz sein können. Zwischen Buchdeckel gepackte Selbstdarstellungen von Schulen, in denen die tägliche Praxis immer nur glänzend verläuft und die nie auch nur das kleinste Problem haben, gibt es zuhauf. Solche Veröffentlichungen bringen die Entwicklung von Pädagogik und Didaktik freilich nicht weiter, sie behindern vielmehr die konstruktive Reflexion der eigenen Praxis. Deshalb danken wir den Autoren und Autorinnen von den Freien Alternativschulen, insbesondere den Lehrern und Lehrerinnen der Freien Schule Bochum, für die Ehrlichkeit, mit der sie Fehler in der Entwicklung ihrer Schulen darstellen.

Die Beiträge liefern aus jeweils unterschiedlicher Perspektive Teile einer aktuellen Bestandsaufnahme der konkreten Praxis Freier Alternativschulen. Diese hat sich im Laufe der beiden letzten Jahrzehnte ganz erheblich weiterentwickelt und läßt so fast allen älteren Veröffentlichungen nur noch den Wert historischer Dokumente. Als unmittelbar Beteiligte berichten und reflektieren im vorliegenden Buch LehrerInnen Freier Alternativschulen in Hannover, Bremen, Leipzig, Prinzhöfte, Offenburg und Bochum über ihre Erfahrungen. Anhand eines ausführlichen Schulporträts der Freien Schule Bochum werden die höchst unterschiedlichen Facetten alternativer Schulpraxis exemplarisch dargestellt.

Allen Menschen, die dazu beigetragen haben, daß das vorliegende Buch in seiner jetzigen Form erscheinen kann, möchten wir an dieser Stelle noch einmal herzlich danken! Neben den AutorInnen fühlen wir uns auch Ulla Klönhammer, Andreas Schnalke, Christian Körner, Thomas Wehkamp, Silvia Bünten und Johannes Kiersch zu Dank verpflichtet.

Bochum, im Juni 1998

Manfred Borchert / Michael Maas

Teil I

Eine pädagogische Bewegung entwickelt ihr eigenes Profil

Freie Alternativschulen in der Bundesrepublik Deutschland

Michael Maas

Geschichte, Mythen und Erfolge der Alternativschulbewegung - Versuch einer selbstkritischen Zwischenbilanz

Im folgenden soll die Geschichte der Alternativschulbewegung von ihren Anfängen bis zur Gegenwart und das pädagogische Profil der Freien Alternativschulen kurz skizziert werden. Anschließend unternehme ich den Versuch einer selbstkritischen Zwischenbilanz: Was ist aus den pädagogischen Ansprüchen der 70er Jahre nach einer inzwischen 25jährigen Alternativschulpraxis geworden? Von welchen Mythen hat sich die Alternativschulbewegung verabschieden müssen? Aber auch die Erfolge und positiven Resultate der Freien Schulen sollen nicht verschwiegen werden: Welche Elemente in der Theorie und Praxis der Alternativschulpädagogik haben sich bis heute bewährt? An welchen Punkten haben die Freien Schulen schon in den 70er und 80er Jahren pädagogische Antworten auf gesellschaftliche Krisenerscheinungen vorweggenommen, denen sich das staatliche Regelschulsystem bis heute kaum gestellt hat?

1. Zur Geschichte der Alternativschulbewegung

Die historischen Wurzeln und Ursprünge der Freien Alternativschulen in Deutschland sind ebenso bunt und vielschichtig wie diese selbst. Sie stehen zunächst in der Tradition vieler Reform- und Versuchsschulen aus dem ersten Drittel des 20. Jahrhunderts (Landerziehungsheime, Jena-Plan-, Montessori-, Waldorfschulen u.a.). "Pädagogik vom Kinde aus", "Lernen mit Kopf, Herz und Hand" - diese oft zitierten Formeln sind für die neuen und die alten Alternativschulen in gleicher Weise kennzeichnend. Viele der in den heutigen Freien Alternativschulen praktizierten Methoden, wie z.B. der Epochenunterricht oder der jahrgangsübergreifende Unterricht entstammen unverkennbar dem Inventar der traditionellen Reformpädagogik.

In den späten 60er Jahren entstand in der bundesrepublikanischen Gesellschaft ein kritisches Potential, welches zu einer weiteren wichtigen Grundlage der neuen Alternativschulbewegung wurde. Die gesellschaftskritisch eingestellte Studentenbewegung richtete antiautoritäre Kinderläden ein, in denen Kindern ein angstfreies und selbstbestimmtes Aufwachsen ermöglicht werden sollte. Ausdrücklich distanzierte man sich von einer als "autoritär" kritisierten Erziehung und definierte Kindheit als eine eigenständige und vollwertige Lebensphase. Denn eine Erziehung, - so lautete damals die zentrale These - die dem Kind unablässig die Befriedigung seiner spontanen Triebimpulse versagt, erzeugt emotionale Blockaden und autoritäre Charakterstrukturen und sei somit auch letztlich für die Entstehung autoritärer und totalitärer Gesellschaftsformen verantwortlich.

Eine dritte Wurzel der Alternativschulbewegung war schließlich die Free-school-Bewegung, die in US-amerikanischen Großstädten entstand, sich besonders um Kinder aus Randgruppen kümmerte und auf die freiwillige Teilnahme am Unterricht baute. Auch andere ausländische Alternativschulmodelle, wie z.B die berühmte Summerhill-Schule in England oder die Tvind-Schulen in Dänemark hatten für die Freien Alternativschulen einen hohen Anregungswert.

Ein erster Versuch, die antiautoritäre Erziehung in Deutschland auch auf die Schule auszudehnen, war das "Rödelheimer Projekt", eine 1970 in Frankfurt an einer staatlichen Grundschule eingerichtete Klasse, in der nach denselben Prinzipien gearbeitet wurde wie in den antiautoritären Kinderläden. Dadurch angeregt, initiierten 1971 Eltern, Lehrer und Wissenschaftler in Hannover ein ähnliches Schulprojekt. Während dieses - die "Glocksee-Schule" – unbürokratisch schnell schon 1972 als staatlicher Modellversuch genehmigt wurde, mußte das Rödelheimer Projekt abgebrochen werden. Die nach weiterhin ablehnender Haltung der Behörden 1974 gegründete "Freie Schule Frankfurt" mußte sich in der Folge ihr Recht auf dem Gerichtswege erstreiten, was ihr erst 12 Jahre später durch die staatliche Anerkennung gelang. Dieses Schicksal - jahrelanger Schulbetrieb unter dem Druck der Illegalität und ohne staatliche Gelder - teilten in den folgenden Jahren viele andere Alternativschulen in der BRD, so beispielsweise auch die Freien Schulen in Würzburg, Kassel und Bremen.

In den 70er Jahren starrte die Öffentlichkeit auf die staatlichen Gesamtschulversuche. Erst Ende der 70er Jahre, als der Glanz der überdimensionalen Gesamtschulen zu verblassen begann, wurde offenbar, daß die Freie Schule Frankfurt und die Glocksee-Schule nicht allein auf weiter Flur standen. 1978 fand das erste Bundestreffen der inzwischen zahlreich gegründeten Freie-Schule-Initiativen statt. Vier dieser Initiativen nahmen in den folgenden drei Jahren ihren Schulbetrieb auf: Die Freie Schule Kreuzberg und die UFA-Schule (beide Berlin), die Kinderschule Bremen und die Freie Schule Bochum.

Die Friedens- und Ökologie-Bewegung der 70er und 80er Jahre brachte den Alternativschulen neue Impulse. Interkulturelles Lernen und ökologische Inhalte wurden vielfach in den Konzepten dieser Schulen zu Schwerpunkten der pädagogischen Arbeit erklärt. Mitte der 80er Jahre stieg die Anzahl Freier

Alternativschulen dann sprunghaft an. Während es im Schuljahr 1984/85 in der BRD erst 8 Schulen dieses Typs gab, waren es drei Jahre später schon 18.

Die überregionale Zusammenarbeit der Freien Schulen hatte sich im Laufe der Jahre zunehmend intensiviert und führte 1988 zu der Gründung des "Bundesverbandes der Freien Alternativschulen in der BRD e.V.". Konkreter Anlaß für die Gründung dieses Verbandes war der Prozeß um die Genehmigung der Freien Schule Kreuzberg vor dem Bundesverfassungsgericht. Nach vierjähriger Dauer, im Dezember 1992, erließ das Gericht ein für die Freien Alternativschulen positives Urteil, was in der Alternativschulszene als ein großer Erfolg gefeiert wurde. Der Bundesverband betreibt seit seiner Gründung eine rege Öffentlichkeitsarbeit für Freie Alternativschulen, berät und unterstützt neugegründete Initiativen bei ihren Genehmigungsverfahren, organisiert Fortbildungen für die Lehrkräfte Freier Alternativschulen und ist inzwischen zu einer Institution geworden, die aus der Alternativschulbewegung nicht mehr wegzudenken ist.

Während die "Freie-Schule-Gründungseuphorie" der 80er Jahre in den alten Bundesländern in den 90er Jahren deutlich nachließ, kam mit der Wiedervereinigung Deutschlands aus dem Osten neuer Schwung und neue Hoffnung in die Alternativschulbewegung. Die Aufbruchsstimmung und Reformfreudigkeit vieler Menschen in der ehemaligen DDR richtete sich auch auf das Schul- und Bildungswesen, was sich nicht zuletzt in der Gründung Freier Alternativschulen in Leipzig, Erfurt, Dresden, Potsdam, Taschenberg, Thale und in der Altmark niederschlug.

Zum gegenwärtigen Zeitpunkt (Mai 1998) gibt es in der BRD 36 arbeitende Freie Alternativschulen (die von insgesamt etwa 1600 Schülerinnen und Schülern besucht werden) und 10 Initiativen zur Gründung einer Freien Alternativschule. Die 1979 von Lutz van Dick noch zu Recht gestellte Frage: "Gibt es eine Alternativschulbewegung?" läßt sich vor dem Hintergrund der skizzierten Geschichte der Alternativschulbewegung inzwischen eindeutig bejahen. Als eine Bewegung der radikalen Reformschulpraxis nimmt sie in der Bildungslandschaft der BRD eine bedeutende Rolle ein, die sie noch längst nicht ausgespielt hat. Den Freien Alternativschulen geht es nicht nur um die Veränderung einzelner Elemente des Schulbetriebs, sondern darum, die Schule im ganzen auf sich wandelnde pädagogische und gesellschaftliche Herausforderungen hin neu zu entwerfen. Gerade deshalb sind sie auch für die Entwicklung des allgemeinen Schulwesens von größter Bedeutung.

2. Das pädagogische Profil der Freien Alternativschulen

Eine unabdingbare Voraussetzung dafür, daß sich in den beiden letzten Jahrzehnten in der BRD überhaupt eine Alternativschulbewegung entfalten konnte, war und ist eine massive Unzufriedenheit mit dem bundesrepublikanischen Schulwesen auf Seiten vieler Kinder, Jugendlicher, Lehrer und Eltern. Diese Unzufriedenheit bezog sich unter anderem auf:

- den entmündigenden Umgang mit den Schülern durch undemokratische Schulstrukturen und Disziplinierungsmittel wie Zensuren und "Sitzen-Bleiben",
- die erstarrte Monotonie des Lerngeschehens (Frontalunterricht als dominierende Lernform) sowie die subjektive Sinn- und Bedeutungslosigkeit vieler Lerninhalte,
- die einseitige Betonung des kognitiven Lernens bei gleichzeitiger Vernachlässigung des sozialen, sowie des handwerklich-manuellen und künstlerisch-musischen Lernens,
- die Erfahrungs- und Folgenlosigkeit des schulischen Lernens, die weite Kluft zwischen den wirklichen Lernbedürfnissen der Kinder einerseits und den staatlichen Curricula andererseits.

Allein die Titel solcher Publikationen wie "Gegenschulen" (Ramseger 1975) oder "Schulen, die ganz anders sind" (Borchert/ Kunstmann 1979) verraten, wie sehr die radikale Kritik der Regelschule eine Wurzel der Alternativschulbewegung ist. Natürlich reichte aber eine Kritik der Regelschule allein nicht aus, um in der Praxis mit alternativen Formen schulischen Lernens zu experimentieren. Die Freien Alternativschulen griffen deshalb auf bewährte Elemente der traditionellen Reformpädagogik und ausländischer Alternativschulmodelle zurück, bemühten sich aber gleichzeitig auch, erziehungswissenschaftliche Erkenntnisse der letzten Jahrzehnte in ihr pädagogisches Konzept zu integrieren. Auf diese Weise bildeten die Alternativschulen ein eigenständiges pädagogisches Profil heraus, welches nicht nur eine Alternative zur staatlichen Regelschule, sondern auch zu anderen Reformschulen der Gegenwart aufzeigte.

Trotz mancher - im einzelnen erheblicher - Abweichungen haben alle FAS in ihren pädagogischen Konzepten und in ihrer Praxis eine Reihe von Gemeinsamkeiten aufzuweisen. Diese Gemeinsamkeiten wurzeln in übereinstimmenden Auffassungen von menschlicher Entwicklung, vom Umgang zwischen Kindern und Erwachsenen, vom Sinn und Zweck schulischen Lernens und begründen die Lernpraxis dieser Schulen. Auf ihrem 16. Bundestreffen im April 1986 in Wuppertal verabschiedeten die FAS eine Grundsatzerklärung, in der die wesentlichsten pädagogischen Prämissen der

Alternativschulbewegung formuliert sind. Angesichts der Tatsache, daß dieser Grundsatzerklärung auch insofern eine besondere Bedeutung zukommt, als eine Mitgliedschaft im Bundesverband der FAS das Einverständnis mit ihr voraussetzt, sei sie hier in voller Länge zitiert:

„*1. Die gesellschaftlichen Probleme der Gegenwart und Zukunft (Ökologie, Kriege, Armut usw.) sind auf demokratische Weise nur von Menschen zu lösen, die Eigenverantwortung und Demokratie leben können. Alternativschulen versuchen, Kindern, Lehrern und Eltern die Möglichkeit zu bieten, Selbstregulierung und Demokratie im Alltag immer wieder zu erproben. Das ist die wichtigste politische Dimension der Alternativschulen.*
2. Alternativschulen sind Schulen, in denen Kindheit als eigenständige Lebensphase mit Recht auf Selbstbestimmung, Glück und Zufriedenheit verstanden wird, nicht etwa nur als Trainingsphase fürs Erwachsenen-Dasein.
3. Alternativschulen schaffen einen Raum, in dem Kinder ihre Bedürfnisse, wie Bewegungsfreiheit, spontane Äußerungen, eigene Zeiteinteilung, Eingehen intensiver Freundschaften, entfalten können.
4. Alternativschulen verzichten auf Zwangsmittel zur Disziplinierung von Kindern. Konflikte sowohl unter Kindern als auch Kindern und Erwachsenen schaffen Regeln und Grenzen, die veränderbar bleiben.
5. Lerninhalte bestimmen sich aus den Erfahrungen der Kinder und werden mit den Lehrern gemeinsam festgelegt. Die Auswahl der Lerngegenstände ist ein Prozeß, in den der Erfahrungshintergrund von Kindern und Lehrern immer wieder eingeht. Der Komplexität des Lernens wird durch vielfältige und flexible Lernformen, die Spiel, Schulalltag und das soziale Umfeld der Schule einbeziehen, Rechnung getragen.
6. Alternativschulen wollen über die Aneignung von Wissen hinaus emanzipatorische Lernprozesse unterstützen, die für alle Beteiligten neue und ungewohnte Erkenntniswege eröffnen. Sie helfen so, Voraussetzungen zur Lösung gegenwärtiger und zukünftiger gesellschaftlicher Probleme zu schaffen.
7. Alternativschulen sind selbstverwaltete Schulen. Die Gestaltung der Selbstverwaltung ist für Eltern, Lehrer und Schüler prägende Erfahrung im demokratischen Umgang miteinander.
8. Alternativschulen sind für alle Beteiligten ein Raum, in dem Haltungen und Lebenseinstellungen als veränderbar und offen begriffen werden können. Sie bieten so die Möglichkeit, Abenteuer zu erleben, Leben zu erlernen.“

Anders als etwa in der Waldorfpädagogik, gibt es in der Alternativschulpädagogik keine detaillierten Vorschläge oder gar Vorschriften, wie diese Zielvorstellungen in der Praxis konkret umzusetzen seien. Nichtsdestotrotz gibt es aber eine Reihe pädagogischer Merkmale, die für alle Alternativschulen in gleicher Weise zutreffen. Zu diesen gemeinsamen Merkmalen gehören die folgenden:

- Geborgenheit in kleinen, überschaubaren Schulen (alle FAS sind einzügige Schulen, mit 210 SchülerInnen ist die Glocksee-Schule unter ihnen die größte)
- Unterricht in differenzierter Angebotsform, d.h. die Teilnahme am Unterricht ist für die Kinder in bestimmten Phasen des Tagesablaufes freiwillig
- Lebendige Vielfalt des Lerngeschehens (Epochenunterricht, Wochenplanarbeit, Freiarbeit, Paukkurse, Praktika, Exkursionen, individuelle Projektarbeiten u.v.m.)
- Erfahrungs- und handlungsorientiertes Lernen, das bedeutet einerseits ein Anknüpfen an den Erfahrungshintergrund der Kinder und andererseits die Ermöglichung von Erfahrungen, also ein hoher Stellenwert des praktischen Tuns
- ganzheitliches und vernetztes Lernen (fachübergreifende Projekte und hoher Stellenwert sozial-emotionaler und künstlerisch-musischer Lernprozesse)
- Andere Formen der Leistungsbeurteilung (Lern- und Entwicklungsberichte an Stelle von Zensuren)

Jede der in Deutschland arbeitenden Freien Alternativschulen legt ihrer Arbeit ein eigenes pädagogisches Konzept zugrunde. Zudem hat sich das pädagogische Profil vieler dieser Schulen im Laufe der Jahre entscheidend verändert. Insofern ist es ein gewagtes Unterfangen, von *dem* pädagogischen Profil der Freien Alternativschulen zu sprechen. Um auch der Vielfalt in der Alternativschullandschaft gerecht zu werden, möchte ich deshalb, ohne Anspruch auf Vollständigkeit, noch einige Unterschiede benennen, die zwischen den einzelnen Alternativschulen bestehen:

- Den pädagogischen Konzepten der Freien Alternativschulen liegen häufig unterschiedliche Weltanschauungen und pädagogische Orientierungen zugrunde. So reklamierte beispielsweise die Freie Schule Würzburg für sich eine "ökologische Weltanschauung", die Freie Comenius-Schule Darmstadt versucht ihre Schulpraxis nach den ethischen Grundsätzen des Christentums auszugestalten und in den Konzepten einiger neugegründeter Schulen spielt das Gedankengut von Pädagoginnen wie Maria Montessori oder Rebecca Wild eine herausragende Rolle.
- Die Haltung zur Antipädagogik ist innerhalb der Alternativschulszene alles andere als einheitlich. Während einige das kritische Potential der Antipädagogik begrüßen, distanzieren sich andere ausdrücklich von dieser Theorie. Ähnlich umstritten ist der Negt'sche Begriff der "Selbstregulierung".

- Alle Freien Alternativschulen fühlen sich zwar pädagogischen Forderungen wie der nach einer Integration lern- und verhaltensauffälliger Kinder, nach Stadtteilorientierung, ökologischem, musischem oder interkulturellem Lernen verpflichtet, die Realisierung dieser Ansprüche wird aber jeweils unterschiedlich ernst genommen, so daß einige Alternativschulen in ihrer Arbeit eine inhaltliche Schwerpunktsetzung vornehmen.
- die Mitwirkung der Eltern am Schulgeschehen spielt in den verschiedenen Alternativschulen eine unterschiedlich große Rolle. Während einige die Eltern zwar durch Unterrichtsangebote, Putz-, Kochdienste usw. in den Schulbetrieb integrieren, sie aber bei wichtigen pädagogischen Entscheidungen des Lehrerkollegiums ausschließen, lassen sich andere als "Elternschulen" im engsten Sinne des Wortes bezeichnen, d.h. Eltern haben hier bezüglich der pädagogischen Entwicklung der Schule einen Einfluß, der mindestens so groß ist wie der der pädagogischen Mitarbeiter.
- Auch das Ausmaß der zeitlichen Strukturierung der Unterrichtsangebote ist sehr unterschiedlich. Während in einigen Schulen regelschulähnliche Stundenpläne bestehen, gibt es in anderen Schulen außer den Terminen für das Frühstück und Mittagessen kaum vorab festgelegte Fixpunkte im Tagesablauf.
- Das oben schon erwähnte Prinzip der freiwilligen Teilnahme am Unterricht gilt in einigen Freien Alternativschulen nach wie vor durchgängig, in anderen Schulen, wie beispielsweise im Sekundarbereich der Glocksee-Schule und der Freien Schule Bochum, gilt es nur noch für einige Unterrichtsangebote im Nachmittagsbereich.
- Einzelne Lernformen und Unterrichtsmethoden spielen in den verschiedenen Schulen eine unterschiedlich große Rolle. So bestehen beispielsweise in der Freien Schule Bochum langjährige Erfahrungen mit Wochenplanarbeit, aber, anders als in der Glocksee-Schule, so gut wie gar keine Erfahrungen mit Epochenunterricht.

3. Mythen der Alternativschulbewegung

Sucht man nach historischen Vorläufern der Freien Alternativschulen, so stößt man früher oder später auch unweigerlich auf die Hamburger Versuchsschulen der Weimarer Republik. Klaus Rödler, ein ehemaliger Mitarbeiter der Freien Schule Frankfurt, hat in seiner kenntnisreichen Arbeit "Vergessene Alternativschulen" (1987) die Geschichte, die Theorie und die praktischen Erfahrungen dieser Schulen differenziert nachgezeichnet. Vorläufer waren diese Schulen nicht nur insofern, als sie pädagogische Ansprüche vertraten, die denen der heutigen Alternativschulen sehr ähnlich sind. Sie stießen darüberhinaus in ihrer Praxis auch auf vergleichbare Grenzen, machten ähnliche Fehler, waren in ihrer Theorie und Praxis in mancherlei Hinsicht ähnlich einseitig und überspitzt.

Kurt Zeidler, von 1919 bis 1930 Lehrer in der Hamburger Versuchsschule in der Breifenfelder Straße (später auch "Wendeschule" genannt), veröffentlichte 1925 seine damals heftig diskutierte Streitschrift mit dem programmatischen Titel "Die Wiederentdeckung der Grenze". Zeidlers Schrift beginnt mit einer Kritik der "alten Schule" des Kaisserreiches, leitet daraus die pädagogischen Ansprüche und Zielvorstellungen der Hamburger Reformschulbewegung ab, um schließlich im Hauptteil des Buches Grenzfindungen in der pädagogischen Praxis der Wendeschule zu thematisieren. Die Ähnlichkeit der in dieser Schrift beschriebenen "Grenzfindungen" mit bestimmten Erfahrungen der heutigen Alternativschulbewegung ist so verblüffend, daß man beim Lesen oft genug daran zweifelt, tatsächlich eine Schrift aus den 20er Jahren in den Händen zu halten.

So kritisiert Zeidler beispielsweise, daß das Recht der Gemeinschaft dem Recht des Individuums in den ersten Jahren der Wendeschule bedingungslos unterworfen wurde. Auf diese Weise entwickelte sich in der Praxis schon nach kurzer Zeit ein angespanntes soziales Klima, welches von einigen wenigen "Störenfrieden" beherrscht wurde. Erst als die Lehrkräfte den Mut fanden, diesen "Störenfrieden" klare Grenzen zu zeigen, kam die Gemeinschaft wieder zu ihrem Recht (Zeidler 1925, 29f.). Zeidler beschreibt weiterhin mit großer Anschaulichkeit, wie die anfängliche Strukturlosigkeit der Schule bei den Kindern Lernprozesse nicht, wie ursprünglich erhofft, freisetzte, sondern ganz häufig verhinderte. Nach und nach wurde deshalb die übertriebene Bindungslosigkeit zugunsten eines regelmäßigen und planvolleren Lernens aufgegeben (ebd. 23ff.).

Vor dem Hintergrund seiner praktischen Erfahrungen weist Zeidler überzeugend nach, wie Übertreibungen reformpädagogischer Ansprüche und Postulate sich in der Schulpraxis letztlich kontraproduktiv auswirken. So bezeichnet er auch das Prinzip "Pädagogik vom Kinde aus" als in den Anfängen der Wendeschulpraxis "überstrapaziert". Einseitig orientierte man sich an den spontanen Bedürfnissen der Kinder und vernachlässigte gleichzeitig die "Gesetzmäßigkeiten des Stoffes" (ebd.73ff.). Das Vertrauen in die Einsicht, Ausdauer und Willensstärke der Kinder war maßlos, bis man in der Schule, so Zeidler, zu der Einsicht gelangte, daß Selbstverantwortung erst mühsam erlernt werden muß und die Aufgabe des Lehrers nicht einfach nur darin bestehen könne, sich zurückzunehmen:

"(...) Aber unsere Arbeit brachte neben köstlichen und unvergeßlichen Erlebnissen auch schwere Enttäuschungen. Die schwersten denjenigen, die am peinlichsten zu vermeiden gesucht hatten, mit ihrem überlegenen Erwachsenengeist das kindliche Eigenleben zu beschatten, in der Zuversicht,

daß jeder unverbogene Mensch kraft des ihm innewohnenden Lebensinstinktes "seinen Weg" aus sich heraus finden werde. Es zeigte sich, daß die kindliche Initiative selten dadurch belebt wurde. Kinder erwarten für sich etwas von den Großen, ein Glück, einen Reichtum, sie wissen selbst nicht was, aber irgendetwas Neues, Schönes, eine neue Fertigkeit meinetwegen, ein neues Wissen, irgendeine Erkenntnis, ein Stück Zuwachs und ein gehobenes Wertbewußtsein. Die Zuneigung des Kindes zum Erwachsenen ist oft zum größeren Teil Bewunderung seiner Überlegenheiten und der Wunsch, von ihm zu erfahren "wie man's macht". Bei solcher Zurückhaltung aber fühlten die Kinder sich enttäuscht, in Stich gelassen und gaben sich den Nichtigkeiten des Augenblicks hin. Miene und Haltung nahmen, wo dieser Zustand andauerte, den Ausdruck der Kraftlosigkeit und Unlust an, ein unbeherrschtes, mürrisches und sprunghaftes Wesen machte sich breit." (ebd. 31f.)

Beachtlich ist diese Schrift Zeidlers vor allem, weil sie sich nicht enttäuscht und resigniert von den ursprünglichen Reformansprüchen abwendet, sich aber auch nicht gegen notwendige Erkenntnisse verschließt. Zeidler selbst schrieb, es sei an der Zeit, daß die Schule *"aus der Phase des Überschwangs und des flammenden Bekenntnisses in diejenige der ruhigen Erkenntnis"* hinaustrete. Die Grundintention seiner Schrift sah er darin, *"die positiven Elemente der Bewegung durch beherztes Ausräumen der Schlacken zu retten" (ebd., 124).*

Ein Buch, das ähnlich differenziert und streitbar wie Zeidlers "Wiederentdeckung der Grenze" die Erfahrungen der gegenwärtigen Alternativschulbewegung selbstkritisch aufarbeitet, ist bislang noch nicht erschienen. Auch die folgende Auseinandersetzung mit vier "Mythen der Alternativschulpädagogik" soll und kann diese Lücke in der - ansonsten umfangreichen - Alternativschul-Literatur natürlich nicht schließen, zumindest ansatzweise soll sie aber skizzieren, aus welchen Fehlern sich für die Freien Alternativschulen ein bedeutender Erkenntniszuwachs ergeben hat.

1. Mythos: Freie Alternativschulen sind Schulen ohne Zwang.

Freie Alternativschulen verstehen sich gerne als "Keimzellen einer neuen Gesellschaft", ungern schauen sie aber dem strukturell gegebenen Konfliktpotential einer "reformierten Schule" im "unreformierten Kontext" ins Auge. Psychoanalytisch betrachtet besteht das Erwachsenwerden in einer zivilisierten Gesellschaft in einer Art "Selbstunterdrückung": das Kind muß lernen, die Befriedigung spontan auftretender Bedürfnisse aufzuschieben oder gar ganz auf sie zu verzichten, ein nicht unerheblicher Teil der Triebenergie muß so verleugnet und ins Unbewußte abgedrängt werden. Dieser Prozeß ist für jeden heranwachsenden Menschen natürlich äußerst schmerzhaft. Er stellt gewissermaßen ein erzwungenes "Opfer" dar, welches das Kind erbringt, um in einer auf Triebverzicht und Triebsublimierung basierenden Kultur überhaupt bestehen zu können. Mit der Zivilisierung des Menschen entsteht also notwendigerweise auch das, was Freud das "Unbehagen an der Kultur" (1936) nannte. Weil der Mensch in jeder hochentwickelten Gesellschaft auf eine ungehemmte Befriedigung seiner Triebimpulse verzichten muß, trägt er, abgesehen von einzelnen Inseln des Glücks, ein chronisches Gefühl des Unbehagens mit sich herum.

Vergleicht man diese Einsicht mit dem Selbstverständnis der Freien Alternativschulen, so drängt sich der Eindruck auf, daß diese das Unbehagen in der Kultur, im deutlichen Gegensatz zu Freud, für vermeidbar halten. Sie definieren sich als "Schulen ohne Zwang" (Behr 1984), betonen ausdrücklich das Recht des Kindes auf im Hier und Jetzt erlebte Glücksmomente und lehnen Zwangsmittel zur Disziplinierung von Kindern kategorisch ab. Sicherlich hat die in diesen pädagogischen Prämissen sich ausdrückende Weigerung, den Prozeß der Zivilisation um jeden Preis weiterzutreiben, ihre volle Berechtigung. Auschwitz und Hiroshima haben endgültig die Vorstellung widerlegt, der zivilisiertere Mensch sei notwendigerweise auch der bessere Mensch. Nichtsdestotrotz ist aber mit Freud davon auszugehen, daß zwischen den Triebansprüchen des Subjekts und den von der Zivilisation auferlegten Einschränkungen ein unversöhnlicher, letztlich nicht auflösbarer Gegensatz besteht.

Freie Alternativschulen können also durchaus versuchen, das historisch gewachsene Ausmaß innerpsychischer Spannung im Umgang mit der nachwachsenden Generation durch eine weitgehend freie und zwanglose Schulkultur ein Stück weit zurück zu nehmen. Für alle Beteiligten repräsentieren sie auch tatsächlich eine Lebenswelt, welche hinsichtlich der Zurücknahme zwanghafter Strukturen eindeutig weiter fortgeschritten ist, als die gesellschaftliche Lebenswelt in ihrer Gesamtheit. "Es ist einfach lockerer hier!" - nicht zufällig lautet so eine Standardantwort von SchülerInnen Freier Alternativschulen auf die Frage, was denn das Besondere an ihrer Schule sei.

Irrtümlich wäre aber die Annahme, Freie Alternativschulen könnten in ihrer Praxis tatsächlich auf jedweden Zwang und jegliche Disziplinierungsmittel verzichten. Auch Freie Alternativschulen sind eben Bestandteile einer Kultur, die, wie oben erläutert, ganz wesentlich auf einer Disziplinierung der Triebansprüche des Subjekts beruht. Der Prozeß der Zivilisation läßt sich nicht umkehren und auch die radikalste Alternativschule kann dem heranwachsenden Menschen das gegenwärtige und zukünftige Unbehagen in der Kultur nicht ersparen.

Die behagliche Schule in der unbehaglichen Kultur - ein Mythos, von dem die Alternativschulbewegung sich verabschieden sollte. Denn an diesen Mythos zu glauben, das hieße, die Utopie einer "Freien Schule ohne Zwang" mit dem bereits Machbaren zu verwechseln und somit den sinnvollen Ansatz, die Schule soweit als möglich von zwanghaften Strukturen zu befreien, ad absurdum zu führen. Daß Freie Alternativschulen es beispielsweise heute nicht mehr nötig haben, reale Sanktionierungen von Regelverstößen und unsozialen Verhaltensweisen zu tabuisieren, ist ein erfreulicher Hinweis dafür, daß die Alternativschulbewegung sich inzwischen von diesem Mythos weitgehend verabschiedet hat.

2. Mythos: Wenn wir alles laufen lassen, lernt's sich wie von selbst.

In der Alternativschuldebatte der 70er Jahre standen sich zwei Positionen unversöhnlich gegenüber. Vorherrschend auf Seiten der Alternativschulbefürworter war eine euphorische Einschätzung dessen, wie sich die Schule insgesamt mit dem Prinzip der freiwilligen Teilnahme am Unterricht - vorausgesetzt, man würde es nur konsequent genug einhalten - grundlegend erneuern und verbessern ließe. Bei den Kritikern der Alternativschulbewegung herrschte dagegen die Skepsis vor, ob Kinder in diesen Schulen auch genug lernen würden. Diesem Einwand hielt man Beispiele aus der Praxis entgegen: so berichtete man von dem Schüler, der im dritten Schuljahr zwar immer noch nicht lesen konnte, dann aber plötzlich in eine regelrechte Lesewut verfiel und in drei Wochen den Lernstoff aufholte, den er drei Jahre lang ignoriert hatte.

Tatsächlich gab und gibt es auch solche und ähnliche Erfahrungen, die die grundlegende Annahme der Alternativschulpädagogik eines "natürlichen Lernbedürfnisses" bei Kindern bestätigten. Diese Erfahrungen verdichteten sich aber in vielen Köpfen zu dem Mythos, daß Kinder in Freien Schulen all das, was die Regelschule offensichtlich nur mit Zwang und einem kontinuierlichen Leistungsdruck vermitteln konnte, aus eigener Motivation heraus, mit viel Spaß und mühelos, sozusagen "nebenbei", lernen würden. "Wir haben es gar nicht nötig, ängstlich auf die staatlichen Lehrpläne zu schielen! All das, was diese Pläne fordern, bringen die Kinder bei uns ganz von selbst in den Schulalltag ein, und noch einiges mehr!" - so lautete das selbstbewußte Credo der Freien Schulen.

Viele Schulen, vor allem jene, die auch im Sekundarbereich I arbeiteten, mußten sich aber schon bald eingestehen, daß dieses Credo nur wenig mit der eigenen Schulrealität zu tun hatte. Denn erstens deckten sich die Lerninteressen der Kinder und Jungendlichen keineswegs immer mit den in staatlichen Lehrplänen festgelegten Inhalten und zweitens schien das "natürliche Lerninteresse" bei vielen Kindern, aufgrund welcher schmerzhaften Erfahrungen auch immer, tief verschüttet zu sein. Für viele Kinder erwies sich die ihnen zugestandene Freiheit und Selbstverantwortung als eine immense Überforderung. Die meisten Alternativschulen zogen daraus die Konsequenz, die Teilnahme am Unterricht zumindest zu bestimmten Phasen der Schulzeit verbindlich zu machen.

Verbunden damit war ein erneuertes Verständnis des Freiheitsbegriffs. "Freiheit" wurde nicht mehr nur als *"Freiheit von"* schulischen Leistungszwängen interpretiert, sondern in erster Linie als eine Erweiterung der Erfahrungsfähigkeit, also als eine *"Freiheit zu"*. Man gelangte zu der Einsicht, daß erst die intensive - und oftmals mühsame - Auseinandersetzung mit bestimmten Gegenstandsbereichen den Kindern in der Schule neue Erfahrungsfelder und Interessensgebiete eröffnet, die auf den ersten Blick gar nicht sichtbar sind. Am Beispiel der Freiheit des künstlerisch-musischen Ausdrucks läßt sich dieses neue Verständnis von Freiheit verdeutlichen: Nur der Musiker kann sich wirklich "frei" mit seinem Instrument ausdrücken, der es virtuos und spielerisch beherrscht. Um aber zu dieser Virtuosität zu gelangen, muß er einiges an "Zwang" und "Selbsteinschränkung" in Kauf nehmen: jahrelanges, oft genug mühsames und "langweiliges" Üben. Freie Alternativschulen versuchen heute, Kindern und Jugendlichen auch diese voraussetzungsreiche Form der Freiheit erfahrbar zu machen.

3. Mythos: Didaktik ist pädagogisch verbrämte Manipulation, bestenfalls überflüssig.

Eng verknüpft mit der Vorstellung, in Freien Schulen lerne sich alles wie von selbst, war in den Anfängen der Alternativschulbewegung eine äußerst kritische Beurteilung der Didaktik. In didaktischen Bemühungen sah man häufig nichts anderes als besonders subtile Formen der Disziplinierung und Manipulation. Freie Schulen sollten aber ein Raum für Kinder sein, in dem diese lernen können, wann, wo, was und wie sie wollen. Ausgangspunkt aller schulischen Lernprozesse sollten immer die konkreten Erfahrungen, Probleme und Lerninteressen der Kinder sein - Didaktik schien da bestenfalls überflüssig zu sein. Typisch für diese Haltung ist die folgende Äußerung eines Alternativschullehrers aus dem Jahre 1983:

"Schließlich ist klar, daß bei uns lernen anders funktionieren soll und daß ich nicht drängeln will, sondern Geduld haben will. Ich will kein Kind bequatschen: 'Bitte mach mit...' Alle meine 'Stärken', besser gesagt meine Macht, habe ich aufgegeben: disziplinarische Maßnahmen, Stoffverteilung,

Stundenplan, Noten und alle großen und kleinen Tricks, mit denen Lehrer disziplinieren und sich durchsetzen." (Freie Schule Bochum 1983, S.122)

Theoretisch unterfüttert wurde die kritische Distanz gegenüber der Didaktik durch das Konzept der "Mathetik", welches Hartmut von Hentig in einem Gutachten für ein Verwaltungsgericht (1985) als grundlegend für die Theorie und Praxis der Freien Schule Frankfurt bezeichnete. Als die Lehre vom *Lernen* bildet die Mathetik den Gegenbegriff zur Lehre vom *Lehren*, der Didaktik. Die dem "mathetischen Prinzip" verpflichtete Schule, so von Hentig, lege ihr Hauptaugenmerk nicht so sehr auf die Frage, wie die zu vermittelnden Inhalte am besten gelehrt werden können, sondern vielmehr darauf, wie eine Schule gestaltet sein muß, um Kinder zu einer eigenständigen Organisation ihrer Lernprozesse anzuregen. Aus der Offenheit gegenüber den spontanen Lerninteressen und Wünschen der Kinder ergebe sich notwendigerweise ein Verzicht auf ausdetaillierte Curricula und durchrationalisierte Formen der Belehrung. Da Hentigs Begriff der Mathetik das Selbstverständnis vieler Alternativschulen prägnant wiederspiegelte, wurde er in den folgenden Jahren in der Alternativschulbewegung sehr stark rezipiert, viele Alternativschulen schrieben sich das Motto: "Mathetik statt Didaktik!" auf ihre Fahnen.

Der Verzicht auf didaktische Überlegungen und Bemühungen jedweder Art erwies sich in der Praxis der Freien Alternativschulen aber schon bald als sehr problematisch. Was aus der Sicht der Erwachsenen als ein Offen-Sein für die Bedürfnisse der Kinder gedacht war, empfanden letztere nämlich oftmals als eine Gleichgültigkeit und allgemeine Teilnahmslosigkeit der Erwachsenen, letztlich also als das genaue Gegenteil: "Müssen wir heute schon wieder machen, was wir wollen?" - mit dieser mißmutigen Frage der Kinder, die so oder ähnlich wahrscheinlich in jeder Alternativschule schon einmal gestellt wurde, kam ans Tageslicht, daß die Kinder von den Erwachsenen weit mehr erwarteten, als nur "beobachtet" oder "begleitet" zu werden. Die Bedürfnisse der Kinder ernst zu nehmen, hieß deshalb in diesem Fall, das mathetische Prinzip im Interesse der Kinder einzuschränken. Langsam, aber sicher, vollzog sich in den Alternativschulen ein entscheidender Wandel des pädagogischen Selbstverständnisses der Lehrerinnen und Lehrer: man sah seine Aufgabe als LehrerIn nicht mehr nur darin, die Kinder zu beobachten, zu begleiten und auf deren Bedürfnisse zu *reagieren.* Vielmehr zeigten die Kinder durch ihr Verhalten und durch ihre Äußerungen auch unmißverständlich, daß es ihnen genauso wichtig war, daß die Erwachsenen ihre eigenen Erfahrungen, Kenntnisse, Interessen und Wertvorstellungen aktiv in das Schulgeschehen einbringen.

Die didaktische Vorbereitung von Unterrichts- und Lerneinheiten; das Bemühen, Kinder bewußt zu einer Auseinandersetzung mit ganz bestimmten Lerninhalten zu motivieren; Stoffverteilungs- und Stundenpläne - all das ist in der Alternativschulbewegung heute nicht mehr als pädagogische Trickserei verschrien. Zwar bestätigt die Praxis der Freien Alternativschulen nach wie vor, daß ein Offen-Sein für die spontanen Interessen der Kinder und für spontane Aktivitäten die Möglichkeit didaktischer Vorausplanung beschränkt. Aber genauso deutlich hat sich gezeigt, daß Schule für Kinder und Jugendliche nur dann zu einem wirklich attraktiven Lern- und Lebensort werden kann, wenn die LehrerInnen das Entstehen von Lernprozessen nicht dem Zufall überlassen, sondern sich bewußt und systematisch um deren Initiierung bemühen. Dementsprechend lautet das Motto der meisten Alternativschulen heute auch nicht mehr "Mathetik *statt* Didaktik!", sondern "Mathetik *und* Didaktik!"

4. Mythos: Es gibt keine Alternative zu den Alternativschulen.

Als die ersten Alternativschulen in den 70er und frühen 80er Jahren ihren Schulbetrieb aufnahmen, standen sie unter einem ungeheuren Legitimationsdruck. Mit ihrem ausdrücklich betonten, radikalen "Anders-Sein" stellten die Alternativschulen für viele Vertreter des staatlichen Regelschulwesens eine ärgerliche Provokation dar. Zahlreiche Initiativen zur Gründung einer Freien Alternativschule scheiterten schon vor dem eigentlichen Schulstart an dem Widerstand staatlicher Behörden und viele der heute arbeitenden Schulen mußten ihre staatliche Anerkennung auf gerichtlichem Wege erst mühsam erkämpfen. Verständlicherweise gaben sich die Alternativschulen unter diesen widrigen Umständen in der Öffentlichkeit betont selbstbewußt. Der Negt'sche Satz "Es gibt keine Alternative zu den Alternativschulen!" faßt das elitäre Selbstbewußtsein der damaligen Alternativschulbewegung pointiert zusammen. Nicht selten wurde die Gründung einer Alternativschule auch mit der Behauptung legitimiert, das staatliche Regelschulwesen sei nicht mehr reformierbar. Es sei dermaßen erstarrt, daß der Versuch, die Regelschule kinderfreundlicher zu gestalten, einer sinnlosen Sisyphusarbeit gleichkäme. Die einzige Alternative sei deshalb die Gründung einer Freien Schule, alles andere sei letztlich vergeudete Energie.

Zwar gibt es auch heute noch genügend Kultusbürokraten, die manchen Alternativschulen das Leben schwer machen und mit fadenscheinigen Begründungen die staatliche Anerkennung verweigern. Alles in allem hat aber der enorme Legitimationsdruck, dem die Alternativschulpädagogik sich in ihren Anfängen ausgesetzt sah, in den letzten beiden Jahrzehnten eindeutig nachgelassen. Freie Alternativschulen verfügen inzwischen über langjährige Praxiserfahrungen und können zudem auf zahlreiche Elemente ihrer Theorie und Praxis verweisen, die sich über all die Jahre bewährt haben (vgl. dazu das folgende Kapitel). Erst vor diesem Hintergrund konnte sich die Alternativschulbewegung jene Bescheidenheit leisten, die sie heute auszeichnet. Sie versteht sich heute als ein eigenständiger Teil der bundesdeutschen Reformschullandschaft mit einem beachtlichen Innovationspotential - nicht mehr, aber auch nicht weniger. Niemand in der Alternativschulbewegung wird heute noch ernsthaft behaupten, alle Reformbestrebungen in der Regelschule seien letztlich fruchtlos. Denn erstens wäre dies eine anmaßende Mißachtung der Arbeit unzähliger Menschen, die sich tagtäglich innerhalb des Regelschulwesens um eine kinderfreundlichere und humanere Schule bemühen und zweitens haben viele "Regelschulen", man denke etwa an die Helene-Lange-Schule in Wiesbaden oder die Max-Brauer-Schule in Hamburg, längst das Gegenteil bewiesen.

Zugegeben: die Geschwindigkeit, mit der sich das staatliche Regelschulwesen neuen pädagogischen und gesellschaftlichen Herausforderungen in der Vergangenheit gestellt hat, läßt, gelinde gesagt, einiges zu wünschen übrig. Nur der verlogene Idealismus wird aber abstreiten, daß auch die Freien Alternativschulen in der Umsetzung ihrer konzeptionellen Ansprüche immer wieder auf Grenzen stoßen und oft genug auch Züge der Erstarrung an sich erkennen lassen. Freie Alternativschulen sind sich heute ihrer Grenzen durchaus bewußt und haben es glücklicherweise nicht mehr nötig, diese zu verleugnen. Sie sind bescheidener geworden und können deshalb heute dazu stehen, auch die Anregungen sogenannter "Regelschulen" für die eigene Schulpraxis fruchtbar zu machen. Um eine gute Schule zu sein, reicht es nicht aus, einfach nur in jeder Hinsicht das Gegenteil von dem zu tun, was die Regelschule tut. Die "ganz andere Schule" ist nicht notwendigerweise auch die bessere Schule.

4. Bewährte Elemente der Alternativschulpädagogik

Die obigen Ausführungen haben sicherlich deutlich gemacht, daß die Geschichte der Freien Alternativschulen als eine glorreiche Geschichte des ungebrochenen Erfolges, der konzeptionellen Treue, der stolzen und anhaltenden Selbstbestätigung *falsch* beschrieben wäre. Gleichzeitig sollte aber auch deutlich gemacht werden, daß die Alternativschulbewegung selbstkritisch genug war, ihre Fehler einzugestehen und bereit, aus diesen zu lernen. Anderenfalls wäre es ihr kaum gelungen, sich von den oben skizzierten Mythen tatsächlich zu verabschieden. Bei aller notwendigen - und sicherlich noch nicht erschöpfend betriebenen - Selbstkritik muß es aber auch erlaubt sein, auf einige pädagogische Merkmale der Freien Alternativschulen hinzuweisen, die sich bis heute bewährt haben und durch eine erfolgreiche

Schulpraxis bestätigt wurden. Ich möchte dabei vier Merkmale herausgreifen, die für die Alternativschulpädagogik schon von jeher grundlegend waren, heute aber aktueller sind denn je.

Geborgenheit in einem überschaubaren Lebenszusammenhang

Ein für die Schule folgenreicher gesellschaftlicher Entwicklungstrend der letzten Jahrzehnte liegt in der Veränderung der Familienstrukturen. Besonders gravierend ist dabei die Tendenz zur Kleinfamilie und die wachsende Anzahl alleinerziehender (und häufig berufstätiger) Eltern. Nur ein Drittel der Kinder hat heute andersgeschlechtliche Geschwister und 40 % sind Einzelkinder (vgl. Bärsch 1995). Vielen Kindern fehlen deshalb heute wichtige Grunderfahrungen der gemeinsamen Freude und des Trostes mit Schwester und Bruder, aber auch Erfahrungen des Teilens, der Eifersucht und des Streitens. Auch die Betreuungsmöglichkeiten durch Großeltern, die früher eine wichtige Rolle im Familienleben spielten, sind im Zuge familialer Strukturveränderungen immer seltener geworden. Der Kontakt von Kindern zu älteren Generationen beschränkt sich heute nicht selten auf gelegentliche Besuche in anderen Wohnorten oder in Altersheimen. Eine problematische Folge dieser Entwicklungen ist die Tendenz zur sozialen Vereinzelung und das Schwinden von Stabilität, Verläßlichkeit und Orientierungsmöglichkeiten für Kinder.

Schule muß deshalb heute in stärkerem Maße als bisher die Aufgabe erfüllen, eine Stätte sozialer Begegnung und gemeinsamer Grunderfahrungen zu sein. Sie muß den Kindern verläßliche Bezugspunkte und Orientierungsmöglichkeiten anbieten und sich als ein Lebensraum verstehen, der Kindern ein sicheres Gefühl der Geborgenheit vermittelt. Nicht zuletzt muß Schule heute in ihrem Zeitplan familienfreundlich gestaltet sein, denn gerade alleinerziehende oder berufstätige Eltern sind auf verläßliche Betreuungsmöglichkeiten dringend angewiesen.

Freie Alternativschulen haben sich dieser neuen pädagogischen Herausforderung schon von jeher gestellt. Sie sind geprägt durch ein vertrauensvolles und für die Besucher Freier Alternativschulen immer wieder erstaunlich unverkrampftes und "lockeres" Sozialklima. Freie Alternativschulen arbeiten fast ausnahmslos als Ganztagsschulen und bieten Kindern ganz bewußt ein hohes Maß an Geborgenheit und Verläßlichkeit im Umgang mit Erwachsenen. Den pädagogischen Unfug der Errichtung unüberschaubarer Massenschulen, der Jahrzehnte lang in Mode war, haben diese Schulen nicht mitgemacht. Sie sind ohne Ausnahme einzügig und arbeiten mit kleinen Lerngruppen, in denen die Kinder über lange Jahre von einer kleinen Gruppe von Lehrkräften betreut werden. So entsteht eine dichte Nähe zwischen

Kindern und Erwachsenen und eine große Offenheit im Umgang miteinander, die viele Probleme lösbar machen, die an anderen Schulen als unlösbar gelten. Vor dem Hintergrund der skizzierten veränderten Familienkonstellationen gewinnt dieses pädagogische Merkmal der Freien Alternativschulen immer stärkere Bedeutung (vgl. dazu auch Borchert 1992).

Erfahrungs- und handlungsorientiertes Lernen

Kinder leben heute in einer ausgeprägten Konsumkultur; noch nie war beispielsweise das Spielzeugangebot so umfänglich und vielfältig wie heute. Viele Kinderzimmer sind damit völlig überfrachtet. In einer Konsumkultur lernen Kinder, wie man "glücklich" wird, indem man zum richtigen Zeitpunkt die richtige Ware kauft. Zwar sind auch Konsumhandlungen Handlungen, sie ermöglichen den Kindern aber kaum, sich wirklich konstruktiv und kreativ mit der Objekt- und Ideenwelt auseinanderzusetzen. Diese Tendenz einer "Reduktion von Eigentätigkeit" (vgl. Rolff/ Zimmermann 1990) korrespondiert aufs engste mit einer zweiten gesellschaftlichen Entwicklungstendenz, nämlich der "Mediatisierung der Erfahrung" (ebd.), die ebenfalls für die Schule sehr weitreichende Konsequenzen hat.

Kinder leben heute in einer durch technische Medien bestimmten Welt. Während im Bereich unmittelbarer sinnlicher Erfahrungen eine alamierende Verarmung zu verzeichnen ist, nimmt die Bedeutung der durch Medien vermittelten Erfahrungen, die letztlich immer Erfahrungen "aus zweiter Hand" sind, stetig zu. Jugendliche surfen im Internet, Kinder spielen mit Gameboys und Computerspielen, sammeln Ton- und Videokassetten und verbringen einen großen Teil ihrer Freizeit vor dem Fernseher. Denkt man etwa an die nahezu unbegrenzte Verfügbarkeit von Informationen aller Art, so hat die heutige Mediengesellschaft zweifellos - auch für Kinder - ihre Vorzüge. Nicht wegzuleugnen ist aber auch die Tatsache, daß die Fähigkeit, eigene, unmittelbar-sinnliche Erfahrungen zu organisieren und zu verarbeiten sowie die Phantasietätigkeit der Kinder durch die "Erfahrungen aus zweiter Hand" mehr und mehr verdeckt werden. Unsichere und isolierte Kinder lassen sich von der Scheinwelt des Bildschirms besonders leicht vereinnahmen. Verhaltens- und Kontaktstörungen, Beeinträchtigungen von Sprachgefühl und Motorik sind die häufig beklagten Folgen übermäßigen Fernsehkonsums.

Das Postulat des "erfahrungs- und handlungsorientierten Lernens", schon in der Reformpädagogik der 20er Jahre als ein "Lernen mit Kopf, Herz und Hand" vertreten und praktiziert, gewinnt angesichts dieser tiefgreifenden Veränderungen in den Lebensbedingungen von Kindern und Jugendlichen zunehmend an Bedeutung. Schule heute steht deshalb noch stärker als bisher vor der Herausforderung, die Kinder aus der Rolle der vorwiegend Aufnehmenden in Situationen zu bringen, in denen sie schöpferisch tätig sein und Werte, die für sie Bedeutung haben, herstellen können.

Freie Alternativschulen verstehen sich dementsprechend als ein Erfahrungsraum, der Kinder dazu anregt, sich eigentätig mit selbstgewählten Lerngegenständen auseinanderzusetzen. Damit Kinder ihrem Drang nach spielerischer und von eigener Ziel- und Zweckbestimmung geleiteter Erfahrungsverarbeitung nachgehen können, ist es im Sinne der Alternativschulpädagogik unabdingbar, den Kindern und Jugendlichen im Schulalltag auch zweckfreie, von Erwachsenen nicht kontrollierte Zeiten und Räume bereitzustellen. Indem Freie Alternativschulen die Eigentätigkeit der Kinder durch erfahrungs- und handlungsorientierten Unterricht fördern, bieten sie den Kindern attraktive Alternativen zu den Erfahrungen aus zweiter Hand und schaffen Voraussetzungen, um letztere zu be- und verarbeiten. Die Erfahrungen einer inzwischen über 20-jährigen Alternativschulpraxis haben gezeigt, daß Selbsttätigkeit im Spiel oder beispielsweise handwerkliche Tätigkeiten ein besseres Gegenprogramm gegen die medialen Überangebote sind, als medienpädagogische Belehrungen.

Freie Alternativschulen - Schulen, in denen Kinder das Lernen lernen

Kulturell akkumulierte Wissensbestände verlieren in unserer sich rasant modernisierenden Gesellschaft zunehmend schneller ihre Aktualität und Relevanz. Sie werden zudem immer umfangreicher. Selbst der aktuelle Wissensbestand eines sehr beschränkten Fachgebietes ist heute kaum noch überschaubar. Die Qualifikationsfunktion der Schule in einer modernen Gesellschaft kann deshalb weniger in der Vermittlung von - möglicherweise schon nach wenigen Jahren wieder veralteten - Wissensbeständen liegen, sondern in der Vermittlung von Selbständigkeit und Methodenkompetenz. Um mit der wachsenden Informationsflut kreativ und verantwortungsvoll umzugehen, müssen SchülerInnen heute mehr denn je in der Lage sein, aus Einzelfaktoren sinnvolle Beziehungen herzustellen und Grundzusammenhänge zu verstehen; aber auch, Relevantes auszuwählen, Probleme logisch zu strukturieren und neuartige Situationen zu lösen. Die Idee, daß Schule in erster Linie ein Ort sein solle, in dem Kinder und Jugendliche das Lernen lernen, ist nicht neu. Aber erst seitdem führende Persönlichkeiten des Wirtschaftslebens in den letzten Jahren die mangelnde Selbständigkeit und Teamfähigkeit vieler Schulabgänger beklagen, beginnt sich die Einsicht allgemein durchzusetzen, daß die dringlichste Aufgabe von Schule heute nicht mehr darin liegen kann, den Kindern möglichst viel abrufbares Wissen zu vermitteln.

Heute wie vor 20 Jahren besteht das vorrangige Lernziel der Freien Alternativschulen in der Herausbildung der Fähigkeit, den eigenen Lernprozeß frei und selbstverantwortlich organisieren zu können. Um diese Fähigkeit entwickeln zu können, brauchen Kinder aber LehrerInnen, die bereit sind, ihre Monopolstellung im Unterrichtsgeschehen aufzugeben und die ihr Ziel letztlich darin sehen, sich tendenziell überflüssig zu machen. Lehre und Erziehung hört damit nicht auf, nimmt aber einen ganz anderen Charakter an: statt Wissensergebnisse vermittelt der Lehrer die Wege zu ihnen, er stimuliert die Eigenaktivität der SchülerInnen, schafft exemplarische Problemsituationen, berät bei der Materialfindung und hilft bei der Entwicklung von Selbststeuerungsfähigkeiten. Die Erfahrungen der Freien Alternativschulen haben gezeigt, daß auch die Transparenz der Lehr-Lern-Prozesse eine unabdingbare Voraussetzung selbstbestimmten Lernens ist. Das Wissen um die optimale Organisation von Lernprozessen kann nicht Geheimnis des Lehrers bleiben, wenn Schüler das Lernen lernen sollen. Durch die Beteiligung an der Planung von Lernprozessen gewinnen die SchülerInnen in Freien Alternativschulen handlungsbezogen Einsicht in die Bedingungen effektiven Lernens.

Zahlreiche Rückmeldungen von weiterführenden Schulen, verschiedene wissenschaftliche Untersuchungen (vgl. beispielsweise BUMK 1993) und nicht zuletzt erfolgreiche Berufstätigkeiten und Universitätsabschlüsse von Alternativschulabsolventen haben den Freien Alternativschulen bestätigt, daß sie mit der Vermittlung der sogenannten "Schlüsselqualifikationen" auf das richtige Pferd gesetzt haben. Wenngleich es vorkommt, daß Alternativschulabsolventen in bestimmten Fächern manchmal Übergangsprobleme haben, so fallen sie in den weiterführenden Schulen doch durchgängig durch ihre ausgeprägte Selbständigkeit, Teamfähigkeit und Kooperationsbereitschaft auf. Sie sind selbstbewußt genug, bei Verständnisschwierigkeiten nachzufragen und spielen in dem sozialen Gefüge der neuen Klasse ganz häufig eine wichtige Rolle. Eventuelle Wissenslücken werden deshalb meist schon nach kurzer Zeit wieder ausgeglichen (de Haan 1992).

Gelebte Autonomie - Freie Alternativschulen als Vorreiter einer Schulreform von unten

Ich möchte abschließend einen vierten "Erfolg" der Alternativschulbewegung ansprechen, der sich nicht auf das *pädagogische Innovationspotential* der Freien Alternativschulen bezieht, sondern auf die *bildungspolitische Bedeutung* dieser Schulen. Großes Aufsehen erregte im Herbst 1995 die Denkschrift der Bildungskomission NRW "Zukunft der Bildung - Schule der Zukunft". Diese Denkschrift stellt die Selbstgestaltung und Selbstverantwortung der Einzelschule als relativ eigenständige Handlungseinheit in den Mittelpunkt ihrer Überlegungen und schlägt dafür rechtlich gesicherte Freiräume und Unterstützungssysteme vor. Die durch diese Schrift ausgelöste Wiederbelebung der schulpädagogischen Autonomiediskussion war sicherlich notwendig und längst überfällig. Kaum wahrgenommen wurde in dieser Diskussion aber die herausragende bildungspolitische Bedeutung der Freien Alternativschulen.

Der Widerstand staatlicher Schulbehörden, dem sich die Betreiber vieler Alternativschulen in den vergangenen 20 Jahren ausgesetzt sahen, ist in der Bundesrepublik Deutschland beispiellos und wirft ein äußerst ungünstiges Licht auf die Reform- und Experimentierfreudigkeit dieser Behörden. Viele Freie Alternativschulen gingen in der Vergangenheit das Wagnis ein, den Schulbetrieb trotz ablehnender Bescheide der Behörden aufzunehmen. In der Durchsetzung ihrer einmal gefällten Entscheidungen schreckten manche Behörden dann vor einer Kriminalisierung der Freien Alternativschulen nicht zurück. Die Verhängung von Buß- und Zwangsgeldern in der Freien Schule Würzburg, die polizeiliche Zuführung eines Kindes sowie die Androhung eines Entzugs des Sorgerechtes gegenüber Eltern in der Freien Schule Kreuzberg und eine Hausdurchsuchung beim Vereinsvorstand der Freien Schule Kassel - all dies zeigt, zu welch drastischen Maßnahmen manche Bürokraten greifen, wenn sie die Macht des Staates im Schulsektor bedroht sehen.

Freie Alternativschulen haben sich gegenüber dieser restriktiven Genehmigungspraxis staatlicher Behörden weitgehend erfolgreich zur Wehr gesetzt. Zwar gibt es nach wie vor Mitgliedsorganisationen im Bundesverband der Freien Alternativschulen, die unter dem Druck der Illegalität arbeiten müssen, der Anteil der staatlich genehmigten Schulen im Bundesverband ist aber im Laufe der letzten 20 Jahre deutlich angestiegen. Die vorausgehenden Gerichtsverfahren schleppten sich meist über viele Jahre hin und waren immer sehr mühsam und kraftraubend. Schließlich bedeutete aber jedes gewonnene Genehmigungsverfahren ein erfolgreich erkämpftes Stück Bildungsfreiheit!

Freie Alternativschulen haben einen wichtigen Beitrag dazu geleistet, daß die Formel von der "Autonomie der Schulen" inzwischen zu einer Zauberformel der Bildungspolitik geworden ist. Denn was Johannes Bastian in einer These zur "neuen Balance von Schulreform und Bildungspolitik" über die Bedeutung der Reformpraxis der 80er und 90er Jahre innerhalb des staatlichen Schulwesens sagt, gilt ganz genauso auch für die gelebte Autonomie der Freien Alternativschulen: *"Ohne die vertrauensbildenden Maßnahmen derer, die durch ihre Arbeit bewiesen haben, daß Schulreform von unten notwendig und möglich ist, hätten weder Kultusminister noch Expertenkommissionen die Idee von Autonomie so "zündend" vortragen können." (Bastian 1996, 8)*

Literatur

Bärsch, W.: Kindheitsprobleme und die Schule. In: Wicke, E./Messner, R. (Hg.): Antiquiertheit des Menschen und Zukunft der Schule. Weinheim 1995

Bastian, J.: Autonomie konkret - vier Thesen zu einer neuen Balance von Schulreform und Bildungspolitik. In: Pädagogik 1/96

Behr, M.(Hg.): Schulen ohne Zwang. München 1984

Bildungskommission NRW: Zukunft der Schule - Schule der Zukunft. Neuwied 1995

Borchert, M./ Kunstmann, D.(Hg.): Schulen, die ganz anders sind. Frankfurt a.M. 1979

Borchert, M.: Kindheit in modernen Industriegesellschaften und die Arbeit der Freien Alternativschulen. In: Bundesverband der Freien Alternativschulen: Freie Alternativschulen: Kinder machen Schule. Wolfrathshausen 1992

Bundesministerium für Unterricht und Kunst (Hg.): Kinder an Alternativschulen und an Regelschulen - ein Vergleich. Wien 1993

van Dick, L.: Alternativschulen. Reinbeck bei Hamburg 1979

Freie Schule Bochum: Alternativschulpraxis: Mit Kindern lernen. Bochum, Marl 1983

Freud, S.: (1936) Das Unbehagen an der Kultur. Fischer Taschenbuch Verlag. Frankfurt a.M. 1993

de Haan, G.: Was leisten Freie Schulen? In: BFAS (Hg.): Freie Alternativschulen: Kinder machen Schule. Wolfrathshausen 1992

von Hentig, H.: Wie frei sind Freie Schulen? Stuttgart 1985

Ramseger, J.: Gegenschulen. Bad Heilbrunn 1975

Rödler, K.: Vergessene Alternativschulen. Geschichte und Praxis der Hamburger Gemeinschaftsschulen 1919 - 1933. Weinheim und München 1987

Rolff, H.-G./ Zimmermann, P.: Kindheit im Wandel: eine Einführung in die Sozialisation im Kindesalter. Weinheim 1990

Zeidler, K.: (1925) Die Wiederentdeckung der Grenze. Georg Olms Verlag, Hildesheim, New York 1985

Manfred Borchert

Was unterscheidet Freie Alternativschulen von anderen reformpädagogischen Schulen ?

Das gute Neue ist niemals ganz neu.
(Ernst Bloch)

Vorbemerkung

Um die Frage zu klären, „Was unterscheidet Freie Alternativschulen von anderen reformpädagogischen Schulen?“ wird im folgenden ein Vergleich von theoretischen Elementen und praktischer Arbeit der Freien Alternativschulen mit Freinet-, Jenaplan-, Montessori- und Waldorfschulen versucht.

Ich bin persönlich davon überzeugt, daß es *die* richtige Pädagogik nicht gibt, sondern daß unterschiedliche Pädagogiken jeweils für bestimmte Eltern, Kinder und Lehrer/innen gut und sinnvoll sind. Deshalb will ich die Reformpädagogiken nicht vergleichen, um sie in Bezug aufeinander als besser oder schlechter zu bewerten, sondern um deutlich zu machen, welche Gemeinsamkeiten sie aufweisen, inwieweit sie sich voneinander unterscheiden, wo ihre jeweiligen Stärken und ihre Schwächen liegen. An Schwarz-Weiß-Darstellungen habe ich kein Interesse. Auf das Aufzeigen von Zwischentönen kommt es mir entscheidend an.

Die Vergleichskategorien

Beim Vergleich der reformpädagogischen Schulen orientiere ich mich an folgenden Begriffen, die in der Literatur über Theorie und Praxis der reformpädagogischen Schulen und ihrer historischen Vorläufer häufig benutzt werden und die m. E. jeder eigenständigen Pädagogik zugrunde liegen:

1. Pädagogisches Menschenbild
2. Auffassungen über die Entwicklung des Kindes
3. Didaktik[1]

[1] Der von H. von Hentig in seinem Gutachten über die Freie Schule Frankfurt wieder in die Diskussion gebrachte Begriff der Mathetik (Wissenschaftliche Theorie vom Lernen und deren praktischer Umsetzung) wird schon lange als Bestandteil moderner Didaktik aufgefaßt. Deshalb verwende ich ihn nicht.

Im Schlußteil meines Beitrags werde ich darstellen, welche Elemente die Reformpädagogiken verbinden und was sie voneinander trennt. Außerdem werde ich auf ihre je spezifischen Stärken und Schwächen eingehen.

1. Menschenbilder

Ulrich Beck[1] hat uns in seinem berühmten Werk „Risikogesellschaft" soziologische und ökonomische Fakten präsentiert, die belegen, daß früher übliche Normalbiographien in modernen Industrie- und Dienstleistungsgesellschaften immer seltener werden. Diese Fakten müssen Erziehungswissenschaft und praktische Pädagogik zur Kenntnis nehmen und sie tun dies auch. Es wird weniger von *dem Kind* und mehr von *Kindern* gesprochen. Das Schlagwort von der Individualisierung der Schulpädagogik und -didaktik wird immer ernster genommen. Dennoch kreisen pädagogische Diskussionen zunehmend wieder um Menschenbilder.

Krisenzeiten, so schreibt Hartmut von Hentig, lösen eine regelrechte Konjunktur der Diskussion um Menschenbilder aus. Er meldet Zweifel an, ob diese Diskussion für die Pädagogik Sinn macht. Zu groß scheint ihm das Risiko, daß ideale Menschenbilder dazu verführen, Kinder nach diesen Bildern zu formen.[2] Die schrecklichen Erfahrungen mit Politik und Erziehung, die auf bestimmten Menschenbildern basierten, wie z. B. die Greueltaten der Nationalsozialisten und Stalinisten geben seiner Skepsis recht.

Macht es also überhaupt noch Sinn, sich über das Menschenbild unterschiedlicher Pädagogiken auseinanderzusetzen? Aus zwei Gründen sollte m.E. diese Frage bejaht werden.

Erstens: In pädagogischen Konzepten, im pädagogischen Alltag, in der Erziehungswissenschaft und Entwicklungspsychologie[3] haben Bilder vom Menschen - explizit, meist aber implizit - ihre Bedeutung. Die bewußte Auseinandersetzung mit diesen unterschiedlichen Menschenbildern kann Lehrer/innen über Motive ihres eigenen Handelns mit bzw. gegenüber Kindern aufklären. Solche Selbstaufklärung kann zu verändertem Verhalten beitragen.

Zweitens: Das Angebot an Menschenbildern ist reichhaltig: der Mensch ist gut, der Mensch ist des Menschen Wolf, der Mensch ist Schöpfer, der Mensch ist Zerstörer, der Mensch ist Produzent, der Mensch ist Verbraucher etc.. Psychologie, Soziologie, Politikwissenschaft, Ökonomie - sie alle sehen den Men-

[1] U. Beck: Risikogesellschaft, Frankfurt/M. 1986.

[2] Vgl. H. von Hentig: Bildung. München/Wien 1996, S. 24 - 30.

[3] Vgl. L. Montada: Themen, Traditionen, Trends, in: R. Oerter/L. Montada (Hrsg.): Entwicklungspsychologie, 2. Aufl. Weinheim 1987, S. 76.

schen in Teilfunktionen. Da macht es durchaus Sinn, wenn Philosophie und Erziehungswissenschaft sich gegen diese Zerstückelung zur Wehr setzen und die Vorstellung vom „ganzen Menschen“ aufrechterhalten. “Verabsolutierung eines immer partikularen Erkennens zum Ganzen einer Menschenerkenntnis führt zur Verwahrlosung des Menschenbildes. Die Verwahrlosung des Menschenbildes aber führt zur Verwahrlosung des Menschen selber. Denn das Bild des Menschen, das wir für wahr halten, wird selbst ein Faktor unseres Lebens.“[1] Dieses philosophische Erinnern an den „ganzen Menschen“ ist übrigens auch für pädagogisch Tätige ganz praktisch, denn: Wer Kinder und Jugendliche in ihrem Bildungsprozeß unterstützen will, sie aber nicht als ganze Persönlichkeiten wahrnimmt, wird sie trotz aller didaktischen Mühen und methodischer Kunststücke nicht erreichen.

Die Menschenbilder der Reformpädagogiken können im folgenden aus Platzgründen nicht ausführlich dargestellt werden, deshalb wird ihre Darstellung auf jeweils einige Schlüsselbegriffe beschränkt.

1.1 Das pädagogische Menschenbild an Freien Alternativschulen

Das pädagogische Menschenbild an Freien Alternativschulen ist ein kritisch-rationales, das auf der Überzeugung basiert, daß der Mensch als vernunftbegabtes Wesen auch ohne religiöse Bindung in vielfältigen Lernprozessen (selbst)kritische Ich-Stärke, Moral und Gemeinschaftssinn entwickeln kann. Menschen mit religiöser Bindung werden an FAS aber nicht ausgegrenzt.

Aus den Konzepten von FAS lassen sich gemeinsame Anschauungen herauslesen und so verallgemeinern, daß folgende Elemente eines pädagogischen Menschenbildes rekonstruiert werden können:

- *Persönlichkeit*: Jedes Kind hat eine durch Anlagen und Sozialisation bedingte einzigartige Persönlichkeit.
- *Bildungsfähigkeit*: *Jedes* Kind ist bildungsbedürftig und bildungsfähig.
- *Bildung als aktiver Prozeß*: Bildung kann man nicht planmäßig produzieren, weil Bildung kein passiver sondern ein aktiver selbsttätiger Prozeß ist.
- *Ganzheitliche Bildung*: Bildung bezieht sich auf den Verstand, die Psyche und den Körper des Menschen.
- *Selbstregulierung*: Das Ziel von Bildung ist die Fähigkeit zur Selbstregulierung, der Weg zu diesem Ziel ist das Einüben von Selbstregulierung. Die eigene Selbstregulierung kann aber kein Mensch allein aus sich selbst heraus lernen. Entfalten kann sich diese Fähigkeit erst in der Begegnung mit anderen

[1] K. Jaspers: Der philosophische Glaube, München 1948, zit. nach: E. Meinberg: Das Menschenbild in der modernen Erziehungswissenschaft, Darmstadt 1988, S. 318.

Menschen. Selbstregulierung entsteht aber nicht nur auf der Ebene von Beziehungen. Sie braucht auch die Auseinandersetzung mit vielfältigen Lerngegenständen.
- *Freiheit und Geborgenheit*: Entscheidende Voraussetzung für die Erweiterung der Selbstregulierungskompetenz von Kindern sind die Freiheit zur Selbsttätigkeit und eine Geborgenheit, die in erster Linie durch verläßliche freundliche Beziehungen zu Erwachsenen, unter den Kindern und durch ein friedliches Klima in überschaubarem Rahmen entsteht.
- *Kinder sind produktiv*: Kindliches Denken und Tätigsein ist produktiv. Der sich aktiv und strukturierend in das Schulgeschehen einbringende Erwachsene trifft nicht auf ein defizitäres kindliches Bewußtsein, das geformt und aufgefüllt werden muß, sondern auf ein produktives Kind-Bewußtsein. Diese kindliche Produktivität steht in selbstregulierten Prozessen der erwachsenen Produktivität gleichwertig gegenüber.
- *Das Recht auf Glücklichsein*: In der Kooperation zwischen Kindern und Erwachsenen dürfen der Respekt vor dem kindlichen Menschen und sein Recht auf hier und jetzt erlebtes Glück nicht überlagert oder gar niederdrückt werden. Das Ernstnehmen dieses Anspruches verlangt, daß Kinder auch in der Schule nicht ständig von Erwachsenen reguliert und kontrolliert werden.
- *Erfahrungsorientierung*: Kinder knüpfen in ihrem Bildungsprozeß immer an vorhandene Erfahrungen an. Sie sind aber auch willens und in der Lage, ständig neue Erfahrungen zu machen. Und besonders gern tun sie dies selbsttätig.

Selbstregulierung ist ein zentraler Begriff der Pädagogik Freier Alternativschulen. Er wurde von Oskar Negt in die pädagogische Diskussion eingebracht, mußte aber in den Diskussionen um Freie Alternativschulen von Negt selbst und anderen näher bestimmt werden.[1] Das war nötig, weil dieser Begriff zu Mißverständnissen und Kritik einlud.[2] „Die Diskussion entzündete sich vor allem an dem häufigsten Mißverständnis, daß Selbstregulierung aus einem gesellschaftlich unvermittelten, per se positiven Selbst des Kindes heraus stattfinden würde, die von den Erwachsenen lediglich 'zugelassen' (laisssez-faire) zu werden hat. Folge einer so verstandenen selbstregulierten Praxis ist eine einseitige Überbetonung der kindlichen Kräfte und ein Außerachtlassen des aktiven Anteils der Erwachsenen, dessen Teilnahme diesen Prozeß erst zu ei-

---

[1] Zuletzt hat O. Negt dies einmal mehr getan in: O. Negt: Kindheit und Schule in einer Welt der Umbrüche. Göttingen 1997. Abschnitt: "Zur Dialektik von Selbstregulierung und Strukturierung, S. 191 - 209.

[2] Vgl. Die Kritik am „Selbstregulierungs-Mythos“ von A. Ilien: Erfahrungsprozesse an der Glocksee-Schule Hannover, in: Lehrerinnen und Lehrer der Glocksee-Schule (Hrsg.): Texte zur Glocksee-Pädagogik, Hannover 1990, S. 2-18.

nem lebendigen Austausch zwischen gleichberechtigten beteiligten Personen werden läßt."[1] Zu diesem aktiven Anteil der Erwachsenen gehört u.a., daß sie Lernmöglichkeiten planen und vorbereiten, sich den Kindern als Bezugspersonen zur Verfügung stellen, sich ihnen als Persönlichkeiten mit bestimmten Wertvorstellungen zeigen und für diese Werte handelnd eintreten.

„Ein zweites Mißverständnis besteht in der Ausblendung des Lerngegenstandes bei der Charakterisierung selbstregulierter Lernprozesse; denn Lernen bedeutet immer eine aktive Auseinandersetzung mit einem Gegenstand, die Beziehungen zwischen Kindern und Erwachsenen allein machen noch keine selbstregulierten Lernprozesse aus." [2]

1.2 Das pädagogische Menschenbild in der Freinet-Bewegung

Auch die Freinet-Schulen leiten ihre pädagogischen und didaktischen Konzepte nicht aus einem einheitlich aufgefaßten Menschenbild ab. Célestin Freinet (1896-1966) war Pazifist, Sozialist, engagierter Gewerkschafter und ein großer Befürworter des technischen Fortschritts. Ab 1926 war er lange Zeit Mitglied der kommunistischen Partei Frankreichs.[3] Sein gesellschaftliches Ideal war der Zustand "in dem alle Ausbeutung des Menschen durch den Menschen ausgeschlossen ist"[4] Freinet trat für seine egalitären sozialen Überzeugungen ebenso nachhaltig ein wie für die Respektierung der Würde des Individuums und die Achtung seiner persönlichen Freiheiten. Diese Rechte reklamierte er auch für alle Kinder. Für die Realisierung seiner Ziele arbeitete Freinet viele Jahre lang in staatlichen Schulen, weil dort (und nicht an den Privatschulen der Reichen) die proletarischen Kinder zu finden waren.[5]

Aus Freinets politischem Engagement aber zu schließen, die heutige Freinet-Bewegung habe ein sozialistisches Menschenbild (dialektisch-materialistisch, fester Klassenstandpunkt, sozialistische Gemeinschaftskultur, sozialistischer Internationalismus etc.) scheint mir falsch. Auf Grund persönlicher Begegnungen mit Freinet-Lehrern und -Lehrerinnen teile ich vielmehr die Ansicht von Ingrid Dietrich: Die sich gegenwärtig in Deutschland ausbreitende Freinet-

[1] Konzeption der Freien Schule Berlin-Tempelhof, Unveröffentl. Manuskript Mai 1987, S. 4.

[2] Ebda., .S. 5

[3] Vgl. E. Skiera: Célestin Freinet und seine Pädagogik der Befreiung, in: M. Seyfarth-Stubenrauch/E. Skiera (Hrsg.): Reformpädagogik und Schulreform in Europa. Baltmannsweiler 1996. Bd. 2 , S. 298.

[4] Ebda., S. 305

[5] Diese Schule erlangte schnell große Berühmtheit. Sie existiert heute noch als staatliche Angebotsschule (ohne Internat).

Bewegung „...verdankt ihre zur Zeit immer breiter werdende Akzeptanz (vorwiegend unter Grund- und HauptschullehrerInnen) einem besonderen Umstand, nämlich der Ausklammerung des sozialistischen Hintergrunds dieser Pädagogik, der von manchen vehement geleugnet, von vielen schamhaft verschwiegen und von den meisten Freinet-AnhängerInnen gar nicht zur Kenntnis genommen wird. Die große Schar der heutigen Freinet-AnhängerInnen sieht in dieser Konzeption eine Anleitung zum pädagogischen Nonkonformismus, eine Quelle der Inspiration für kindzentriertes, spontanes, phantasievolles Arbeiten, eine Rechtfertigung für das Sich-Hinwegsetzen über staatliche Reglementierung und Bevormundung."[1]

Ebenso skeptisch wie die Lehrer/innen an FAS scheinen mir auch die Freinet-Lehrer/innen hinsichtlich der Frage, ob ein bestimmtes pädagogisches Menschenbild für die Förderung von Bildung überhaupt notwendig ist. Lehrt doch die Arbeit mit Kindern, wie unterschiedlich sie von ihren Anlagen her, in ihrer Prägung durch vorschulische Erfahrungen, in ihrem Gefühlsleben und ihrem trotz gleichen Alters unterschiedlichen Entwicklungsstand sind. Zu groß scheint die Gefahr, daß zugunsten eines Menschenbildes der Blick auf die einzelnen Menschenkinder verstellt wird und zu hoch das Risiko, daß ideale Entwürfe des Menschen und einer zukünftigen Gesellschaft zu politischer Indoktrination führen könnten. Jeden dahingehenden Versuch lehnte schon Freinet selbst äußerst entschieden ab.[2]

Freinet selbst hat keinen Text über sein Menschenbild geschrieben. Deshalb wird hier nun versucht, aus einzelnen Zitaten in Freinets Schrift „L'École Moderne Française" sowie pädagogischen und didaktischen Aussagen von Freinet-Pädagogen und -Pädagoginnen ein pädagogisches Menschenbild zu rekonstruieren:

- *Das Kind als Individuum*: „Als erste und oberste Forderung will Freinet, daß das Kind von seiner Geburt an und nicht erst als Erwachsener als Individuum behandelt wird."[3] „Wesentlich ist, daß das Kind seine Individualität entwikkelt..., daß es logisch und kraftvoll seine Persönlichkeit entfaltet. Alles andere wird dann von selbst kommen."[4]
- *Bildung für die Gesellschaft und das Kind*: Bildungsfähigkeit und -bedürftigkeit werden anthropologisch vorausgesetzt. Die von ihm praktisch entwik-

---

[1] I. Dietrich: Célestin Freinet und die nach ihm benannten Schulen, in: Rainer Winkel (Hrsg.): Reformpädagogik konkret. Hamburg 1993, S. 54.

[2] E. Skiera. a.a.O., S. 305.

[3] H. Jörg: Meine Begegnung mit Freinet und der Freinet-Pädagogik, in: A. Hellmich/P.Teigeler (Hrsg.): Montessori-, Freinet-, Waldorfpädagogik, 2. Aufl. Weinheim und Basel 1994, S. 98.

[4] C. Freinet: Die moderne französische Schule, 2. Aufl., Paderborn 1979, S. 105.

kelte Pädagogik und Didaktik sieht Freinet als eine Voraussetzung „...ein und desselben Ganzen, nämlich der Entwicklung des Kindes und darüber hinaus des Menschen, des Bürgers, der neuen Gesellschaft des Volkes. "[1] an.
- *Bildung ist Selbstbildung*: „Das Kind gestaltet selbst mit unserer Hilfe seine Persönlichkeit."[2]
- *Ganzheitliche Bildung*: Die Freinet-Pädagogik hat ein ganzheitliches pädagogisches Menschenbild. Das Kind soll in der Schule „...geistig, körperlich, moralisch und psychisch reicher..."[3] werden können. Eine einseitige intellektuelle Schulung wird entschieden abgelehnt. Denn: "Wache Köpfe und geschickte Hände sind besser als mit Wissen vollgestopfte Hirne."[4]
- *Bildung und Gemeinschaft*: Die prinzipiell vorhandene Bildungsfähigkeit des Menschen kann sich nur entfalten, wenn die entsprechenden Bedingungen vorhanden sind.[5] Das gilt für die sachlichen, methodischen und vor allem die sozialen Voraussetzungen. „...unsere ganze Tätigkeit ist auf das Zusammenleben in der Gemeinschaft, auf die Arbeit hin ausgerichtet, die eine ständige Morallektion ist, und zwar die beste, die unauslöschlich allem Tun, allen Gewohnheiten, allen Lebensregeln ihren Stempel aufprägt."[6]
- *Arbeit als Bildungsweg:* Arbeit, verstanden als sinnvolles Tätigsein in kindgemäßer Form (Spiel mit Arbeitscharakter und Arbeit mit Spielcharakter) ist ein zentrales Schlüsselwort für Freinets Bildungsvorstellung.[7]
- *Selbsttätige Versuche*: „Durch eigenes Versuchen, Selbsttun und Experimentieren soll das Kind Lösungswege für die Bewältigung aller auf es zukommenden Lern- und Lebensaufgaben finden."[8]

---

[1] C. Freinet a.a.O. S. 58.

[2] C. Freinet, a.a.O. S. 15.

[3] C. Freinet, a.a.O. S. 105.

[4] C. Freinet, a.a.O. S. 17.

[5] Wie diese Bedingungen praktisch beschaffen sein sollten, war C. Freinets Hauptanliegen. Dafür machte er eine Fülle von Vorschlägen, die sich von Methoden über die Schul- und Klassenorganisation, die Schulräume sowie deren Umgebung und Einrichtung bis zur Kontrolle der Arbeitsgerbnisse erstrecken. Vgl. C. Freinet, a.a.O. S. 21 - 120.

[6] C. Freinet, a.a.O. S. 123

[7] Kein anderes Wort kommt in seinem grundlegenden Werk „Die moderne Schule in Frankreich" so häufig vor wie dieses.

[8] H. Jörg, a.a.O. S. 99.

1.3 Das pädagogische Menschenbild in der Jenaplan-Bewegung

Wenden wir uns, dem Alphabet folgend, nun den Jena-Plan-Schulen zu. Ihren Namen verdanken sie der Leitung einer internationalen Tagung in Locarno, auf der der Schulreformer Peter Petersen (1884 - 1952) über die von ihm praktizierte Arbeit in Jena berichtete. Dieser Bericht wurde unter dem Titel „Jena-Plan" angekündigt und auf die Schulen übertragen, in denen Petersens Vorschläge zur Gestaltung von Schule und Unterricht praktisch aufgegriffen wurden.[1]

Peter Petersen war tief gläubiger Christ und wünschte allen Kindern die Möglichkeit der Begegnung mit Gott.[2] In seinen Schriften finden sich mystisch-völkische Begründungen für Teile seiner Pädagogik".[3] Daraus nun aber zu schließen, die heutige Jena-Plan-Bewegung habe ein christliches und/oder mystisch-völkisches Menschenbild, wäre unsinnig und genauso unseriös, wie wenn man allen Freinet-Lehrern und -Lehrerinnen ein sozialistisches Menschenbild unterstellte. Die Jenaplan-Pädagogik wurde und wird theoretisch[4] weiterentwickelt. Als wesentliche anthropologisch-pädagogische Grundideen der Jenaplanschule heute sieht E. Skiera folgende an:

- *Würde des Kindes*: „Jedes Kind ist ein eigenwertiges Wesen, dessen Würde es ungeachtet Rasse, Nationalität, Geschlecht, Religionszugehörigkeit sowie ethnischer und sozialer Herkunft zu achten und zu wahren gilt.
- *Unterschiede als Bildungsvoraussetzung*: Die Unterschiede in der sozialen, intellektuellen, emotionalen und körperlichen Entwicklung zwischen den Kindern werden nicht nur als gegeben akzeptiert, sondern als notwendige Voraussetzung für Erziehungs-, Entwicklungs- und Lernprozesse betrachtet.
- *Ganzheitliche Bildung*: Das Kind wird als Ganzheit gesehen, dessen grundlegende Bedürfnisse und Fähigkeiten es zu berücksichtigen, zu fördern, freizulegen gilt. Das Bedürfnis nach emotionaler Zuwendung, nach Lob und Anerkennung, nach neuen Erfahrungen (Lernen), nach Urheberschaft und Freiheit,

[1] Vgl. B. Kluge: Peter Petersen und der Jenaplan, in: M. Seyfarth-Stubenrauch/E. Skiera: Reformpädagogik und Schulreform in Europa., Bd. 2. Baltmansweiler 1996. S. 282

[2] Vgl. P. Petersen: Dienst an der religösen Erziehung in der Schule. Einordnung der religiösen Wirklichkeit in die Arbeitswelt der Schüler. In: ders. (Hrsg.): Die Praxis der Schule nach dem Jena-Plan. Weimar 1934, S. 144-151. Zit. nach R. Koerrenz/N. Collmar (Hrsg.): Die Religion der Reformpädagogen. Weinheim 1994. S. 247-252.

[3] E. Skiera: Peter Petersen und die Jenaplan-Schulen, in: R. Winkel (Hrsg.): Reformpädagogik konkret. Hamburg 1993, S. 42. Petersens mystisch-völkisches Verständnis von Gemeinschaft ist ein Erbe, das die Jenaplan-Bewegung kritisch aufgearbeitet hat.

[4] Vgl. zum Beispiel: E. Skiera: Die kindgerechte Schule als Ort bildender Begegnung mit der Welt - Versuch einer anthropologisch-pädagogischen Begründung, in: ders. (Hrsg.): Schulen ohne Klassen,. Heinsberg 1985. S. 11 - 88.

nach Selbst- und Mitverantwortung, nach ästhetischer Wahrnehmung, nach spontanem Ausdruck seiner inneren Befindlichkeit.

- *Hilfe zur Selbstverwirklichung:* Erziehung wird als Hilfe beim Prozeß der Selbstverwirklichung verstanden, der zum Aufbau einer gemeinschaftsfähigen Persönlichkeit führen soll.

- *Arbeits- und Lebensgemeinschaft*: Das Werden der Persönlichkeit ist nur möglich in einer Gemeinschaft von werdenden Personen. In der Schule wird daher der Aufbau einer Arbeits- und Lebensgemeinschaft angestrebt, welche Kinder, Lehrer und Eltern einbezieht, die ein Ort bildend-erzieherischer Begegnung mit Menschen, mit sich selbst, mit Sachen ist.

- *Bildung und Menschengemeinschaft*: Erziehung als Hilfe beim Aufbau der gemeinschaftsfähigen Persönlichkeit führt zu einem Denken und Handeln, das mit den eigenen die Probleme des anderen, der Gruppen-, Schul- und Menschengemeinschaft sieht. Sie fördert die Fähigkeit und Bereitschaft zum Dialog, müht sich um die Darstellung menschlicher Werte, schafft Möglichkeiten zu selbständigem Lernen (Arbeiten) des einzelnen Kindes und einer Gemeinschaft von Kindern. In ihrem Fordern und Fördern knüpft sie an den individuellen Fähigkeiten und Bedürfnissen der Kinder an und zielt auf die Entfaltung des ganzen Menschen.[1]

1.4. Das pädagogische Menschenbild in der Montessori-Bewegung

Für die Reformbewegung, die ihren Namen Maria Montessori (1870 - 1952) verdankt, bedarf es keiner schwierigen Suche oder des Hilfsmittels der Rekonstruktion, um ihr pädagogisches Menschenbild zu finden. „Es scheint gerechtfertigt zu sein, von einem originalen Beitrag Montessoris zur pädagogischen Anthropologie zu sprechen, wenn sich ihr das Kind im Erziehungsprozeß selber gezeigt hat als ein mit ganz anderen Möglichkeiten ausgestattetes Wesen, als wir sie beim Erwachsenen kennen."[2] Diese Feststellung trifft m.E. zu. Freilich hat sie kein im engen Sinne pädagogisches Menschenbild gezeichnet. Ihr Menschenbild ist ein weiter hergeleitetes.

- *Innerer Bauplan*: „ ...jedes neugeborene Lebewesen, welcher Gattung immer es angehört, enthält in sich den Bauplan jener psychischen Instinkte und Funktionen, die das Wesen instand setzen sollen, zur Außenwelt in Beziehung zu treten...Sobald sich jedoch das neue Lebewesen gebildet hat, wird es zu einer Art Magazin geheimnisvoller Leittriebe, die dann zu Handlungen, Charakterzügen und Leistungen führen, also zu Einwirkungen auf die Umwelt und zu

---

[1] E. Skiera: Die kindgerechte Schule..., a.a.O, S. 72 f.

[2] P. Oswald: Die Anthropologie Maria Montessoris. Münster 1970, S. 24.

Reaktionen auf diese... jedes Lebewesen wird von seiner Umwelt nicht nur dazu aufgerufen, schlechthin zu existieren, sondern eine Funktion auszuüben, die zur Erhaltung der Welt und ihrer Harmonie notwendig ist...

- *Seelische Leitkräfte*: Auch das neugeborene Menschenkind ist somit nicht bloß ein Körper, bereit, seine animalischen Funktionen auszuüben, sondern ein geistiger Embryo mit latenten seelischen Leitkräften. Es wäre widersinnig anzunehmen, daß gerade der Mensch, der sich durch die Großartigkeit seines seelischen Lebens von allen anderen Geschöpfen unterscheidet und auszeichnet, als einziger keinen Plan seelischer Entwicklung in sich tragen sollte.
- *Freiheit*: Die Tatsache, daß das menschliche Neugeborene nicht wie das tierische von allem Anfang an von festen und unabänderlichen Leitinstinkten beherrscht wird, ist ein Zeichen dafür, daß der Mensch ein gewisses Maß von Handlungsfreiheit besitzt. Dies macht eine besondere Durchformung erforderlich, die jedes Individuum von sich aus vornehmen muß und deren Ergebnisse daher nicht vorhersehbar sind.
- *Das Geheimnis des Kindes*: Es gibt also in der kindlichen Seele ein Geheimnis, in das wir nicht eindringen können, wenn das Kind es selbst uns nicht dadurch offenbart, daß es allmählich sich selbst aufbaut... So vermag nur das Kind selber zu enthüllen, welches *der natürliche Bauplan* des Menschen ist.“[1]
- *Auftrag des Kindes*: Das Kind hat „ ...einen anderen Auftrag... in der menschlichen Gesellschaft als der Erwachsene, eine andere Funktion in der Welt überhaupt...: die Aufgabe, den Menschen zu bilden, gleichsam eine Umkehrung der biologischen Ordnung.“[2]
- *Freiheit durch Selbsttun*: Eigenaktivität des Kindes ist in der Montessori-Pädagogik der „...Weg des Kindes zur Freiheit im Sinne der Unabhängigkeit ... Das Kind als Mensch will selbst lernen, selbst seine Erfahrungen in der Umwelt machen, diese durch seine persönliche Anstrengung wahrnehmen. Denn erst die Erfahrung der eigenen Unabhängigkeit ist die Basis für die Entwicklung der menschlichen Würde.“[3]
- *Polarisation der Aufmerksamkeit*: Besonders bedeutsam für Bildungsprozesse des Kindes ist das Phänomen der Polarisation der Aufmerksamkeit, eine Versenkung des Kindes in die Beschäftigung mit einem Gegenstand. Durch Übungsgegenstände und eine entsprechend vorbereitete Umgebung will die Montessori-Pädagogik dem Kind möglichst häufig das Erlebnis dieser Konzentration bieten.

---

[1] M. Montessori: Kinder sind anders (Titel der italienischen Originalausgabe „Il segreto dell'infanzia“), 10. Aufl. München 1995, S. 26 f.

[2] G. Meisterjahn-Knebel, a.a.O., S. 59.

[3] G. Meisterjahn-Knebel, a.a.O., S. 61.

- *Religiöse Grundlage*: Das Menschenbild Maria Montessoris ist unstrittig ein christliches.[1] Dafür finden sich zahlreiche Belege in ihren Schriften. Eine christliche Orientierung haben auch die meisten Montessori-Schulen, aber nicht alle. Dafür spricht schon die Tatsache, „...daß die Montessori-Pädagogik in den verschiedensten religiösen und weltanschaulichen Gedankenkreisen Aufnahme finden kann und gefunden hat, und zwar häufig wegen ihrer religiösen Grundhaltung."[2]
- *Kosmische Erziehung*: Aus ihrer religiösen Haltung heraus hat M. Montessori auch ihre „kosmische Erziehung" begründet, in der sie die Verantwortung des Menschen für die Schöpfung hervorhebt und sich damit als eine Vorläuferin der heutigen ökologischen Pädagogik zeigt.[3]

1.5. Das pädagogische Menschenbild der Waldorf-Bewegung

Zunächst eine Bemerkung zur Vermeidung eines Mißverständnisses: In den Waldorf-Schulen wird keine Anthroposophie gelehrt. Sie bildet aber die philosophische Arbeitsgrundlage für anthroposophische Lehrer/innen. Wer sich deshalb mit dem Menschenbild der Waldorf-Schulen befaßt, muß sich mit der Anthroposophie Rudolf Steiners auseinandersetzen.

In kritischer Haltung zu den Grenzen empirisch-naturwissenschaftlicher Erkenntnismethoden definiert Steiner Anthroposophie als einen „Erkenntnisweg, der das Geistige im Menschenwesen zum Geistigen im Weltall führen möchte."[4] „Der Ausgangspunkt für den geisteswissenschaftlichen Erkenntnisprozeß Steiners ist die 'bewußte Beobachtung der eigenen Denktätigkeit'... Durch Konzentrations- und Meditationsübungen verstärkt, soll ein solcherart erweitertes Bewußtsein zu Erkenntnisresultaten über 'geistige Tatsachen' gelangen, die die in Natur und Geschichte wirksamen Kräfte und Substanzen 'ganzheitlich begreifbar' machen."[5] Diesen besonderen Erkenntnisweg selbst beschreitend hat Steiner ein bestimmtes Menschenbild beschrieben, von dem hier nur einige wesentliche Begriffe vorgestellt werden können:

---

[1] Der Streit, ob es ein theosophisches oder katholisches christliches Menschenbild ist, überlasse ich gern den Experten. Vgl. Z. B. G. Schulz-Benesch. Über Montessoris persönliches Verhältnis zu Religion und Kirche, in: engagement 4/1995, S. 269 - 278. Und auch: W. Böhm: Maria Montessori, Bad Heilbrunn/Obb., S. 129 - 137.

[2] W. Böhm, a.a.O. S. 137.

[3] Vgl. M. Montessori: Kosmische Erziehung. Freiburg 1988, S. 30.

[4] R. Steiner: Anthroposophische Leitsätze, Gesamtausgabe (i.f. abgek. GA) Bd. 26, Dornach 1976, S. 14.

[5] H. Ullrich: Waldorfpädagogik und okkulte Weltanschauung. Weinheim/München, S. 77 f.

- *Gliederung des Menschen*: Der Mensch ist vierfach gegliedert „...in physischen Leib, Ätherleib, Astralleib und Ich in getreuer Entsprechung zu den vier Stufen der Erkenntnis: sinnlich-materiell, imaginativ, inspirativ und intuitiv."[1] Den physischen Leib als „unteren Leib" kann jeder wahrnehmen. „Dem geisteswissenschaftlich geschulten Forscher sollen indes auch diese oberen drei 'Leiber' des Menschen mit ihrer stärker werdenden Vergeistigung durch ihre je besondere Form der 'Aura' wahrnehmbar sein: 'Die Aura ist dreigliedrig, die Glieder stecken ineinander wie drei ovale Nebelgebilde, die die Menschengestalt umhüllen und einhüllen.'"[2] Zwischen den „Leibern des Menschen und den vier Elementarqualitäten fest, flüssig, gasförmig, wärmehaft sowie den vier Naturreichen Mineral, Pflanze, Tier und Mensch besteht ein Zusammenhang.[3]

Außer dem viergliedrigen Menschenbild hat Steiner später auch ein dreigliedriges Menschenbild beschrieben. Hier „...gliedert Steiner die menschliche Person nicht mehr substantiell nach 'Leibern' oder Elementarqualitäten, sondern funktionell nach den drei Grundfunktionen des Seelischen: Denken, Fühlen und Wollen. Im Sinne des psychophysischen Kausalismus ordnet er den drei seelischen Funktionen drei bestimmten Körperregionen mit entsprechenden physiologischen Prozessen zu... Denken und Wollen als 'obere bzw. untere Wesenskräfte'..., die sich über die Wesensmitte des Fühlens in gegenseitigem Spannungszustand halten."[4]

- *Reinkarnation und Karma* sind zwei weitere wichtige Begriffe für das anthroposophische Menschenbild. „Der Leib unterliegt dem Gesetz der Vererbung; die Seele unterliegt dem selbst geschaffenen Schicksal. Man nennt dieses vom Menschen geschaffene Schicksal mit einem alten Ausdruck sein Karma. Und der Geist steht unter dem Gesetz der Wiederverkörperung, der wiederholten Erdenleben. - Geburt und Tod walten nach den Gesetzen der physischen Welt in der Körperlichkeit; das Seelenleben, das dem Schicksal unterliegt, vermittelt den Zusammenhang von beiden während eines irdischen Lebenslaufes"[5]

- *Freiheit*: Karma bedeutet bei Steiner nicht, daß der Mensch seinem Schicksal ausgeliefert und selbst keine Freiheit der Gestaltungsmöglichkeit des eigenen Lebens hat. Frei ist nur, wer nicht nur vorgegebenen Normen und Gesetzen folgt. „Frei ist der Mensch, insofern er in jedem Augenblick sich selbst zu fol-

---

[1] H. Ullrich, a.a.O., S. 81.

[2] R. Steiner: Die Grundbegriffe der Theosophie. Dornach 1957. S. 38..

[3] H. Ullrich, a.a.O. S. 82.

[4] H. Ullrich, a.a.O., S. 87.

[5] R. Steiner: Der anthroposophische Weg. Hrsg. Von K.E. Becker/F. Hiebel/H.-P.Schreiner, Frankfurt/M.1983, S. 153.

gen in der Lage ist"[1] „Freiheit ist Handeln aus sich heraus." Aber: „... aus sich heraus darf nur handeln, wer aus dem Ewigen die Beweggründe schöpft"[2] Der Mensch „... ist in dem Maße frei, als er sich Erkenntnis, Bewußtsein des Weltzusammenhanges, erworben hat. ... Nicht das Schicksal handelt, sondern wir handeln in Gemäßheit der Gesetze dieses Schicksals"[3]
- *Temperamente*: Steiner unterscheidet vier verschiedene Temperamente voneinander: das cholerische, das melancholische, das phlegmatische und das sanguinische. Das Entstehen der Temperamente wird folgendermaßen erklärt: „Die urewige Wesenheit des Menschen, das, was von Verkörperung zu Verkörperung geht, das lebt sich in jeder neuen Verkörperung so aus, daß es hervorruft eine gewisse Wechselwirkung der vier Glieder der Menschennatur: Ich, Astralleib, Ätherleib und physischer Leib, und aus dem, wie diese vier Glieder zusammenwirken, entsteht die Schattierung des Menschen, die wir als Temperamente bezeichnen."[4] Den unterschiedlichen Temperamenten schreiben Steiner und anthroposophische Pädagogen/innen bestimmte vorherrschende Eigenschaften psychischer und physischer Art zu. Die Temperamente können auch in Mischform (z.B. ein Choleriker mit einem gewissen Anteil von Melancholie) vorkommen und auch durch das Alter beeinflußt werden.

Welche Bedeutung die hier vorgestellten Begriffe des anthroposophischen Menschenbildes für die praktische Waldorf-Pädagogik haben, erschließt sich nicht auf den ersten Blick. Aber die „Viergliederung des Menschen" hat Auswirkungen auf die Entwicklungslehre und die Curriculum-Entwicklung. Reinkarnation und Karma sind bedeutsam für die Rolle der Lehrer/innen als Entwicklungshelfer/innen für die Kinder, und die Temperamenten-Lehre wirkt sich aus auf Formen der Binnendifferenzierung und die Sitzordnung im Klassenraum.

2. Auffassungen von der Entwicklung des Kindes

„Die Kernfrage lautet: Ist das Subjekt Gestalter seiner Entwicklung oder wird seine Entwicklung von inneren und äußeren Kräften gelenkt?"[5] L. Montada

[1] R. Steiner: Die Philosophoe der Freiheit. R. Steiner-Taschenbuch-Ausgaben 11, Stuttgart, 1962, S. 125.

[2] R. Steiner: Theosophie. Einführung in übersinnliche Welterkenntnis und Menschenbestimmung. Dornach 1995, S. 191.

[3] R. Steiner, zit. n. W. Kugler: Rudolf Steiner und die Anthroposophie. Köln 1978, S. 70. In: H. Ullrich, a.a.O., S. 97.

[4] R. Steiner: Das Geheimnis der Temperamente. Basel 1980, S. 20.

[5] L. Montada, a.a.O., S. 77.

unterscheidet drei theoretische Richtungen, die diese Frage unterschiedlich beantworten: exogenistische Theorien, die Entwicklung als Folge von äußeren Einflüssen verstehen, endogenistische Theorien, die Entwicklung auf „...Reifung, also auf Entfaltung eines angelegten Plan des Werdens..." [1] zurückführen und interaktionistische, die von folgender Grundannahme ausgeht: „Der *Mensch selbst wird als Gestalter seiner Entwicklung* betrachtet. Er wird als erkennendes und selbstreflektierendes Wesen aufgefaßt, das ein Bild von sich und seiner Umwelt hat und beides im Zuge der Auswertung neuer und vorausgehender Erfahrungen modifizert."[2]. Daß es in den Reformpädagogiken zwischen diesen drei Ansätzen Mischformen gibt, wird im folgenden aufgezeigt.

Endogene, also durch Anlagen ermöglichte Entwicklung hat als Erklärungsmuster vor allem in frühester und früher Kindheit ihre Bedeutung[3]. Übung und Erfahrung tragen aber auch in diesem Lebensabschnitt zur Entwicklung bei.

„Spätestens mit beginnendem Jugendalter ist es nicht mehr möglich, Entwicklungspsychologie als Suche nach quasi naturgesetzlichen Entwicklungsschritten zu betreiben."[4] Die die Entwicklung beeinflussenden sozialen Faktoren, die Entwicklungsverläufe und Lebensstile sind dann zu vielfältig, um noch sinnvoll allein auf endogene Ursachen schließen zu können.

Das interaktionistische Entwicklungsmodell, wie oben von Montada definiert, setzt schon eine bestimmte Entwicklung des Kindes voraus. Dieser Aussage können sicherlich Mitarbeiter/innen der unterschiedlichen reformpädagogischen Schulen zustimmen. Strittig unter ihnen aber ist, zu welchem Zeitpunkt Kinder bzw. Jugendliche sich interaktionistisch verhalten können bzw. ab wann es sinnvoll ist, Kinder solches Verhalten einüben zu lassen.

2.1. Entwicklung in Konzepten Freier Alternativschulen

In den Konzepten der Freien Alternativschulen finden sich keine expliziten Darstellungen der Entwicklung des Menschen im Kindes- und Jugendalter. In mehreren Konzepten wird auf Forschungsergebnisse der kognitiven Entwick-

---

[1] ebda., S. 78.

[2] ebda.

[3] ebda. S. 35.

[4] R. Oerter: Sozialisation im Jugendalter - Kritik und Neuorientierung, zit. nach. F. Bohnsack, in ders/S. Leber (Hrsg.): Sozial-Erziehung im Sozialverfall. Weinheim/Basel 1996, S. 126.

lungspsychologie Piagets Bezug genommen[1], ein erster Hinweis darauf, daß an Freien Alternativschulen davon ausgegangen wird, daß Kinder - wie bei Piaget schon angelegt - ihre Entwicklung in Interaktion und Adaption ihrer Umwelt vorantreiben. Häufig tauchen auch ohne Ursprungsbenennung Begriffe auf, die Untersuchungsgegenstände bzw. Ergebnisse der entwicklungspsychologischen Forschung bezeichnen wie z.B. Begreifen durch Greifen, die Bedeutung des Spiels für die Entwicklung von Kindern, das Einüben von Geschlechterrollen, das Lernen der Kinder voneinander in altersgemischten Gruppen oder die Entwicklung von Verhaltensmustern in peer groups im Jugendalter.

Eine Entwicklungslehre mit Phasen besonderer Sensibilität wie bei Montessori oder den Sieben-Jahres-Rhythmus wie bei Steiner vertreten die Freien Alternativschulen nicht. Ihre Entwicklungsvorstellung ist eine interaktionistische, in der sich Kind bzw. Jugendlicher einerseits und Umwelt andererseits fortwährend gegenseitig beeinflussen[2]. Wie diese Interaktion funktioniert, kann man im Alltag Freier Alternativschulen ständig beobachten, weil dort eine sehr offene Atmosphäre herrscht, die sowohl den Kindern und Jugendlichen als auch den Erwachsenen offene Möglichkeiten der gegenseitigen Rückmeldung über das Verhalten des jeweils Anderen erlaubt.

2.2. Entwicklung bei Freinet

Mit Rückgriff auf sein Buch „Sinnespsychologie“ beschreibt C. Freinet in „Die moderne französische Schule“ zusammenfassend drei Entwicklungsstufen kindlicher Aktivität:

„1. Eine erste Periode ‘tastenden Ausschauhaltens’ (prospection - tatonée), in deren Verlauf das Kind Erfahrungen sammelt, sucht, beobachtet und prüft, um sich der es umgebenden Welt anzupassen und immer mehr das Geheimnisvolle und das seine Kraftentfaltung bedrohende Unbekannte von sich zurückzustoßen. Diese Periode hört gegen Ende des zweiten Lebensjahres auf, wenn das Kind zu laufen beginnt. Dadurch gewinnt es eine größere Autonomie und seine nun befreiten Hände erlauben ihm erste konstruktive Tätigkeiten.

---

[1] Offensichtlich haben die sozialisationstheoretisch orientierte von Oskar Negt geleitete erste und die psychoanalytisch orientierte zweite, von Albert Ilien beeinflußte wissenschaftliche Begleitung der Glocksee-Schule kaum Einfluß auf andere Konzepte Freier Alternativschulen gehabt.

[2] Die jüngste Freie Alternativschule, die Freie Schule Prinzhöfte, in der Nähe von Bremen gelegen, verfolgt allerdings explizit einen sozial-ökologischen Entwicklungsansatz, der auf weitere Neugründungen sicherlich befruchtend wirken wird

2. Eine zweite Periode, die wir als die Periode des 'Sich-Einrichtens und -Einordnens' (aménagement) bezeichnen, folgt. Das Kind begnügt sich nicht damit, etwas zu kennen, um es nur zu kennen, einen Stein zu bewegen, um seine neuen Kräfte zu messen oder um nachzusehen, was sich darunter befindet. Es beginnt sein Leben zu ordnen, und seine tastenden Versuche konzentrieren und richten sich unbewußt auf den Bereich der wichtigsten physiologischen Bedürfnisse und der verwirrenden Geheimnisse des Lebens. Das Kind ist aber noch ganz mit sich selbst beschäftigt und geht nicht aus sich heraus. Aus diesem Grund kann es auch noch keiner fortlaufenden Tätigkeit, sei es als Arbeitsspiel oder als Spielarbeit folgen. Das Spiel selbst bleibt eine strikt persönliche Tätigkeit im Rahmen dieses Sich-Einrichtens...Diese Periode des Sich-Einrichtens dauert etwa bis zum vierten Lebensjahr...

3. Dann beginnt die 'Periode der Arbeit'.

Bis zum vierten/fünften Lebensjahr hat das Kind sich mit den Bereichen, mit denen sich vertraut zu machen es für nötig hält, genügend befaßt. Es hat ein notwendiges Minimum von Zweckgerichtetheiten entwickelt und seine ersten Vitalreflexe geordnet. Von nun an bleibt ihm genug Zeit, um die Eroberung der Welt in Angriff zu nehmen. Diese Eroberung vollzieht sich durch die Arbeit, die in der Tätigkeit besteht, mit der das Individuum seine wichtigsten physiologischen und psychologischen Bedürfnisse befriedigt, die ihm zur vollen Entfaltung seines Ichs unentbehrlich sind. In dieser Phase arbeitet das Kind, wenn es ihm die Umweltbedingungen und die Anordnungen der Erwachsenen erlauben. Ist ihm diese Möglichkeit nicht gegeben, befaßt es sich mit Spielen, die Arbeitscharakter tragen und mehr oder weniger ein symbolisches Substitut der Arbeit mit Spielcharakter darstellen, die das Kind als eine Notwendigkeit erachtet."[1]

Freinet betont bei der Beschreibung dieser Entwicklungsphasen, daß sie nicht klar abgegrenzt aufeinander folgen, sondern daß es Vorgriffe und Rückkehr in die Phasen gibt. Und deshalb bezieht er didaktische Konsequenzen in seinen Ratschlägen nicht nur auf dieses Phasenmodell, sondern auch auf dessen Varianten in der individuellen Entwicklung der Kinder.[2]

Freinets Beschreibung der Entwicklungsstufen ist ein anschauliches Beispiel für die Auffassung von endogener Entwicklung in den ersten Lebensjahren und einem interaktionalistischen Verständnis der Entwicklung mit Beginn des Schulalters. Die Welt wird dem Kind nicht von Erwachsenen vorgetragen, es setzt sich aktiv durch tastende Versuche und Arbeit mit seiner sachlichen und personalen Umwelt auseinander.

---

[1] C. Freinet, a.a.O. S. 29 f.

[2] Vgl. ebda, S. 30 - 32.

2.3. Entwicklung bei Petersen

In den mir bekannten Schriften von Petersen habe ich keine Darstellung der Entwicklung des Kindes oder Jugendlichen gefunden, sondern nur eine kurze Passage im Kleinen Jena-Plan unter der Überschrift: „Individuelle Entwicklung im allgemeinen". Dort führt Petersen aus: „Auf die individuelle Entwicklung eines einzelnen Kindes gesehen steht es so, daß es im ersten Schuljahr und bis in das vierte hinein, gebunden an die Tischgruppe und die Gruppengemeinschaft, wesentlich individuell weiterschreitet und daß sein freies Lernen umrahmt wird von einem 'Kreis', dessen Inhalt auch von den Kindern bestimmt werden kann... Mit dem 4./5. Schuljahr mehren sich die Kurse, sie werden dann auch zunehmend von den Kindern selbst verlangt. Es setzt sich eben jetzt die Besonderheit der Begabung stärker durch und verlangt nach technischer Belehrung und fachlicher Nahrung. Mit dem 8./9. Schuljahr sind dann die beruflichen Interessen bereits so stark, daß zu ihrer Befriedigung für reichlich Kurse und Eigenarbeit gesorgt werden muß. So unterscheide ich im Blick auf die Volksschulzeit von 10 Jahren die drei Perioden: Zeit der allseitigen harmonischen Ausbildung, die Vorlehrzeit ('pré-apprentissage nach Ad. Ferrière), eigentliche Lehrzeit, Zeiten, die für das einzelne Kind ganz verschieden früh einsetzen."[1]

In heute gebräuchlicher erziehungswissenschaftlicher Terminologie würde man den zitierten Passus wegen seiner engen Verknüpfung mit unterrichtsorganisatorischen Aussagen eher einer Didaktik zuordnen als einer bestimmten Auffassung von Entwicklung im Kindesalter. Petersens Auffassung von der Entwicklung des Einzelnen in der Gemeinschaft[2], für deren Förderung er (siehe unten) viele konkrete Vorschläge macht, seine Betonung des freien inneren Kräftespiels der Gruppe[3] sowie seine nicht dominante Bestimmung der Lehrerrolle [4] legen aber den Gedanken sehr nah, daß seine Auffassung von Entwicklung mit Beginn des Schulalters als eine Mischform von endogener und interaktionistischer „Theorie" anzusehen ist.

---

[1] P. Petersen, a.a.O., S. 50

[2] Vgl. P. Petersen, a.a.O., S. 10 -12.

[3] Vgl. ebda. S.28.

[4] Vgl. ebda., S. 35 - 37.

2.4. Entwicklung bei Montessori

„Entwicklung“ ist eines der zentralen Stichworte, von dem P. Oswald und G. Schulz-Benesch als Herausgeber der wichtigsten ins Deutsche übersetzten Werke von M. Montessori sagen, daß sie die gesamten Texte durchziehen. [1]

Für Montessori steht fest: Das Kind trägt „den Schlüssel zu seinem rätselhaften individuellen Dasein von allem Anfang in sich. Es verfügt über einen inneren Bauplan der Seele und über vorbestimmte Richtlinien für seine Entwicklung.“[2] An anderer Stelle schreibt sie: „Die Wurzeln der Entwicklung, sowohl der Art als des Individuums *liegen im Innern.*“[3] In diesem Zusammenhang betont sie: „Die *Umwelt* ist ohne Zweifel ein *nachgeordneter* Faktor für die Erscheinungen des Lebens; sie hat Einfluß, indem sie fördernd oder hindernd wirken kann, *erzeugend* aber ist sie nicht “[4] Dieses und etliche weitere Zitate, die W. Böhm aufführt, legen den Gedanken nahe, daß Montessori Entwicklung primär anlagebedingt auffaßt.

Ein Schlüsselbegriff für Montessoris Darstellung der Entwicklung im Kindesalter ist der „absorbierende Geist“, eine nur dem Kind unter sechs Jahren eigene „Geistesform.“. Damit meint Montessori die Fähigkeit des Kindes, unbewußt „Bilder seiner Umwelt zu absorbieren“ und auf diese Weise sehr komplexe Vorgänge wie z.B. die Aneignung der Sprache zu bewältigen.[5] Sie „weist darauf hin, daß der im Kind wohnende eigene schöpferische Geist langsame und langwierige Aufbauarbeit leisten muß, da jeweils etwas grundlegend Neues geschaffen wird.“ ... Sie bezeichnet das Kind auch als einen geistigen oder *psychischen* Embryo, der auf Kosten seiner Umwelt leben muß. Gemeint sind damit die ersten beiden Lebensjahre des jungen Menschen, in denen kognitive und soziale Funktionen ausgebildet werden.“[6]

Nach Montessoris Auffassung, die sie auf Beobachtungen stützt, durchläuft das Kind in seiner Entwicklung „sensible Perioden“[7], die jeweils für bestimmte

---

[1] Vgl. P. Oswald/G.Schulz-Benesch (Hrsg.): Maria Montessori: Die Entdeckung des Kindes. Freiburg/Basel/Wien 1969, S. 364.

[2] M. Montessori: Kinder sind anders. 10. Aufl. München 1995, S. 44.

[3] M. Montessori: Selbsttätige Erziehung, zit. nach W. Böhm: Maria Montessori - Hintergrund und Prinzipien ihres pädagogischen Denkens. Bad Heilbrunn/Obb. 2. Aufl. 1991.

[4] Ebda.

[5] M. Montessori: Die Entdeckung des Kindes, hrsg. Von P. Oswald/G. Schulz/Benesch. Freiburg/Basel/Wien, 11. Aufl. 1969, S. 357.

[6] G. Meisterjahn-Knebel: Montessori-Pädagogik und Bildungsreform im Schulwesen der Sekundarstufe. Frankfurt/M./Berlin/Bern/New York/Paris/Wien 1995, S. 58.

[7] Vgl. M. Montessori: Kinder sind anders, a.a.O., S. 46-59.

Lernaufgaben besonders geeignet sind wie z.B. das Alter von drei bis sechs Jahren für den Erwerb eines großen Sprachschatzes. Auch für andere Aufgaben wie z. B. soziales Lernen, Entwicklung des Ordnungssinns und für Bewegung sieht Montessori bestimmte phasenweise Empfänglichkeiten, die zu besonderen Aktivitäten des Kindes führen. Werden diese nicht ermöglicht oder gar behindert, „...so erfolgt in der Seele des Kindes eine Art Zusammenbruch, eine Verbildung. Die Folge ist ein geistiges Martyrium, von dem wir noch so gut wie nichts verstehen, dessen Wundmale jedoch beinahe alle Menschen unwissentlich in sich tragen."[1] In diesen sensiblen Phasen kommt es zum Phänomen der „Polarisation der Aufmerksamkeit", ein Zustand absoluter Konzentration auf einen Lerngegenstand.[2]

Die ersten zwölf Lebensjahre sieht Montessori als relativ geschlossenen Zyklus, in dem das Kind die Periode individueller Bildung abgeschlossen hat. Sie „...beschreibt für die Stufe der Adoleszenz die Entwicklung einer abstrakten Liebe für Menschen, für die Nation, für die Welt als Ganzes, insgesamt die Loslösung vom egoistischen Selbstgefühl. Der Jugendliche beginnt sich als Teil der Gesellschaft zu begreifen und möchte seinerseits von dieser in seinem Wert anerkannt werden."[3]

2.5. Entwicklung bei Steiner

Auffällig an der Entwicklungslehre von Steiner ist zunächst einmal, daß physiologische und psychologische Entwicklung in engem Zusammenhang betrachtet werden und nicht wie bei Freinet oder Montessori hauptsächlich aus entwicklungspsychologischer Perspektive.

Steiners Entwicklungslehre ist eine Stufenlehre, die eng mit der Viergliedrigkeit des Menschen zusammenhängt. (Siehe oben unter Menschenbild). Das Durchlaufen der einzelnen Stufen dauert jeweils *ca.* sieben Jahre, wobei innerhalb dieser Stufen Überschneidungen möglich sind.[4]

In der ersten Stufe bis zum siebten Lebensjahr bildet sich vor allem der physische Leib. In dieser Phase ist das Erkenntnisvermögen des Kindes ein sinnlich-materielles. Die Orientierung des Kindes erfolgt hauptsächlich durch Nachahmung dessen, was es sinnlich wahrnehmen kann (Nachmachen , was

---

[1] Ebda. S. 50.

[2] Vgl. M. Montessori: Schule des Kindes, a.a.O., S. 69 - 73.

[3] G. Meisterjahn-Knebel, a.a.O., S. 68.

[4] Vgl. zu diesem und dem folgenden Abschnitt: H.-G. Wyneken: Die Entwicklung des Kindes und ihre Berücksichtigung in der Waldorfpädagogik, in: A. Hellmich/P. Teigeler (Hrs.), a.a.O., S. 173 - 187.

Ältere tun, Nachlaufen, Nachplappern usw.) in seiner kleinen räumlich begrenzten Welt. Zu abstrakteren Leistungen wie z.B. zum Verstehen der Zeit ist das Kind in dieser Entwicklungsphase noch nicht in der Lage.

Das zweite Jahrsiebt (8. bis 14. Lebensjahr) ist die Zeit der Entwicklung des seelischen Organismus. Der frei gewordene Ätherleib wird Träger von seelischen Empfindungen. Diese Stufe kann man auf folgende Weise kennzeichnen: nach dem heftigen Wachstum in den ersten Lebensjahren befindet sich der Körper die meiste Zeit während der zweiten Stufe in relativer Ruhe. Es bildet sich die „... Fähigkeit, auf einer seelischen Ebene zu arbeiten... Jetzt geht es darum, das Gedächtnis zu schulen, Neigungen und Gewohnheiten zu entwikkeln, Gewissen und Charakter zu stärken, Phantasietätigkeit und Temperament in gesunde Bahnen zu lenken." [1] Auf dieser Stufe „...liegt der primäre Kontakt zwischen dem Lehrenden und dem Lernenden auf der seelischen Ebene der Gefühle und Empfindungen: das Kind sucht in dem Lehrenden die verehrte oder bewunderte Autorität. Was ihm jetzt vermittelt werden soll, bedarf einer stabilen und differenzierten seelischen Kommunikation. Das Kind lernt umso besser, je mehr seine Empfindungen angesprochen werden, also z.B. Bewunderung oder Abscheu, Spannung oder Befriedigung."[2]

Die dritte Entwicklungsstufe umfaßt das 15. bis 21. Lebensjahr. „Steiner erklärt den zweiten Gestaltwandel und die Geschlechtsreife mit der 'Geburt' des Astral- bzw. Empfindungsleibes. Der Heranwachsende erlebt die in ihm vorgehende Entwicklung bewußter als das kleine Kind.. In dieser Phase soll das selbständige Urteil des Jugendlichen gefördert werden. „Das Erziehungsprinzip des dritten Jahrsiebts ist deshalb auch nicht mehr die persönliche Autorität z.B. des Klassenlehrers, sondern Sachlichkeit allein. Alle Aussagen sollen in Frage gestellt und begründet werden, auch solche aus dem Bereich des Emotionalen."[3]

„Das vierte Jahrsiebt ist der Eintritt in die Mündigkeit und in die 'Persönlichkeits- und Schicksalsreife' des Erwachsenenalters."[4] Auf dieses Jahrsiebt soll hier nicht näher eingegangen werden, weil es außerhalb von Schule stattfindet.

Auch Steiners Entwicklungslehre scheint mir eine endogene zu sein, die freilich nicht wie bei Montessori aus biologischer Determination abgeleitet

[1] F. Carlgren: Erziehung zur Freiheit - Die Pädagogik Rudolf Steiners. Frankfurt/M. 1981, S. 160.

[2] G. Rist/P. Schneider: Die Hibernia-Schule.... Reinbek bei Hamburg 1977, S. 300.

[3] Ebda.

[4] Ebda.

wird, sondern aus theosophischen Erklärungsmustern heraus.[1] Ebenso wie Montessori geht aber auch Steiner davon aus, daß eine zu frühe Konfrontation des Kindes mit Herausforderungen, denen es auf Grund seines Entwicklungsstandes noch nicht gewachsen ist, schädliche Auswirkungen auf den weiteren Entwicklungsverlauf hat.

3. Die Didaktiken der reformpädagogischen Schulen

Das Wort Didaktik stammt aus dem Griechischen und ist abgeleitet vom griechischen Verb „didaksein". Dieses Verb hat mehrere Bedeutungen: lehren, unterrichten, lernen und unterrichtet werden, aber auch sich aneignen, ersinnen, aus sich selbst heraus lernen. Didaktik als Substantiv meint ursprünglich die wissenschaftliche Reflexion über Lehr- und Lernprozesse. Diese Reflexion erstreckt sich auf Lehr- und Lernziele, Inhalte, Unterrichtsorganisation/ Methoden, auf die Beziehungen im Lehr- und Lernprozeß (Kinder-LehrerInnen, Kinder untereinander) und die äußeren Bedingungen wie Klassengrößen, Räume, unmittelbare Schulumgebung. Im heutigen schulpädagogischen Sprachgebrauch beinhaltet Didaktik aber nicht nur die Reflexion über Lehr- und Lernprozesse, sondern auch deren praktische Realisierung. Vor allem die Praxis der reformpädagogischen Schulen soll im folgenden beschrieben werden. Auf Lehr- und Lernziele wird im folgenden nicht eingegangen, weil keine der hier zur Debatte stehenden Reformpädagogiken eine lernzielorientierte Didaktik verfolgt und entsprechende Lernzielkataloge formuliert hat. Ihnen allen ist die Kindorientierung als oberstes pädagogisches und didaktisches Prinzip gemeinsam. Folgende didaktische Aspekte sollen dargestellt werden:

- Angebotsformen des Lerngeschehens
- Sozialformen und Methoden des Lernens und Lehrens
- Besondere Lernschwerpunkte
- Klassen- bzw. Gruppengrößen
- Lernumgebung
- Tagesstruktur
- Leistungs- und Entwicklungsbeschreibung

[1] Vgl. R. Steiner: Theosophie - Einführung in übersinnliche Welterkenntnis und Menschenbestimmung. Dornach 1995.

3.1. Didaktik an Freien Alternativschulen

Angebotsformen des Lerngeschehens

Eine Besonderheit der Freien Alternativschulen ist der Unterricht in differenzierter Angebotsform. Damit ist nicht nur gemeint, daß die Kinder aus unterschiedlichen Lernangeboten wählen können wie z.B. bei der Freiwahlarbeit an den Montessori Schulen. Unterricht in Angebotsform bedeutet vielmehr, daß die Kinder selbst entscheiden, ob sie Lernangebote der Erwachsenen wahrnehmen oder nicht. Diese Entscheidungsmöglichkeit der Kinder bzw. Jugendlichen halten viele FAS für das konstitutive Merkmal ihrer Pädagogik und Didaktik[1]. Diese Form von Freiheit (und Selbstverantwortung) ist (bzw. war) die besondere Art der praktischen Umsetzung des pädagogischen Menschenbildes, der Entwicklungsauffassung und an einigen FAS eines bestimmten Verständnisses von wünschenswerter gesellschaftlicher Entwicklung.

Heute wird die Diskussion um Unterricht in Angebotsform viel differenzierter geführt. Dazu haben die theoretischen Debatten um den Begriff „Selbstregulierung" (siehe oben) und die Aufarbeitung praktischer Erfahrungen mit der „freiwilligen Teilnahme" am Unterricht beigetragen.

Die Erfahrungen, die dabei in der Freien Schule Bochum gemacht wurden, will ich hier kurz schildern: In der Anfangsphase der Freien Schule Bochum liefen die Kinder ständig durch das Haus, immer auf der Suche nach „Action", konzentriertes Arbeiten war nur selten möglich. Weil die Kinder zum Unterricht kommen und gehen konnten, wie es ihnen gefiel, kamen keine stabilen Lerngruppen und kein sozialer Zusammenhalt in den Gruppen zustande. Schüler/innen, die längere Zeit nicht teilgenommen hatten, entwickelten Vermeidungsverhalten vor neuen Anforderungen. Die Situation war paradox: Wir, die Erwachsenen, hatten den Kindern alle Freiheit geben wollen, überforderten viele Kinder aber damit und machten selbst hoch motivierten Kindern das Lernen durch ständig wechselnde Gruppenzusammensetzungen unnötig schwer." Hier lernt man ja nix!" und „Das ist alles zu durcheinander!" lauteten die kritischen Rückmeldungen der Kinder. Nach langen Diskussionen im Kollegium, Gesprächen und einer Befragung aller Kinder, in der sich fast 90 Prozent von ihnen für eine Einschränkung der freiwilligen Teilnahme aussprachen, führten wir eine Probephase durch. Nach deren positiven Verlauf änderten wir unser pädagogisches Konzept und führten nach Alter differenziert unterschiedlich hohe Anteile verbindlich wahrzunehmenden Unterrichts ein.

---

[1] Vgl. die Beiträge in M. Borchert/K. Derichs-Kunstmann (Hrsg.): Schulen, die ganz anders sind. Frankfurt/M. 1979.

Heute gibt es zwar an der Freien Schule Bochum die Wahlfreiheit zwischen unterschiedlichen Aufgaben für die Schüler, aber kaum noch Unterricht, bei dem den Schülern/innen die Teilnahme völlig freigestellt ist.

Es gibt eine Reihe von FAS wie z.B. die Freie Schule in Berlin (Ufa-Schule) oder die Freie Schule Frankfurt, an denen die freiwillige Teilnahme am Unterricht nach wie vor praktiziert wird.[1] Andere Freie Alternativschulen haben für mehr oder weniger große Teile des Lerngeschehens eine verbindliche Teilnahme eingeführt, der zeitliche Umfang aber ist von Schule zu Schule sehr verschieden. Wieder andere haben die freiwillige Teilnahme am Unterricht fast ganz abgeschafft und in eine Wahlfreiheit der Schüler/innen zwischen verschiedenen Aktivitäten umgewandelt.

Zusammenfassend kann man feststellen, daß die Angebotsformen des Lerngeschehens an FAS folgendes Spektrum umfassen:

- Entscheidungen der Kinder über die Teilnahme oder Nicht-Teilnahme an den Lernangeboten der Erwachsenen in unterschiedlichem zeitlichen Umfang
- freie Wahl der Aufgaben in der Freiarbeit
- freie Entscheidungen über den Zeitpunkt der Arbeit am Wochenplan
- freie Wahl zwischen unterschiedlichen Angeboten wie z.B. parallel laufenden Arbeitsgemeinschaften, Projekten oder Kursen
- eigene Vorschläge für Lernaktivitäten und selbst gestellte Aufgaben

Sozialformen und Methoden des Lernens

Die meisten Freien Alternativschulen arbeiten nicht in Jahrgangsklassen, sondern in jahrgangsübergreifenden Gruppen. Die Sozialformen des Lernens sind sehr vielfältig:[2]: Einzel, Partner-, Tischgruppenarbeit, Gruppenarbeit, Kurse, Arbeitsgemeinschaften, Freie Arbeit (mit selbst gewählter Tätigkeit), Freies Spiel, Wochenplanarbeit, Gruppen-Projekte, individuelle Projektarbeiten, projektorientierter Unterricht, Morgenrunde, Experiment, Lehrerdarbietung, Schülerdarbietung, Rollenspiele, Diskussion, Ausstellungen, Feste, Praktika, Aufsuchen außerschulischer Lernorte, Fahrten sowie neuerdings auch Entspannungsübungen und Meditation. Eindeutig favorisiert werden solche Methoden, die die Eigentätigkeit der Kinder ermöglichen, die Kooperation der

[1] Diese Schulen sehen sich aber immer wieder mit der Frage konfrontiert: Ist die Teilnahme wirklich freiwillig oder geschieht sie unter dem Druck des Schulwechsels nach der vierten bzw. sechsten Klasse?

[2] Methoden, die auf einzelne Lernbereiche bezogen sind wie z.B. Lesen durch Schreiben oder Mathe 2000 werden hier nicht mit aufgelistet,

Kinder untereinander und ihre Selbständigkeit fördern.[1] Die Rolle der Lehrer/innen ist eher eine zurückhaltende. Sie wollen bewußt der Versuchung widerstehen, als Erwachsene alles besser zu wissen und die Kinder ständig zu belehren, weil man doch soviel Wichtiges weiß, sondern sie eigene Erfahrungen machen lassen. Deshalb wird Frontalunterricht an den meisten FAS nur selten praktiziert.

Besondere Lernschwerpunkte

Es war nie vorrangiges Interesse Freier Alternativschulen, eigene Curricula zu entwickeln. Weil die Schulbehörden vor der Genehmigung einer Freien Alternativschule auch Auskünfte zum Curriculum haben wollen, findet sich in den Konzepten häufiger der Satz: „Die Schule orientiert sich an den Richtlinien der staatlichen Schulen.“[2] Die Formulierung „orientiert sich“ eröffnet den Freien Alternativschulen einige Freiräume. Sie müssen die Stundentafeln der staatlichen Schulen nicht übernehmen, können Inhalte früher oder später als sonst üblich aufgreifen, mit neuen Lernverfahren experimentieren und eigene inhaltliche Schwerpunkte setzen. Soweit solche in den Konzepten beschrieben sind, richten sie sich auf soziales Lernen sowie auf ökologische, lebenspraktische, handwerkliche oder musische Schwerpunkte, für die dann besonders viel Zeit verwendet wird.

Von besonderer Bedeutung an allen Freien Alternativschulen ist das Einüben von Alltagsdemokratie. Die Morgenrunden, bei den Jugendlichen meist „Besprechungen“ genannt, sind Gelegenheiten, Vorschläge für Lernangebote zu machen, Kritik zu äußern, gemeinsam Regeln zu entwickeln, aktuelle Probleme in der Klasse aufzugreifen und gemeinsam zu planen. Für viele Aktivitäten kommen die Vorschläge von den Kindern. Sie reichen von „Lies uns mal das ...Buch vor“ bis „Wir möchten einen Elektronik Kurs haben.“ Oft geht es auch um solche Themen, die aus der Alltagskultur von Kindern und Jugendlichen stammen und die sie in der Schule aufgreifen wollen. Das reicht vom Computerspiel, über Fernseherlebnisse und Moden bis zum Wunsch der Jugendlichen, sich ins Internet einzuklinken. Hort der Hochkultur wie z.B. die Waldorfschulen sind die Freien Alternativschulen nicht. Einen Chorgesang von der Qualität, die an Waldorfschulen eingeübt wird, wird man an Freien

[1] Für ihre besondere Tradition und Qualität auf diesem Feld hat die Glocksee-Schule 1996 den Wagenschein-Preis erhalten. Gratulation!

[2] Einige der Freien Alternativschulen wie z.B. Braunschweig und Bochum haben aus ihren Erfahrungen heraus oder in planendem Vorgriff eigene Rahmenpläne verfaßt, in denen inhaltliche Schwerpunkte und Arbeitsformen für bestimmte Altersstufen beschrieben sind.

Alternativschulen kaum zu hören bekommen, das Niveau ihrer Rockbands aber ist zum Teil wirklich beachtlich.

Klassen- bzw. Gruppengröße

„Kleine Kinder brauchen kleine Klassen“ - diese Forderung der 70er Jahre, die heute wieder sehr aktuell ist, ist an den Freien Alternativschulen realisiert. Von allen Freien Alternativschulen hat die Glocksee-Schule mit ca.220 Kindern in 10 Jahrgängen noch die größten Klassen. Die meisten Freien Alternativschulen haben zwischen 10 und 18 Kinder pro Gruppe. Diese geringen Gruppengrößen sind eine gute Voraussetzung für ein Klima gegenseitiger Vertrautheit und Geborgenheit sowie für individuelles Lernen und dessen Förderung. In höheren Jahrgängen haben sie aber den Nachteil, daß die für Jugendliche so wichtige Auswahl von Freunden und die Bildung von peer groups stark eingeschränkt sind.

Lernumgebung

Innerhalb der Schulen findet man oft „Schulwohnstuben“, deren Einrichtung nicht nur aus den üblichen Tischen und Stühlen besteht, sondern auch aus Sitz- und Kuschelecke, Hochetage als Rückzugsmöglichkeit, Mini-Küche, verschiedenen Arbeitsbereichen, Regalen mit Selbstlernmaterialien, Ordnern für Wochenplanarbeiten oder anderen Arbeitsergebnissen für jedes Kind, mit Büchern, Experimentierkästen, Spielen. Meist haben die Kinder eigene Fächer. Die Tische sind nicht frontal ausgerichtet, sondern stehen in Tischgruppen und werden je nach Bedarf umgestellt. Toberaum, Werkstatt und Musikraum ergänzen meist die Räumlichkeiten. In einigen Freien Alternativschulen sind die Räume nicht Gruppen zugeordnet, sondern ausschließlich bestimmten Aktivitäten: Nähraum, Töpferraum, Werkraum, Gymnastikraum usw.. Außerhalb der Schulen sieht man Sandkästen, Spielgeräte, Basketball- und Fußball-Flächen, selbst gebaute Buden und meist einen Schulgarten.

Tagesstruktur

Die meisten Freien Alternativschulen sind Grundschulen als Ganztagsschulen. In fast allen FAS ist der Schulbeginn ein offener, bei dem die Kinder nach und nach in der Schule eintrudeln und dann spielen, miteinander oder mit den Erwachsenen reden oder auf dem Schulhof toben. Das Frühstück ist an vielen FAS die erste gemeinsame Aktivität, dann folgen die Morgenrunden. Hier haben die Kinder Gelegenheit, von für sie wichtigen Sachen frei zu erzählen, gemeinsam mit ihren Lehrer/innen Aktivitäten zu planen oder Probleme in der

Klasse zu besprechen. Manche Lehrer/innen lesen auch vor oder nach den Gesprächen etwas vor, in anderen Klassen wird ein Lied gesungen. Danach folgen an vielen FAS eine oder zwei „Stille Stunden“ bzw. die „Gruppenarbeitszeit“, wie die Zeiten des verbindlichen Unterrichts an den FAS, die dies eingeführt haben, häufig genannt werden. Wochenplanarbeit oder Freie Arbeit an frei gewählten Aufgaben finden in dieser Phase statt. Weitere Angebote folgen. Dabei kann es sich um Fachunterricht wie z.B. Englisch oder Mathematik, aber auch um Kunst, Musik oder die Auseinandersetzung mit fächerübergreifenden Themen handeln. Das Mittagessen und die anschließende lange Pause sind weitere Fixpunkte im Tagesverlauf. Die Aktivitäten des Nachmittags sind von Schule zu Schule sehr unterschiedlich. Arbeitsgemeinschaften, Sport, Projekte, freies Spiel, Toben - fast alles ist möglich. An einigen Freien Alternativschulen gibt es eine Schlußrunde, in der auf den Tag zurückgeblickt wird.

An den FAS, die eine Sekundarstufe I führen, verläuft der Tag wegen des Fach- bzw. Lernbereichsunterrichts zeitlich viel stärker in kleineren Abschnitten strukturiert.

Leistungs- und Entwicklungsbeschreibung

Sitzenbleiben, Ziffernzeugnisse und Zensuren gibt es an Freien Alternativschulen nicht. Die Kinder und Jugendlichen erhalten Jahresbriefe mit Beschreibungen ihrer Entwicklung und ihrer Leistungen. Dabei wird kein allgemeiner Maßstab angelegt. Oft sind diese schön gestalteten Jahresbriefe ergänzt durch eine Darstellung der Gruppenaktivitäten. Benotete Tests oder Klassenarbeiten gibt es erst ab Jahrgangsstufe 9 bzw. 10, weil Ziffernzeugnisse leider Voraussetzung für die Aufnahme in die Oberstufen weiterführender Schulen sind und auch die Ausbildungsbetriebe solche Standardzeugnisse sehen wollen.

Betrachtet man diese didaktische Skizze, ist unschwer zu erkennen, aus welchen Quellen welche didaktischen Elemente der Freien Alternativschulen stammen. Schon Leo Tolstoj (1828 - 1910) erprobte in der von ihm gegründeten Schule Jaßnaja Poljana 1862 den Unterricht in Angebotsform[1], Berthold Otto (1859-1933) schuf seine „Hauslehrerschule“, die von der Atmosphäre und vom situativen Lernen her der Praxis der FAS sehr ähnlich war. Wahlweise von Maria Montessori(1870-1952) oder Peter Petersen (1884-1952) haben Freie Alternativschulen den jahrgangsübergreifenden Unterricht übernommen, das Lernen in Projekten von John Dewey (1859-1952), die Arbeit mit Spielcharakter oder das Spiel mit Arbeitscharakter hat Freinet in die Diskus-

---

[1] Vgl. Leo. N. Tolstoj: Pädagogische Schriften, Bd. 2, Verlag Eugen Diederichs, Jena 1907.

sion gebracht. Der Witz an dieser Aufzählung ist, daß viele Gründer/innen von Freien Alternativschulen von diesen Quellen wenig wußten, als sie ihre Schulen aufbauten. Von Piaget stammt das Wort "Verstehen heißt wiederentdekken". In diesem Sinne war und ist die Bewegung der FAS eine Bewegung von lernenden Schulen. Darüber hinausgehend haben FAS neue didaktische Formen in offenen Lernsituationen entwickelt. Das gilt z.B. für den fließenden Übergang vom freien Spiel zum absichtsvollen Erwerb von Kenntnissen, Fähigkeiten und Fertigkeiten, aber auch für Erkenntnisse von produktiven Fähigkeiten bei Kindern, die im lehrerzentrierten Unterricht anderer Schulen gar nicht wahrgenommen werden können. Hier liegt ein verborgener didaktischer Schatz, der durch empirische Untersuchungen ans Licht befördert werden könnte.

3.2. Didaktik der Freinet-Schulen

Angebotsformen des Lerngeschehens

Eine Entscheidungsfreiheit darüber, ob sie an Lernangeboten der Lehrer/innen teilnehmen oder nicht, haben Kinder an Freinet-Schulen nicht. Ausnahme ist die zuvor erwähnte Schule mit Freinet-Prägung in freier Trägerschaft. Ansonsten aber gibt es dieselben Möglichkeiten wie an FAS: Freie Wahl der Aufgaben in der Freiarbeit, Entscheidungen über den Zeitpunkt der Arbeit im Wochenplanunterricht, freie Wahl bei unterschiedlichen Angeboten wie z.B. parallel laufende Arbeitsgemeinschaften, Projekte oder Kurse (bei Jugendlichen), eigene Vorschläge für Lernaktivitäten.

Sozialformen und Methoden des Lernens und Lehrens

Die Sozialformen des Lernens an Freinet-Schulen sind denen der FAS sehr ähnlich: Einzel-, Partner-, Tischgruppenarbeit, Gruppenarbeit, Kurse, Arbeitsgemeinschaften, Freie Arbeit (mit selbst gewählter Tätigkeit), Freies Spiel, Wochenplanarbeit, Projekte, projektorientierter Unterricht, Klassenrat, Experiment, Lehrerdarbietung, Schülerdarbietung, Rollenspiele, Diskussion, Ausstellungen, Feste, Praktika, Aufsuchen außerschulischer Lernorte, Fahrten etc.. In der Freinet-Bewegung aber wird genauer und systematischer beschrieben, welche Wege ihre Schulen für Bildungsprozesse öffnen, als in Konzepten der

FAS. Ein Beispiel dafür ist die Zusammenfassung von methodischen Grundsätzen und Techniken der Freinet-Pädagogik durch Ingrid Dietrich[1]:

„*Freier Ausdruck auf allen Ebenen*

verbal: Freie Texte; bildlich: freie Bilder, Zeichnungen, Collagen; körperlich: Pantomime, Rollenspiel, Tanz, Schattentheater; musikalisch: freies Experimentieren mit Klangkörpern, Lieder selbst erfinden ...

Produktives Umgehen mit Texten, Medien, Informationen

z.B.: freie Texte, Gedichte etc. selbst verfassen, Rollenspiele..., Videos produzieren, Texte drucken, Arbeitsmaterial selbst erstellen

Lernen durch Kommunikation und Kooperation[2]

Klassenrat, Klassenkooperative, Klassenreise zur Korrespondenzklasse, Klassendienste, Wandzeitungen...

Öffnung des schulischen Lebens

Erkundungen, Untersuchungen, Projekte, Klassenkorrespondenz, Veröffentlichung von Arbeitsergebnissen..., Einladung interessanter Gesprächspartner, kritisches Verfolgen der Tagesereignisse, Nutzung von Computer, Fax, Telefon als Kommunikations- und Arbeitsmittel

Lernen, das Lernen selbst zu organisieren

freie Arbeit, individuelle und kollektive Arbeitspläne, ...Arbeitsbibliothek und Dokumentensammlung

Lernen durch 'tastendes Versuchen'

anregende Lernumgebung als Voraussetzung für: endeckendes Lernen, Experimentieren, 'natürliche Methode'

Lernen durch Handeln

Lernanlässe in Ateliers: etwas herstellen, gestalten, dokumentieren etc., produktiver Umgang mit Technik"[3]

---

[1] I. Dietrich: Freinet-Pädagogik heute, in: dies.: Handbuch der Freinet-Pädagogik. Weinheim und Basel 1995, S. 27-29. Das Zitat ist leicht gekürzt.

[2] Vgl. Dazu die anschauliche Schilderung von W. Hövel: Demokratie im Klassenraum, In I. Dietrich, Handbuch..., a.a.O., 46-72 und W. Hövel/B. Brand: Die Rechte der Kinder - Freinet-Pädagogik, o.O., o.J., (Pädagogik Kooperative Bremen)

[3] Detaillierte Berichte zur Praxis der Freinet-Pdagogik in der Grundschule und Sekundarstufe I, auch bezogen auf einzelne Lernbereiche finden sich in: D. Baillet: Freinet praktisch. Weinheim und Basel 1983. Sehr anschauliche Beispiele enthält auch das Handbuch der Freinet-Pädagogik und noch viel mehr in der Zeitschrift der Pädagogik-Kooperative „Fragen und Versuche".

Besondere Lernschwerpunkte

Weil es sich bei den Freinet-Schulen in Deutschland von einer Ausnahme abgesehen um Schulen in kommunaler Trägerschaft handelt, für die die staatlichen Lehrpläne gelten, sind curriculare Abweichungen von diesen Vorgaben nur in Grenzen möglich. Eindeutig erkennbar sind aber die Schwerpunkte soziales Lernen und praktizierte Demokratie (Mitbestimmungsrechte, Klassenrat usw.) sowie interkulturelles Lernen. An Freinet-Schulen werden der Abbau von Vorurteilen, das Verständnis für andere kulturelle Gewohnheiten und Konfliktregulierung zwischen Kindern unterschiedlicher ethnischer Herkunft praktiziert.

Klassen- bzw. Gruppengrößen

Die Freinet-Klassen sind fast immer jahrgangsgebunden. Für die Klassengrößen an Freinet-Schulen bzw. in Freinet-Klassen gelten staatlich vorgegebene Rahmenbedingungen, die für freie Formen von Arbeit keineswegs ideal sind. Durch das Einüben von Tischgruppenarbeit, fest verabredete Regeln und das Einüben von Respekt für die Bedürfnisse der jeweils anderen kann sie dennoch gelingen.

Lernumgebung

Typisch für Klassenräume in Freinet-Schulen sind nicht nur die Tischgruppen, an denen jeweils mehrere Kinder individuell oder gemeinsam arbeiten. Für Besprechungen werden Sitzkreise am Boden oder Stuhlkreise bevorzugt. Unübersehbar ist die Klassendruckerei. Immer vorhanden sind auch Arbeitsecken mit Handwerkszeug und Material oder Heften, Lernmaterialien und Ordnern zu bestimmten Themen. In einigen Klassen finden sich auch Computerarbeitsplätze. An den Wänden hängen Wandzeitungen oder Tafeln, auf denen die Kinder in drei Spalten Lob, Kritik und Vorschläge eintragen können. Bilder oder Drucke an den Wänden, Pflanzen, Regale mit Büchern und Selbstlernmaterialien runden das Bild ab. Soweit irgend möglich gestalten Freinet-Schulen auch ihre Schulhöfe kindgerecht und lassen dabei auch die Kinder mitwirken.

Tagesstruktur

Auch der Tagesverlauf einer Freinet-Grundschule ist dem einer Freien Alternativschule recht ähnlich. Offener Beginn, es folgt eine Gesprächsrunde, die von Kindern geleitet wird. Alle die etwas sagen wollen, haben ihren Namen zuvor an die Tafel geschrieben. Die Kinder erzählen, was sie bewegt, andere kommentieren oder ergänzen. Die Lehrer/innen halten sich weitgehend zurück. Anschließend gibt es ein Gespräch über die vom Erwachsenen und den Kindern geplanten Aktivitäten für den Tag oder die Woche. Dabei kann es um einen Ausflug, den Schulgarten, eine Koch-AG oder den Besuch einer Ausstellung gehen. Es folgt eine Phase, in der einige Kinder ihren Wochenplan bearbeiten oder sich freie Arbeiten vornehmen. Zwei Stunden haben die Kinder Zeit für Wochenplan- bzw. Freiarbeit. Es folgt fach- bzw. lernbereichs- oder themenorientierter Unterricht. Soweit es sich um Ganztagsschulen handelt, finden im Nachmittagsbereich Arbeitsgruppen, Sport oder auch Spiele statt. Zum Ende des Tages halten die Kinder die Ereignisse des Tages in einem Klassentagebuch fest. Diese Aufgabe geht reihum. Beschrieben werden in diesem Buch auch Ereignisse wie z.B. Fahrten, Feste, Projekte oder was sonst noch aufzuschreiben lohnt.

Leistungs- und Entwicklungsbeschreibung

Soweit staatliche Erlasse dies ermöglichen, verzichten Freinet-Lehrer/innen gern auf Ziffernnoten und Zensuren-Zeugnisse und geben den Schülern und Schülerinnen individuelle Rückmeldungen über ihre Fortschritte. Dies ist aber nur an Grundschulen möglich und zwar je nach Bundesland bis zur zweiten, dritten oder sogar vierten Klasse. Aber nur dann, wenn die betroffenen Eltern zustimmen.

3.3. Didaktik der Jenaplan-Schulen

Angebotsformen des Lerngeschehens

An Jenaplan-Schulen können Schüler/innen nicht entscheiden, ob sie an allen Unterrichtsangeboten der Erwachsenen teilnehmen oder nicht. Nur an denjenigen Jenaplan-Schulen, an denen es Frei- und Wochenplanarbeit gibt, haben die Kinder die freie Wahl der Aufgaben in der Freiarbeit und entscheiden selbst über den Zeitpunkt, an dem sie ihren Wochenplan bearbeiten. Es gibt eine freie Wahl zwischen unterschiedlichen Angeboten bei Arbeitsgemeinschaften oder Freizeitangeboten im Nachmittagsbereich. Bei Projekten oder Kursen ist dies aber nur zum Teil möglich. Die Kinder können eigene Vorschläge für Lernaktivitäten einbringen.

Sozialformen und Methoden des Lernens und Lehrens [1]

Wie alle Schulen mit eigenständigem pädagogischen Profil gleichen auch die Jenaplan-Schulen sich nicht wie ein Ei dem anderen. Petersen hat vier Grundformen der gemeinschaftlichen Bildung unterschieden: das Gespräch, das Spiel, die Arbeit und die Feier. Diese Grundformen sollen sich über den Tag und während der Woche rhythmisch abwechseln. Wie diese Elemente in der Praxis erlebbar gemacht werden, ist aber recht unterschiedlich. An manchen Schulen gibt es zum Beispiel jeden Vormittag einen Morgenkreis, an manchen nur an einem Tag der Woche. In allen Jenaplan-Schulen aber sind die Kinder die meiste Zeit des Tages im Gespräch, weil die dort vorherrschenden kooperativen Arbeitsformen in Tisch- oder Projekt- oder themenzentrierten Gruppen das miteinander Reden brauchen. Auch gegenüber den Lehrern/innen können sie sich jederzeit frei äußern.

Unter Arbeit verstehen Jenaplan-Lehrer/innen solche Tätigkeiten, in denen die Motorik, vor allem der Gebrauch der Hände gefordert sind. Dazu gehören z.B. Mathematik mit geeigneten Lernmaterialien, das Anfertigen von Texten auch mit Schreibmaschinen oder Computern, Nähen, Garten- und Handwerksarbeit, das Versorgen von Tieren und Projekte, in denen Ergebnisprodukte hergestellt werden. Freies Spiel, Lernspiele, Rollenspiele, Kasperle-Theater von und für Kinder, Rollenspiele usw. haben in Jenaplan-Schulen ihren festen Platz.

Bei den Feiern lassen sich Wochen-, Monats- und Jahresfeiern voneinander unterscheiden. Dabei handelt es sich keineswegs immer um Feste, auch ernste Anlässe kann es für Feiern geben. Die Feiern finden innerhalb der Stammgruppen statt oder werden von kooperierenden Stammgruppen bzw. der ganzen Schule gemeinsam veranstaltet. Bei den dort gezeigten Aufführungen lernen die Kinder von klein auf regelmäßig, sich als Person und ihr gemeinsames Schaffen öffentlich vorzustellen. In einer Kölner Jenaplan-Schule z.B. gestalten Lehrer/innen die Wocheneingangsfeier, Kinder die Schlußfeier. Für die Wocheneingangsfeier können die Kinder Karten mit folgenden Titeln ziehen: Sprache, Musik, Kunst, Kunststücke, Theater, Wißt Ihr schon daß... und Joker. Zu der gezogenen Karte bereiten die Lehrer/innen dann eine Feier vor. Besondere Sozialformen des Lernens haben die Jenaplan-Schulen durch die jahrgangsübergreifenden Stammgruppen, in denen wie an den FAS Kinder unterschiedlichen Alters kooperieren. In diesen Stammgruppen findet der Kernunterricht schwerpunktmäßig in Form von fächerübergreifenden Epochen oder

[1] Vgl. zu diesem und den folgenden Abschnitten die sehr informativen und anschaulichen Schulporträts, in Klaus Hofmann (Hrsg.). : Peter Petersen und die Reformpädagogik. Broschüre der Fernuniversität-Gesamthochschule, Hagen 1995.

Projekten statt. Ergänzt wird der Unterricht durch Jahrgangskurse. Die Fächer Mathematik und Fremdsprachen werden hauptsächlich in Jahrgangskursen unterrichtet. Soweit irgend möglich wird mit Binnendifferenzierung auch in den Kursen höherer Jahrgänge gearbeitet.

Besondere Lernschwerpunkte

Die Jenaplan-Schulen in Deutschland sind kommunale Schulen, die die staatlichen Lehrpläne zu berücksichtigen haben. Dies steht aber nicht in Widerspruch dazu, daß sie als eindeutig erkennbaren Schwerpunkt das soziale Lernen in der Gemeinschaft pflegen. Manchen Schulbehörden scheint die Jenaplan-Pädagogik aber noch so fremd, daß sie neuen Schulen einen Versuchsstatus geben, obwohl die Pädagogik seit Jahrzehnten erprobt ist.

Klassen bzw. Gruppengrößen

Sie entsprechen der durchschnittlichen Größe von Klassen an Schulen in kommunaler Trägerschaft. Meist sind drei Jahrgänge in einer Stammgruppe zusammengefaßt, in denen pro Jahr ein Drittel der Schüler/innen aufsteigt und ein Drittel jüngerer Kinder nachrückt. Es gibt aber an einigen Jenaplan-Schulen auch Gruppen, die in ihrer Zusammensetzung gleich bleiben.

Lernumgebung

Der Stammgruppenraum ist ähnlich wie an den meisten Freien Alternativschulen eine Schulwohnstube, in der die Kinder Geborgenheit finden können. Auch die Ausstattung unterscheidet sich wenig von den FAS. Sofern das Schulgelände es zuläßt, befinden sich dort viele Spielmöglichkeiten und ein Garten.

Tagesstruktur

Auf den gleitenden Schulbeginn folgt meist der Morgenkreis, danach je nach Schule der Stammgruppen- oder Kursunterricht, anschließend das gemeinsame Frühstück und eine lange Spielpause. Der weitere Vormittag ist ebenfalls reserviert für Stammgruppen- oder Kursunterricht, häufig folgt dann noch ca. eine Stunde Wochenplanarbeit. Nach der langen Mittagspause können die Kinder sich dem freien Spiel oder Freizeitangeboten widmen.

Leistungs- und Entwicklungsbeschreibung

Das Messen von Leistungen an irgendeinem abstrakten Durchschnitt, die Vergabe von Ziffern für Arbeiten und auf Zeugnissen wird auch von den Jenaplan-Schulen abgelehnt. Statt dessen sammeln die Kinder ihre Arbeiten, die sie auch zu Hause den Eltern zeigen können. Gespräche und schriftliche Berichte dienen der Rückmeldung an Kinder und Eltern. Bei Schulen mit Sekundarstufe gilt dies auch für höhere Jahrgänge.

3.4. Didaktik an Montessori-Schulen[1]

Angebotsformen des Lerngeschehens

Den Zeitpunkt, zu dem Kinder bestimmte Aufgaben in der Freiarbeit ergreifen, bestimmen die Kinder abhängig von ihrer individuellen Entwicklung („sensiblen Phasen") selbst. Sie können die dafür bereitstehenden Materialien frei auswählen. Wie lange sie mit welchem Material üben, ist den Kindern freigestellt. Außerdem können die Kinder z.B. bei Projekten oder auch im Sport aus parallel laufenden Angeboten das sie interessierende aussuchen. Eigene Vorschläge der Kinder für Aktivitäten werden ernst genommen.

Sozialformen und Methoden des Lernens und Lehrens

Die Freiarbeit ist der Kern der Montessori-Pädagogik. Je nach Schule sind dieser Arbeitsform täglich zwei bis drei Unterrichtsstunden gewidmet. Eine Fülle von Materialien wurde mit viel Kreativität von Montessori und vielen Montessori-Lehrern und -Lehrerinnen vor allem für Vorschul- und Grundschulkinder entwickelt. Die einzelnen Materialien dienen jeweils einem ganz bestimmten Lernschritt. Durch ihre schöne und sorgfältige Gestaltung üben sie großen Reiz auf die Kinder aus. Die Materialien stehen frei zugänglich in den Klassenräumen, die Kinder dürfen sie aber erst nach einer Einführung durch die Lehrer/innen benutzen. Ein Gebrauch von Freiarbeitsmaterialien, der nicht ihrer Zwecksetzung entspricht, ist den Kindern in den meisten Montessori-Schulen nicht gestattet.

Weitere besondere Lernformen sind die Übungen des täglichen Lebens, für die zum Teil auch Materialien entwickelt wurden wie z.B. die Schnürsenkel-Rahmen, mit denen man üben kann, wie Schuhe zugebunden werden. Sinn der

[1] Vgl. zu den folgenden Abschnitten: B. Esser/C. Wilde: Montessori-Schulen. - Zu Grundlagen und pädagogischer Praxis. Reinbek bei Hamburg 1989.

Materialien ist es, den Kindern ein größtmögliches Maß an Selbsttätigkeit zu ermöglichen. Die Freiarbeit mit den spezifischen Materialien ist die didaktische Umsetzung von Montessoris Menschenbild und Entwicklungslehre. Die vorherrschende Sozialform des Lernens in der Freiarbeit ist die Einzelarbeit.

Die Freiarbeit wird ergänzt durch Fachunterricht, weil sich nur über die Arbeit mit Materialien bestimmte Kenntnisse und Fähigkeiten nicht erwerben lassen. Im Rahmen dieses Fachunterrichts können auch Projekte oder projektorientiertes Lernen stattfinden. Praktisches Tätigsein wie z.B. Gartenarbeit, Kochen, handwerkliche Arbeiten, Ausflüge und Feste ergänzen das Spektrum von Lerngelegenheiten.

Klassen- bzw. Gruppengrößen

Die Klassen sind jahrgangsübergreifend (z.B. von 1-3 und 4-6). Auch die Zusammenarbeit von vier oder nur zwei Jahrgängen in einer Klasse wird praktiziert. Die Größen sind sehr unterschiedlich, an den Schulen in freier Trägerschaft liegen sie niedriger als an den kommunalen Montessori-Schulen, für die die staatlichen Richtwerte gelten.

Lernumgebung

Auf eine schöne und pädagogisch-didaktisch sinnvoll vorbereitete Umgebung wird an den Montessori-Schulen größter Wert gelegt. Eine frontale Anordnung der Tische und Stühle ist nur selten zu sehen. Meist sind sie zu Tischgruppen zusammengestellt. Die meisten Montessori-Klassen sind sehr wohnlich gestaltet. Die Gestaltung des Schulgeländes ist sehr von der Lage abhängig, an Spielmöglichkeiten mangelt es nicht. Oft ist auch ein Garten vorhanden.

Tagesstruktur

Nicht an allen Montessori-Schulen ist die Tagesstruktur gleich. Ein typisches Beispiel: Offener Unterrichtsbeginn. Es folgen Morgenkreis und Freiarbeit über ca. zwei Zeitstunden bis 10 Uhr. Danach eine lange Frühstücks- und Spielpause. Ab 10.45 bis 11.45 Fachunterricht. Nach einer weiteren Pause folgt Förderunterricht. An Halbtagsschulen gibt es Hausaufgaben, für die die Kinder einen Wochenplan bekommen. Soweit es sich um Ganztagsschulen handelt, können die Kinder auch nachmittags an selbst gewählten Aufgaben arbeiten, Spielen usw. In höheren Jahrgängen ist die Zeit für Freiarbeit meist knapper bemessen, dafür aber gibt es mehr Projekte und die Praktika.

Leistungs- und Entwicklungsbeschreibung

Auch an Montessori-Schulen herrscht die Einsicht vor, daß benotete Arbeiten und Ziffernzeugnisse pädagogisch schädlich sind und darüber hinaus keine oder nur sehr geringe Aussagekraft über die Entwicklung der einzelnen Kinder haben. Soweit staatliche Behörden es zulassen, dienen deshalb Gespräche und Wortzeugnisse zur Information der Eltern. Wenn Kinder Rückmeldungen haben wollen, erhalten sie die in der jeweiligen Situation.

3.5. Didaktik an Waldorf-Schulen

Angebotsformen des Lerngeschehens

Von allen hier im Vergleich stehenden reformpädagogischen Schulen haben die Kinder und Jugendlichen an Waldorfschulen die geringsten Möglichkeiten von Wahlfreiheit in Bezug auf verschiedene Aufgaben oder Lernmaterialien und den Zeitraum, in dem diese Aufgaben von ihnen bearbeitet werden können. Ihre Wahlfreiheit beschränkt sich auf Arbeitsgemeinschaften und Fächer in den letzten Jahrgangsstufen der Sekundarstufe I bzw. II. R. Steiner und die allermeisten Waldorflehrer/innen sind der Ansicht, daß Kinder in der Grundschule und in der Sekundarstufe I zu solchen Freiheiten noch nicht mündig wären.

Sozialformen und Methoden des Lernens und Lehrens

Die vorherrschende Sozialform ist Lernen im Klassenverbund. Dabei wird unterschieden zwischen Haupt- und Fachunterricht, wobei letzterer aus der Notwendigkeit kontinuierlicher Übung begründet wird, während der Hauptunterricht als exemplarisches Lernen stattfindet. Ganz bewußt übernehmen die Klassenlehrer/innen, die ihre Klasse acht Jahre lang führen, die zentrale Rolle im Unterrichtsgeschehen. Bis in die Mittelstufe hinein erteilen die KlassenlehrerInnen den Hauptunterricht am Morgen. Die hauptsächlich verwendete Methode ist Frontalunterricht, eine wichtige Lernform in den ersten drei Klassen die Nachahmung. Die an anderen reformpädagogischen Schulen geläufigen Formen der Individualisierung und Binnendifferenzierung werden an Waldorfschulen nur selten praktiziert. Unter Frontalunterricht ist aber nicht zu verstehen, daß die Lehrer/innen stundenlang vor der Klasse stehen und nur reden. Sie geben vielmehr den Kindern Impulse, die diese in den ersten Schuljahren zur Nachahmung herausfordern sollen. Das gilt für Bewegungen, die z.B. beim Erlernen der Buchstaben vorgemacht werden, für Maltechniken, für Gesten, für die Auffassungen der Lehrer/innen von schön und häßlich oder von gut und schlecht. Differenzierungen werden insofern vorgenommen als die LehrerInnen sich bemühen, die unterschiedlichen Temperamente der Kinder anzusprechen, z.B. beim Erzählen von Märchen, Mythen und Fabeln in der Grundschule: für die Melancholiker traurige Geschichten, mit trauriger Stimme vorgetragen, für die Choleriker action stories mit power in der Stimme und in den Gesten usw..

Das Anregen der kindlichen Phantasie durch große farbige Tafelbilder ist eine für Waldorfschulen typische Methode, bei der die Lehrer/innen besondere Fähigkeiten zeigen. Eine weitere ist die Verbindung von Lernen mit Bewegung. Wer jemals eine Waldorf-Grundschulklasse begeistert hüpfend, stampfend, klatschend beim Lernen des Einmaleins oder im Englisch-Unterricht beobachtet hat, wird dieser Form des Lernens eine besondere Qualität nicht absprechen können.

Eine Methode, für die die Waldorfschulen weithin bekannt sind, ist der Epochenunterricht. Dabei handelt es sich um themenzentrierte Unterrichtsvorhaben, die über mehrere Wochen laufen und zu denen Erzählungen oder Sachthemen, von den Kindern erstellte Epochenhefte, Tafelbilder, Bilder der Kinder und vom Lehrer geleitete Gespräche gehören.

Besondere Lernschwerpunkte

Jede Waldorfschule hat dem Ideal nach ihren eigenen Lehrplan, sagen die Waldorfpädagogen und -pädagoginnen. Die Praxis ist eher einheitlich, einer eingespielten Tradition folgend. In Deutschland, den Niederlanden, in Slowenien und in einem Film über eine südafrikanische Waldorfschule konnte ich für bestimmte Jahrgänge dieselben Themen und Methoden beobachten. Die von C. von Heydebrand herausgegebene kleine Schrift „Vom Lehrplan der Freien Waldorfschule“ [1] dient offenbar vielen Waldorflehrern und -lehrerinnen als curricularer Fundus. Noch viel weiter ins Detail geht das von T. Richter edierte umfangreiche Buch „Pädagogischer Auftrag und Unterrichtsziele einer Freien Waldorfschule.“[2] Beide Veröffentlichungen wollen als Anregungen, nicht als Vorschriftensammlung verstanden werden. Vor allem in der zweiten Schrift ist eine Fülle von Vorschlägen für Lernschwerpunkte und Lernverfahren enthalten, die die Besonderheiten des Waldorf-Curriculums verdeutlichen. Welche Schule bekennt sich heute noch so deutlich dazu, daß sie „einen allen

---

[1] C. von Heydebrand: Vom Lehrplan der Freien Waldorfschule. Hrsg: Freie Waldorfschule Stuttgart. 9. Auflage Stuttgart 1990.

[2] T. Richter (Hrsg.): Pädagogischer Auftrag und Unterrichtsziele einer Freien Waldorfschule. Stuttgart 1995.

Unterricht durchziehenden christlichen Charakter" hat?[1]Welche Schule sonst setzt mit Märchen, Fabeln, Legenden und dem Alten Testament heute noch deutliche Schwerpunkte im muttersprachlichen Unterricht der ersten drei Schuljahre?[2] Und wo wird noch gewagt, im Sprachunterricht der neunten Jahrgangsstufe einen Schwerpunkt auf die Beschäftigung mit Schiller und Goethe zu setzen?[3] Eine weitere curriculare Besonderheit der Waldorfschulen ist die Eurythmie, „...die das Seelisch-Geistige in ein harmonisches Verhältnis zum Leiblichen ..." in der künstlerischen Form von Bewegungen zusammenfügt.[4] Zu den besonderen curricularen Merkmalen der Freien Waldorfschulen gehören auch die Praktika in der Landwirtschaft, Feldvermessung, Industrie und in sozialen Berufen.

Klassen- bzw. Gruppengrößen

Die Klassen an den Waldorfschulen sind jahrgangsgebunden. Ihre Größe ist für heutige Verhältnisse mit stellenweise mehr als 40 Kindern bzw. Jugendlichen im „Hauptunterricht" ungewöhnlich. Im übrigen Unterricht lernen die Kinder aber in kleineren Gruppen. Die großen Klassen, in denen der Epochenunterricht stattfindet, werden von einer Fraktion der Waldorfpädagogen und -pädagoginnen befürwortet. Ihr Argument lautet: Nur in großen Klassen kann man in genügender Anzahl die verschieden Temperamente versammeln und Gruppen von Kindern mit demselben Temperament bilden, was für die Entwicklung der Kinder von großer Bedeutung sei. Die zunehmende Zahl von Gegnern großer Klassen hält dagegen, daß es heute ungleich schwerer ist als zu Rudolf Steiners Zeiten, solche Klassen zu führen und daß individualisierende Formen des Unterrichts wie an anderen reformpädagogischen Schulen in derart großen Klassen nicht zu praktizieren seien. Fakt ist jedenfalls, daß die Waldorfschulen mit kleineren Klassen - unabhängig von allen theoretischen Diskussionen - zunehmen.

Lernumgebung

Die meisten Waldorfschulen sind schon von weitem als solche wegen ihrer besonderen Architektur, die den rechten Winkel gern vermeidet, zu erkennen. Die Gestaltung der Klassen mit Wandfarben und Mobiliar wird von den Er-

[1] Ebda. S. 11.

[2] Ebda. S. 27.

[3] Ebda. S. 97.

[4] Ebda. S. 177.

wachsenen, mit Bezug auf Empfehlungen Rudolf Steiners, vorgegeben. Die Kinder und Jugendlichen haben gar keinen oder nur wenig Einfluß auf die Raumgestaltung. Die Schulgelände sind sehr unterschiedlich. Manche bieten kaum, andere viele Spiel- und Sportmöglichkeiten wie z.B. Basketballfelder, Spielgeräte usw. Gärten und Ackerflächen haben aber alle Waldorfschulen entweder auf dem Schulgelände oder in der näheren Umgebung.

Tagesstruktur

Ein Beispiel aus dem Grundschulbereich: Die in der Schule ankommenden Kinder werden von den Klassenlehrern einzeln mit Handschlag begrüßt. „Den Anfang bilden nach einem gemeinsam gesprochenen Morgenspruch musikalische Übungen auf einfachen Instrumenten... Nach diesen Übungen, die den Willen fordern und das Gefühl anregen beginnt der eigentliche Epochenunterricht, der in die Betrachtung hineinführt. Diese knüpft an den Stoff des Vortages an... In einem nächsten Schritt wird neuer Stoff erlebnismäßig vermittelt.“ [1] Durch diese Impulse werden die Kinder zu eigenen Aktivitäten wie Malen, Schreiben usw. angeregt. Auch im anschließenden Fachunterricht werden zunächst Gefühl und Willen angesprochen, bevor die Kinder selbst tätig werden. Das Thema des Epochenunterrichts findet sich auch in den Hausaufgaben wieder. Das Erzählen einer Geschichte bildet einen besonderen Schwerpunkt im Tagesverlauf. Die Gewichtung zwischen Haupt- und Fachunterricht und das Anfangsritual des Morgenspruches bleibt auch in den höheren Jahrgangsstufen erhalten.

Leistungs- und Entwicklungsbeschreibung

In der Ablehnung von Noten für Arbeiten und Ziffernzeugnissen sind sich die Waldorfschulen mit anderen reformpädagogischen Schulen einig. Gespräche mit Kindern und Eltern sowie die an die Heranwachsenden gerichteten Jahresbriefe dienen als Gelegenheit, auf Entwicklungen der Kinder und Jugendlichen einzugehen. Nur die Abschlußzeugnisse entsprechen denen an staatlichen Schulen.

4. Zusammenfassender Vergleich

Die Schulbewegungen zusammenfassend miteinander zu vergleichen, ist ein schwieriges Unterfangen. Innerhalb der einzelnen reformpädagogischen

---

[1] G. Rist/P. Schneider: die Hibernia-Schule...Reinbek bei Hamburg 1997. S. 56.

Schulbewegungen gibt es durchaus Unterschiede von Schule zu Schule.. Die kleinen ländlichen Waldorfschulen, an denen jeder noch jeden kennt, haben ein z. B. anderes Klima und eine größere Flexibilität in der Unterrichtsorganisation als die Waldorf-Großschulen mit über 1000 Kindern und Jugendlichen. Auch die FAS sind sich nicht alle gleich, hier gibt es z.B. unterschiedliche Auffassungen über den Unterricht in Angebotsform und dessen Zeitanteile sowie über Unterrichtsmethoden. Recht unterschiedlich sind auch die Freinet-Schulen z.B. hinsichtlich der Zeitanteile für Freiarbeit oder bestimmter Arbeitstechniken. Unter den Montessori-Schulen gibt es solche, die sich sehr eng an von M. Montessori entwickelte Vorgaben z.B. für den Umgang mit Selbstlernmaterialien halten und solche, die ihre Pädagogik relativ frei weiterentwickelt haben. Die Jenaplan-Schulen unterscheiden sich deutlich voneinander z.B. hinsichtlich der Betonung individualisierender Lernformen und im Grad der Flexibilität ihrer Unterrichtsorganisation. Dennoch aber überwiegen an allen reformpädagogischen Schulen die Gemeinsamkeiten, die einen Vergleich möglich machen.

Als weitere Schwierigkeit kommt hinzu, daß die einzelnen Schulrichtungen sicherlich für einen Vergleich jeweils andere Kategorien für relevant halten. Ich halte es aber für legitim, solche Vergleichskategorien zu benutzen, die für die FAS besonders bedeutsam sind, weil es hier um die Frage geht: „Was unterscheidet Freie Alternativschulen von anderen reformpädagogischen Schulen?

4.1 Ein Überblick

In der nun folgenden Tabelle werden die im Vergleich stehenden Reformpädagogiken in eine 5er Skala zwischen jeweils gegensätzlichen Begriffspaaren verortet. Die Verwendung einer Skala halte ich für sinnvoll, um die Schulen ohne bloße Polarisierung möglichst differenziert zuordnen zu können.

Die in der folgenden schematischen Darstellung vorgegebenen Vergleichskategorien beziehen sich auf Besonderheiten der zum Vergleich stehenden Schulen. Wenn dort beispielsweise den Waldorf- und Montessorischulen ein stark spirituell geprägtes Menschenbild attestiert wird, bedeutet das nicht, daß ihre pädagogischen Konzepte oder ihre Praxis bar jeder Rationalität seien. Umgekehrt gilt: An Freien Alternativschulen herrscht ein kritisch-rationales Menschenbild vor. Das heißt aber mitnichten, daß die dort arbeitenden LehrerInnen Wesen ohne jedes Gefühl seien. Und daß einige von ihnen ein spirituelles Menschenbild haben ist ebenfalls nicht ausgeschlossen.

1)Spirituelles Menschenbild		WS	MS	JS	FAS FS	Kritisch-rationales Menschenbild
2) Konstitutive Entwicklungslehre	MS WS			FS	FAS JS	keine konstitutive Entwicklungslehre
3) Lehrerzentrierte Didaktik		WS	JS	FAS FS MS		Auf Eigenaktivität der Kinder zentrierte Didaktik
4) Unterricht als Pflicht	WS	JS FS MS		FAS		Unterricht als Angebot
5) Eigene Lehrpläne		WS		FAS FS JS MS		Übernahme staatlicher Lehrpläne
6) Autoritätsbetonung der Lehrer/innen	WS			JS MS	FAS FS	Rücknahme von Autorität der LehrerInnen
7) Wenig individualisierende Lernformen		WS		JS	FAS FS MS	Viele individualisierende Lernformen
8) Lernen mit allen Sinnen	MS	FAS FS JS WS				Einseitige Betonung eines Sinnes
9) Von Erwachsenen gestaltete Umgebung	WS		MS JS	FAS FS		Von Kindern gestaltete Umgebung
10) Präferenz für Hochkultur		WS	MS JS	FAS FS		Berücksichtigung der Alltagskultur der Kinder
11) Keine Mitwirkungsmöglichkeiten der Kinder		WS		JS MS	FAS FS	Viele Mitwirkungsmöglichkeiten der Kinder
12) Kontrolle von Zeit und Raum	WS	JS	MS FS	FAS		Freie Räume und Zeiten
13) Vorrang des gemeinschaftlichen Lernens			FS JS WS	MS FAS		Vorrang des individuellen Lernens
14) Zensuren und Ziffern- Zeugnisse		FS JS		FAS MS WS		Individuelle Entwicklungs- und Leistungsbeschreibung
15) Methodische Monokultur		WS		FAS FS JS MS		Methodische Multikultur

FAS= Freie Alternativschule, FS= Freinet-Schule, JS= Jenaplanschule, MS= MontessoriSchule, WS= Waldorfschule

Um die Zuordnungen in dieser Skala verständlicher zu machen, werden sie kommentiert:

Zu 1) Die Waldorfschulen haben ursprünglich ein anthroposophisch-christliches Menschenbild, die Montessori-Schulen ein christlich geprägtes. Das schließt freilich kritisch-rationale Elemente nicht aus. Einige wenige Jenaplanschulen sind ebenfalls christlich orientiert, generell aber dominiert an ihnen ebenso wie an den FAS und den Freinetschulen ein kritisch-rationales Menschenbild, also die Überzeugung, daß der Mensch als vernunftbegabtes Wesen auch ohne religiöse Bindung in vielfältigen Lernprozessen (selbst)kritische Ich-Stärke, Moral und Gemeinschaftssinn entwickeln kann.

Zu 2) Rudolf Steiners Entwicklungslehre in Sieben-Jahres-Etappen ist prägend für die Waldorfschulen. Montessoris auf Beobachtungen beruhende Theorie der „sensiblen Phasen" für bestimmte Lernprozesse ist grundlegend für die nach ihr benannten Schulen. Freinet-LehrerInnen kennen die drei von Freinet beschriebenen Entwicklungsphasen (s.o.), die aber im Grunde keine Entwicklungslehre darstellen. An FAS und Jenaplanschulen gibt es eine partielle Bezugnahme auf entwicklungspsychologische Kenntnisse unterschiedlicher Autoren.

Zu 3) An den Waldorfschulen herrscht eine lehrerzentrierte Didaktik vor. Eigenaktivitäten der Kinder gehen aus von Impulsen der LehrerInnen. Nachahmendes Verhalten der jüngeren Kinder gehört zum didaktischen Konzept. Aufgaben werden von den LehrerInnen vorgegeben. Die Führung durch LehrerInnen steht im Mittelpunkt von Pädagogik und Didaktik. Dies gilt in eingeschränkter Form auch für Jenaplanschulen. Die anderen Schulen setzen mehr auf Eigenaktivitäten der Kinder bei der Arbeit, im Spiel und im Unterricht.

Zu 4) Unterricht als Angebot in dem Sinne, daß die Kinder von sich aus entscheiden, ob sie daran teilnehmen oder nicht, gibt es nur an FAS. Der zeitliche Anteil, für den diese Entscheidung durch die Kinder möglich ist, variiert aber stark von FAS zu FAS.

Zu 5) Ein eigenes Curriculum haben nur die Waldorfschulen sowie einige Freie Alternativschulen, die in dieser Hinsicht ein klares Profil zeigen. Alle anderen orientieren sich überwiegend an staatlichen Lehrplänen, in deren Rahmen sie zum Teil inhaltliche Schwerpunkte setzen. Einige Jenaplanschulen sagen von sich, daß sie die staatlichen Lehrpläne übernehmen.

Zu 6) An Waldorfschulen wird die Autorität der LehrerInnen durch Einsatz ihrer Persönlichkeit und durch eindeutige Vorgaben und Regeln für das Verhalten der Kinder und die alleinige Auswahl der Inhalte betont. An den anderen Schulen vertrauen die Lehrer/innen stärker auf die Kräfte und Fähigkeiten der Kinder, wichtige Probleme wie z.B. das Entwickeln von Regeln selbst oder mitbestimmend regeln zu können. An diesen Schulen haben die Kinder auch viel mehr Einfluß auf die Unterrichtsinhalte und deren Formen.

Zu 7) Individualisierende Lernformen gehören zum Profil von FAS, FS und Montessori-Schulen. Dies gilt auch für die meisten Jenaplan-Schulen. An den Waldorfschulen wird unter Individualisierung vor allem die Berücksichtigung der verschiedenen Temperamente verstanden. Frontalunterricht herrscht vor. Mit Unterricht in Angebotsform, Frei- bzw. Freiwahlarbeit, individuellen Wochenplänen, entdeckendem Lernen und von Kindern selbst erfundenen Aktivitäten hat man an diesen Schulen wenig Erfahrung.

Zu 8) Das Lernen mit allen Sinnen hat an allen Schulen einen hohen Stellenwert. Einen gewissen Vorsprung haben m. E. in dieser Hinsicht aber die Montessori-Schulen. Durch das dort vorhandene vielfältige Selbstlernmaterial werden in der Freiwahlarbeit neben den auditiven und visuellen Lerntypen unter den Kindern auch die haptisch orientierten immer zu Lernaktivitäten angeregt.

Zu 9) An den Waldorfschulen wird die Farbgestaltung mit Hinblick auf die psychische Wirkung von Farbtönen auf Kinder unterschiedlichen Alters von den Erwachsenen bestimmt. Auch die Einrichtung der Schulräume bestimmen die Erwachsenen. An den Montesssori-Schulen wird wegen der Verwendung des Freiwahlarbeitsmaterials eine bestimmte Ordnung und Ästhetik der Raumgestaltung von den Erwachsenen vorgegeben, die Kinder haben aber dennoch Einfluß auf ihre Lernumgebung. An den anderen Schulen haben die Kinder in dieser Hinsicht weitgehende Möglichkeiten. (Auswahl der Wandfarbe, selbst erstellte Wandbilder, Poster, Wandzeitungen, Mitbestimmung bei der Einrichtung u.a. mehr)

Zu 10) Die Veröffentlichungen zu Lehrplänen an Waldorfschulen weisen eine starke Orientierung an der musisch–humanistischen Kultur aus. Das gilt unübersehbar z.B. für den Sprachunterricht.[1] Selbstverständlich stellen sich auch

[1] Am Beispiel des Erzähl- bzw. Lesestoffes und von Epochen im Sprachunterricht sei dies hier illustriert: Märchen, Fabeln, Legenden und das Alte Testament als Erzählstoffe des 1. bis 3. Schuljahres, Auszüge aus der Edda in der vierten Klasse, Lesestoff aus alten östlichen Kulturen bis zu den Sagen des klassischen Altertums in der fünften , Szenen aus der

die anderen Schulen der Aufgabe, den Zugang zum vorhandenen Kulturbestand zu ermöglichen. Sie thematisieren aber auch (in unterschiedlichem Ausmaß) Erfahrungen aus der Alltagskultur der Kinder und Jugendlichen (Fernsehen, Film, Rock- und Popmusik) Außerdem lassen sie von dort übernommene Ausdrucksformen in der Schule zu.[1]

Zu 11) Regelentwicklung, Klassenraumgestaltung, von Kindern mitgeplante Projekte, von Kindern geleitete Morgenrunden oder Besprechungen, all dies gehört mit graduellen Unterschieden zur Praxis an FAS, Freinet-, Jenaplan und Montessori-Schulen. An Waldorfschulen gibt es Mitwirkungsmöglichkeiten erst in den höheren Klassen der Sekundarstufe I und auch da nur in bescheidenem Umfang.

Zu 12) An allen FAS gibt es Zeiten, und damit sind nicht die Pausen gemeint, in denen die Kinder selbst gewählten Aktivitäten nachgehen können, die nicht dauernd (oft auch gar nicht) von Erwachsenen kontrolliert werden. Hier kann man Kinder im schulischen Raum erleben, wie sie sind, wenn die Erwachsenen nicht steuern und lenken. An einigen Freinet-Schulen, Jenaplan- und Montessori-Schulen ist dies ebenfalls möglich, an anderen nicht.

Zu 13) An den Jenaplan- und Freinet-Schulen wird Lernen in der Gemeinschaft so verstanden, daß die Kinder nicht nur für ihren eigenen Lernprozeß, sondern für den der ganzen Gruppe Mitverantwortung tragen. Diese Haltung wird durch jahrelange Übung internalisiert. In dieser Hinsicht haben die anderen Schulen, wenn überhaupt, nur ansatzweise eine entsprechende Lernkultur entwickelt.[2]

Zu 14) Eine methodische Monokultur gibt es an keiner der Reformschulen. Wegen des starken Anteils von Frontalunterricht ist die methodische Vielfalt der Waldorfschulen geringer als an den anderen Schulen. Am meisten experi-

---

neueren Geschichte in der sechsten, möglichst viel über fremde Völker im siebten Jahrgang, Schiller und Goethe-Dramen in der achten Klasse, die Behandlung von Biographien und Literatur der Goethe-Zeit als Epoche in der neunten Klasse, Edda, Islandsaga, Hildebrandslied, althochdeutsche Dichtung als Epoche in der zehnten Klasse. Ergänzungen sind möglich, die Schwerpunkte aber eindeutig. Vgl. Richter a.a.O.

[1] An der noch im Aufbau befindlichen Freien Schule Leipzig mit 65 SchülerInnen gibt es fünf Rockbands.

[2] Den durch LehrerInnen an Waldorfschulen vorgegebene Frontalunterricht als Form gemeinschaftlichen Lernens rechne ich nicht dazu.

mentieren die FAS mit neuen Methoden und Organisationsformen des Lernens.

4.2. Stärken und Schwächen der reformpädagogischen Schulen

Alle reformpädagogischen Schulrichtungen haben ihre spezifischen Stärken und Schwächen. Es klingt zwar paradox, aber häufig liegt in einer besonderen Stärke der jeweiligen Schulrichtung gleichzeitig die Ursache für eine bestimmte Schwäche.

Freie Alternativschulen

Die FAS beziehen sich ganz bewußt nicht auf einzelne VordenkerInnen. Sie könnten dies auch nicht, weil sie von gesellschaftlichen Bewegungen beeinflußt sind, für die es keine einzeln namhaft zu machenden BegründerInnen gibt. Das ist einerseits ihre Stärke, weil es unorthodoxes Denken und viele neue praktische Experimente ermöglicht, andererseits auch eine Schwäche, weil die bei jeder Schulgründung notwendige Vergewisserung des eigenen theoretischen und praktischen Standorts nur in mühsamen zeitraubenden Verständigungsprozessen aller Beteiligten geklärt werden kann, die phasenweise mehr Kraft als die Arbeit mit den Kindern kosten.

FAS geben den Kindern durch Unterricht in differenzierter Angebotsform viel Freiheit zu selbst gesteuerten Tätigkeiten, verzichten auf ständige Kontrolle der Kinder und legen viel Wert auf die Mitwirkung der Kinder. Diese Freiheiten werden von den Kindern oft produktiv genutzt, es besteht aber auch die Gefahr der Überforderung der Kinder durch Ansprüche an ihre Selbst- und Gemeinschaftsverantwortung, wenn nicht berücksichtigt wird, daß Kinder gleichen Alters sehr unterschiedliche Fähigkeiten haben, mit Freiheit und Verantwortung umzugehen und in unterschiedlichem Maß auf Grenzsetzungen durch Erwachsene angewiesen sind.

Das Offensein für die Alltagskultur der Kinder ermöglicht es, daß Kinder an FAS Verhaltensformen, Moden, Sprachwendungen etc. in die Schule hinein tragen. Das ist einerseits positiv, weil Kinder dann Schule als einen Raum erleben, in dem für sie subjektiv wichtige Dinge auslebbar sind. Das kann andererseits negative Folgen haben, wenn dadurch Verhaltensmuster und Sprachgewohnheiten in die Schule gelangen, die das Klima und die Bereitschaft zum Lernen negativ beeinflussen können.

Viele FAS sind Kleinstschulen, an denen in besonderem Maß Geborgenheit und individuelles Lernen möglich sind. Ein erster Nachteil dieser geringen Größe liegt darin, daß dadurch die Möglichkeiten für die Kinder, Freunde und

Freundinnen zu finden, sehr eingeschränkt sind. Der zweite Nachteil: Bisweilen kommen interessante Aktivitäten und Angebote nicht zustande, weil zu wenige Kinder da sind.

Freinet-Schulen

Zu den Stärken der Freinet-Schulen bzw. Freinet-LehrerInnen gehört, daß sie auf zahlreiche Anregungen von C. Freinet Bezug nehmen können, ohne daß daraus eine dogmatische Orientierung resultiert. Diese sehr weitgehende Offenheit ist aber gleichzeitig Ursache dafür, daß in der Praxis mancher Freinet-LehrerInnen kaum noch ein bestimmtes pädagogisches oder didaktisches Profil erkennbar ist.

Eine weitere Stärke von Freinet-PädagogInnen liegt zweifellos darin, daß sie die Rechte von Kindern sehr ernst nehmen. Deren Überbetonung kann aber ebenso wie an den Freien Alternativschulen in ihrer frühen Entwicklung dazu führen, daß Kinder mit Selbstverantwortung und Selbstregulierung überfordert werden und der Lernraum zum Lärmraum wird.

Ein weiterer Vorteil der Freinet-Schulen: Als staatliche Schulen unterrichten sie Kinder aus allen Schichten und vielen ethnischen Gruppierungen gemeinsam. Gleichzeitig aber unterliegen sie den staatlichen Rahmenbedingungen von Schulen (Klassengröße, Zensurengebung, Ziffernzeugnisse), die die Einlösung wichtiger Merkmale der Freinet-Pädagogik behindern.

Jenaplan-Schulen

Für das gemeinsame Lernen von Kindern aus allen Schichten und ethnischen Gruppierungen unter den Rahmenbedingungen staatlicher Schulen gilt dasselbe wie für die Freinet-Schulen.

Ebenso wie an Freinet-Schulen wird auch an den Jenaplan-Schulen mit dem geistigen Erbe des Gründers der Bewegung sehr offen umgegangen. Das kann aber auch dazu führen, daß die Schulen mit Bezug auf Elemente der Jenaplan-Pädagogik arbeiten, ein klares pädagogisch-didaktisches Profil in der Praxis aber nicht immer erkennbar ist.

Eine besondere didaktische Qualität haben die Jenaplan-Schulen durch den rhythmischen Wechsel der Lernformen Gespräch, Spiel, Arbeit und Feier. Eine schematische Handhabung des Wechsel-Prinzips kann aber einen starren Stundenplan entstehen lassen und spontane Aktivitäten behindern.

Montessori-Schulen

Gemeinsame Grundüberzeugungen hinsichtlich Menschenbild, Entwicklung von Kindern, Pädagogik und Didaktik und eine bewährte Praxis mit langer Tradition zu haben, gibt zweifellos LehrerInnen-Kollegien Kraft und Sicherheit im gemeinsamen pädagogischen Handeln. Kritiker in den eigenen Reihen der Montessori-Schulen bemängeln aber, daß mit dem geistigen Erbe von M. Montessori bisweilen dogmatisch umgegangen wird in dem Sinne, daß Montessoris Vorschläge für den Unterricht wie eherne Gebote gehandhabt werden und darunter Kreativität und Lebendigkeit im Unterricht leiden können.

Die besondere didaktische Stärke der Montessori-Schulen liegt in der Freiwahlarbeit mit eigens dafür hergestellten Materialien. Die Einführung der Selbstlernmaterialien durch die LehrerInnen und die meist strikt festgelegte Nutzung der Materialien kann aber dazu führen, daß entdeckendes Lernen in der Freiwahlarbeit behindert wird.

Waldorf-Schulen

Gemeinsame Grundüberzeugungen hinsichtlich Menschenbild, Entwicklung von Kindern, Pädagogik und Didaktik und eine bewährte Praxis mit langer Tradition zu haben, ist eine Stärke der Waldorf-Schulen. Auch hier sehen aber selbst Kritiker aus den eigenen Reihen, daß diese Stärke zur Schwäche werden kann, wenn sich Tendenzen zum Dogmatismus ausbreiten. Solche Tendenzen können sich z.B. in der Form zeigen, daß Verhaltensweisen von Kindern nur durch von Steiner vorgegebene Interpretationsmuster gedeutet werden und dadurch der Blick auf das jeweils einzelne Kind in seiner Lebenssituation verstellt wird.

Die Stärke der Waldorfpädagogik zeigt sich desweiteren darin, daß sie eigene Curricula hervorgebracht hat, die den Kindern viel Muße für künstlerisches und handwerkliches Tätigsein geben. Diese Curricula sind aber selbst in modernisierter Form so eng mit Vorgaben Steiners verknüpft, daß man daran zweifeln kann, inwieweit mit diesen Curricula der Wandel der Kindheit in modernen Gesellschaften und dessen Auswirkungen auf Kinder hinreichend berücksichtigt werden können.

An Waldorf-Schulen setzen Erwachsene die Regeln, bestimmen die Unterrichtsinhalte und -formen und sogar die Sitzordnung in der Klasse. Auch bestimmte Unterrichtsrituale werden vorgegeben. Dies alles geschieht in der wohlmeinenden Absicht, Kinder nicht durch zuviel Selbst- und Gemeinschaftsverantwortung zu überfordern. Positiv daran ist, daß alle Kinder eine klare Orientierung über die Rahmenbedingungen des Lernens haben. Die Haltung der LehrerInnen birgt aber das Risiko in sich, daß die kreativen Kräfte der Kinder unterschätzt und ihre Bedürfnisse nach Einflußnahme auf den Lernprozeß vernachlässigt werden.

Die Methode des Frontalunterrichts wird an den Waldorfschulen sehr gepflegt. Hier kann man oft hervorragenden Frontalunterricht beobachten, der von künstlerisch und rhetorisch gut geschulten Lehrkräften erteilt wird. Andere stärker handlungsorientierte und individualisierende Methoden kommen darüber aber zu kurz.

Für die hohe Qualität ihrer Chöre und Schulorchester sowie der Theateraufführungen sind die Waldorfschulen weithin bekannt, für die Alltagskultur der Kinder sind sie aber kaum offen.

Manfred Borchert

„Der schulische Vollzug ist nicht gewährleistet“ Freie Alternativschulen und ihre staatliche Anerkennung

Dialog in der Freien Schule Bochum 1983. Kind: „Warum will der Minister denn unsere Schule nicht genehmigen?“ Lehrer: „Der Kultusminister findet, daß unsere Schule nicht gut für Kinder ist.“ Kind: „Wie kann der das denn sagen, der kennt mich doch überhaupt nicht?“

Die Freien Alternativschulen stellen in pädagogischer Hinsicht eine zeitgemäße Fortsetzung und Weiterentwicklung der traditionellen Reformpädagogik dar. Und genauso wie die traditionellen kindorientierten Schulen in den 20er und 30er Jahren in der Öffentlichkeit angegriffen und von staatlichen Behörden in vielen Fällen behindert worden sind, ging und geht es zum Teil den Freien Alternativschulen auch.

36 Freie Alternativschulen gibt zur Zeit in Deutschland. Nur zwei von ihnen haben noch keine staatliche Genehmigung, werden diese aber bald erhalten. Anders ging es vielen FAS, die in den 70er oder Anfang der 80er Jahre gegründet wurden. Damals mußten viele FAS jahrelang um ihre Genehmigung prozessieren. Rekordhalter in Sachen Gerichtsverfahren sind die Kinderschule Bremen (14 Jahre), die Freie Schule Frankfurt (12 Jahre) und die Freie Schule Wuppertal (10 Jahre). Weit abgeschlagen liegen auf den hinteren Plätzen z. B. die Freie Schule Bochum (nur 5 Jahre) und die Freie Schule Kassel (läppische 4 Jahre). Diese Schulen haben sich alle auf gerichtlichem Weg und in zähen Verhandlungen durchgesetzt. Aber auch einige der FAS, die keine Prozesse führen mußten, brauchten arg lange Zeit, bis sie endlich den Status einer staatlich genehmigten Ersatzschule erhielten. Das gilt z.B. für das „Kinderhaus SPATZ“ in Offenburg, dessen Gründerin jahrelange Querelen mit Behörden ertragen mußte. Die meisten der 36 FAS in Deutschland haben allerdings keine praktische Erfahrung im Prozeßführen. Die Arbeit der FAS hat offensichtlich mittlerweile Anerkennung in den Erziehungswissenschaften, in vielen Ministerien und auch in der Öffentlichkeit gefunden.

Ebenso wie die FAS, die die aufreibende Auseinandersetzung mit den Bürokraten durchgehalten haben, können aber auch letztere einige Siege aufweisen. Durch die Verweigerung von Genehmigungen und den damit verbundenen Zuschüssen sowie mit teils horrenden Zwangsmaßnahmen und einigen Tricks mehr wurden die Gründung bzw. Weiterexistenz von FAS in Aachen, Berlin-

Kreuzberg, Dortmund, Essen, Freiburg, Haltern, Heidelberg, München, Münster, Stuttgart und Würzburg verhindert.

Dabei zeigten Behörden und Politiker erstaunlich viel Einfallsreichtum. Einige der besonders beliebten Varianten seien hier genannt:

Verzögerungstaktik

Ein Paradebeispiel hierfür ist der Gründungsversuch der Freien Schule Essen. Die Initiative um Prof. Rainer Winkel beantragte einen staatlichen Modellversuch in einem typischen Arbeiter-Viertel von Essen. Die erste Stolperfalle war das Kultusministerium von Nordrhein-Westfalen, das den Schulversuch zunächst gar nicht haben wollte und eine erhebliche Bedenkzeit brauchte. Die Konferenz der Kultusminister, die den Modellversuch genehmigen mußte, dachte auch nicht schneller, wieder einige verlorene Jahre. Eine besonders aparte Verzögerungsvariante wurde schließlich von der Stadt Essen, die der Träger des Modellversuchs hätte sein sollen, erdacht. Als das Kultusministerium und die KMK sich endlich durchgerungen hatten, den Schulversuch zu genehmigen, teilte die Schulverwaltung zu ihrem Bedauern mit, daß leider bei einem Umzug alle Akten verlorengegangen seien und die Bearbeitung der Angelegenheit sich deshalb erheblich verzögere. Kurz danach lehnte die Stadt Essen dann auch offiziell die Trägerschaft des Modellversuches ab. Das war dann der Punkt, an dem die Initiative aufgab und den anderen Gründungsgruppen klar wurde, daß sie nur als Schulen in freier Trägerschaft gegründet werden könnten.

Nicht -Anerkennung eines besonderen pädagogischen Interesses

Nach Art. 7 des Grundgesetzes dürfen private Volksschulen (damit sind heute laut Bundesverfassungsgericht die Grund- und Hauptschulen gemeint) nur aus weltanschaulichen und religiösen Gründen oder bei Anerkennung eines „besonderen pädagogischen Interesses" genehmigt werden. Dieses besondere pädagogische Interesse ist so definiert, daß es sich dabei nicht allein um das besondere Interesse von Eltern oder Lehrer/innen an einer speziellen Pädagogik handeln darf, sondern daß diese Pädagogik modellhaft auch für das staatliche Schulwesen neue wichtige Reformimpulse geben muß.

Aus dieser Verfassungsvorgabe entwickelten die Kultusministerien folgende Zwickmühlen-Taktik: Alles, was an FAS wirklich neu war, wie z.B. der Unterricht in Angebotsform, der hohe Anteil freien Spiels, die Abschaffung der Zensuren bis zur neunten Klasse und die Binnendifferenzierung statt Sortierung der Kinder nach unterschiedlichen Leistungsniveaus in Form externer Differenzierung wurde als pädagogisch schädlich angesehen. Soweit die FAS aber an bewährte reformpädagogische Elemente aktivierender Unterrichtsformen wie z. B. Freie Arbeit, Wochenplan-Unterricht oder Lernen in Projekten anknüpften, wurde schlicht behauptet, daß diese Lernformen längst die staatlichen Grundschulen prägen würden. Und das 1981!

Der Freien Schule Bochum z.B. wurde mitgeteilt, daß durch die genannten Merkmale des pädagogischen Konzepts „der schulische Vollzug nicht gewährleistet ist.“ Daraufhin erwiderte der Trägerverein der Freien Schule Bochum per Brief: „Wir beabsichtigen keineswegs die Gründung einer Vollzugsanstalt, sondern die Gründung einer Freien Schule“. Durch diese ironische Replik verbesserte sich nicht gerade das ohnehin gestörte Verhältnis zum Kultusministerium. Denn den ersten Genehmigungsantrag hatte nach monatelangem Liegenlassen ein Ministerialrat telefonisch folgendermaßen beschieden: “Sie glauben doch wohl selber nicht, daß eine Gruppe mit so wenig Akademikern eine Schule auf die Beine stellen kann.“ Die Bochumer Schulverwaltung und der Regierungspräsident befürworteten später die Genehmigung der Freien Schule Bochum, das Kultusministerium aber lehnte die Erteilung einer Betriebserlaubnis ab. Auszug aus dem Protokoll über das Gespräch im Ministerium: „Abteilungsleiter Nahl: Hören Sie mir doch auf mit ‘alternativ’, ich habe mir das doch in Kopenhagen angesehen mit den Alternativen, die haben da einen ganzen Stadtteil, wo die ihre Kartoffeln selber anbauen und Haschisch und was weiß ich.“

Der Gründungsgruppe der Freien Schule Bochum verschlug es in Ehrfurcht vor soviel geistigem Differenzierungsvermögen fast die Sprache. Zur Ehrenrettung der Ministerialbeamten muß man freilich anfügen, daß das Niveau der Gespräche längst nicht immer so flach war und daß durchaus einige Probleme wie z.B. die anfängliche Verabsolutierung des Projektunterrichts oder die absolut gesetzte freiwillige Teilnahme am Unterricht angesprochen wurden. Das änderte aber nichts an der Tatsache, daß der Kultusminister der Freien Schule Bochum, nachdem sie die Genehmigung für eine Gesamtschule mit Sekundarstufe I erstritten hatte, die Genehmigung für die später untergebaute Grundschulabteilung verweigerte, und so zum zweiten Mal eine Klage gegen den Kultusminister bei Gericht eingereicht werden mußte. Eine dritte Klage war fällig, als trotz zehnjähriger erfolgreicher Praxis mit Entwicklungsberichten statt Ziffernzeugnissen bis Klasse 9 sowie mit besonderen Formen der Binnendifferenzierung das Ministerium der FS Bochum das Recht auf Vergabe von Abschlußzeugnissen aberkennen wollte. Das Verfahren konnte aber gütlich zur beidseitigen Zufriedenheit beigelegt werden.

Diverse Zwangsmaßnahmen

Weil sie immer wieder auf Behördenvertreter trafen, die zwar nie eine Freie Alternativschule von innen gesehen hatten, aber dennoch genau wußten, daß diese Art von Schulen auf keinen Fall genehmigungswürdig waren, sahen sich eine Reihe von FAS gezwungen, ohne staatliche Erlaubnis ihren Schulbetrieb aufzunehmen. Relativ stupide gingen die Behörden vor , die „nur" Bußgelder wegen Verletzung der Schulpflicht in Höhe zwischen 200 und 5.000 DM verhängten und damit sogar, wie z.B. in den Fällen der Freien Schulen Frankfurt, Bremen, Bochum und Wuppertal, vor Gericht scheiterten. Beliebt war auch die Verweigerung der Genehmigung, weil Schulräume in Freien Alternativschulen nicht die für staatliche Schulen vorgeschriebenen Klassenraumgrößen vorweisen konnten. Dieses Argument wurde benutzt, obwohl die FAS mit wesentlich kleineren Gruppen als staatliche Schulen arbeiteten.

Anderen Schulen widerfuhr Schlimmeres. Bei den Vorstandsmitgliedern der Freien Schule Kassel wurde eine Hausdurchsuchung wegen des Verdachts auf Störung der öffentlichen Ordnung durch Unterstützung einer nicht genehmigten Schule durchgeführt. Die beschlagnahmten Akten aber konnten den Verdacht nicht belegen. Der Freien Schule Kreuzberg wurden die Gelder für den nachmittäglichen Hortbetrieb entzogen. In die Freie Schule Würzburg, die trotz der gutachterlichen Unterstützung von Prof. Wolfgang Klafki ihren Verwaltungsgerichtsprozeß verloren hatte, drangen Polizeibeamte in das Schulgebäude ein, und als die Eltern daraufhin den Schulbetrieb heimlich in wechselnden Wohnungen weiterführen wollten, wurden sie quer durch die Stadt von Zivilstreifen verfolgt, die beobachteten, wohin die Kinder gefahren wurden.

Ein weiteres Beispiel aus Berlin: Ein Kind der Freien Schule Kreuzberg wurde zwangsweise in einem Polizeiauto der nächstgelegenen Grundschule zugeführt. Den Polizeibeamten war diese Aktion höchst peinlich, und der freundliche Schulleiter schickte das Kind prompt zurück zur Freien Schule, weil er „keine Anmeldung" vorliegen hatte. Die Schule veröffentlichte den Fall und erhielt daraufhin reichlich Spenden.

Gründe für die Behinderung der FAS

Über zehn Jahre lang praktizierten Kultusminister, Schulaufsichtsbehörden und Ordnungsämter in fast allen Bundesländern dieselbe Verhinderungstaktik bei beabsichtigten Gründungen von FAS. Dabei spielten Unwissenheit und Vorurteile über Theorie und Praxis der FAS sicherlich ein große Rolle. Woher sollten die Beamten auch wissen, daß der berühmte Schriftsteller und Pädagoge Leo Tolstoi in der von ihm gegründeten Schule Jasnaja Poljana bereits

1889 bis 1895 Unterricht in Angebotsform praktiziert hatte, wo doch selbst einige FAS-Gründer davon keine Ahnung hatten. Daß die Beamten aber nicht einmal Kenntnisse über die berühmteste FAS, den 1972 genehmigten staatlichen Modellversuch Glocksee-Schule Hannover, oder die Free Schools in den USA sowie die Lilleskoler in Dänemark verfügten, zeugte schon von Inkompetenz, weil über diese Schulen schon in den 70er Jahren reichliche Literatur auf dem Markt war.

Viele Bürokraten aber handelten auf politisches Geheiß, weil es galt Präzedenzfälle für die Genehmigung von FAS zu vermeiden. Denn in den Ministerien herrschte eine völlig absurde Angst, daß durch diese Präzedenzfälle ausgelöst eine Welle von FAS-Gründungen über Deutschland schwappen und im Schulwesen schreckliche Zustände auslösen könnte. Und gemeint war damit, daß immer mehr Lehrer/innen und Eltern an staatlicher Bevormundung durch Erlasse und Richtlinien kein Interesse haben und die Verantwortung für das Wohlergehen ihrer Kinder in der Schule selbst übernehmen könnten, so wie das in Staaten mit liberaler Tradition wie z.B. Dänemark und die Niederlande seit vielen Jahrzehnten selbstverständlich praktiziertes Recht ist.

Es soll aber nicht verschwiegen werden, daß die Gründer/innen von FAS in allen Behörden und Parteien immer wieder auf Menschen getroffen sind, die erkannten, daß es den FAS um zeitgemäße kindorientierte Pädagogik geht und die zu würdigen wußten, mit wieviel Engagement und Idealismus die Mitarbeiter/innen und Gründungseltern zu Werke gingen. Da gab es z. B. den CDU-Bürgermeister von Braunschweig, der sich sehr für die Genehmigung einer FAS in seiner Stadt einsetzte, oder jemanden im Bochumer Schulverwaltungsamt, der jahrelang die Ausstellung von Bußgeldbescheiden gegen Eltern in der nicht genehmigten Phase der Schule verzögert hatte und jene SPD-Bildungspolitikerin, die sich sogar im Fernsehen für die Genehmigung einer FAS aussprach, obwohl das von derselben Partei geführte Ministerium die Genehmigung ablehnte. Auch bei der FDP trafen die FAS auf verständnisvolle Gesprächspartner/innen und den Grünen und ihrem Ökofonds verdanken einige FAS die Zuschüsse, die ihnen erst den Start ermöglichten. All diese freundlichen Menschen sahen sich später durch Gerichtsurteile und die staatliche Genehmigung der umstrittenen Schulen in ihrem Handeln auch juristisch gerechtfertigt.

Bedenkenswerte Gegenargumente

Viele der Anti-FAS-Äußerungen sind von Vorurteilen und Unkenntnis geprägt. Es gibt aber auch einige ernsthafte Argumente, die immer wieder gegen die Gründung von FAS oder andere Schulen in freier Trägerschaft vorgebracht werden. Da ist zunächst einmal das Argument, zu viele Schulen in freier Trägerschaft würden den Bestand des staatlichen Schulwesens gefährden. Seit Jahren schon geistert in Deutschland das Gerücht durch die Medien, immer mehr Kinder besuchten Privatschulen. Bezogen auf den Vergleich des Anteils von Kindern an Schulen in freier Trägerschaft in den Jahren 1960 (2 Prozent) und 1980 (5 Prozent) stimmt die Behauptung sogar. Seitdem aber stagniert die Quote bei ca. 5 Prozent. Denn durch eine restriktive Praxis der Zuschußgewährung für die laufenden Betriebskosten und vor allem bei Bau und Instandhaltung von Schulbauten können trotz wachsender Nachfrage durch Eltern kaum noch neue Schulen in freier Trägerschaft gegründet werden. In vielen Ländern gibt es Wartefristen, innerhalb derer neue Schulen in freier Trägerschaft keinen Anspruch auf staatliche Zuschüsse haben. Und auch nach der Genehmigung müssen die Schulen einen erheblichen Eigenanteil aufbringen, weil ihre Betriebskosten nie zu 100 Prozent bezuschußt werden. Für diese restriktiven Finanzierungsbedingungen sind meist dieselben Politiker/innen verantwortlich, die gleichzeitig darüber schimpfen, daß an FAS und anderen Schulen in Freier Trägerschaft Elternbeiträge erhoben werden.

Das zweite Argument lautet: Zu viele Schulen in freier Trägerschaft kosten zuviel Geld, das besser den staatlichen Schulen zugute kommen sollte. Politiker/innen, die solche populistischen Argumente vorbringen, vergessen gern, daß Eltern und Mitarbeiter/innen von Schulen in freier Trägerschaft Steuern zahlen, aus denen das *gesamte* Schulwesen und nicht nur ihre Schule mitfinanziert wird. Außerdem hat das Bundesverfassungsgericht entschieden, daß das Grundrecht von Eltern auf Schulgründungen nicht aus finanzpolitischen Gründen ausgehebelt werden darf. Das Bestehen auf verfassungsmäßigen Rechten mag zwar etwas altmodisch klingen, aber es ist konstitutives Merkmal jeder Demokratie, auch wenn es manche Politiker/innen arg ärgert und sie das Grundrecht des Art. 7.4 am liebsten abgeschafft sähen.

Ein drittes ernsthaftes Argument ist die Sorge, daß immer mehr Eliteschulen entstehen könnten. Ganz abgesehen davon, daß es diese schon seit Jahrzehnten in Deutschland gibt, sollte vor Aufstellung dieser Behauptung erst einmal untersucht werden, wie die soziale Zusammensetzung der Elternhäuser an FAS wirklich aussieht. An fast allen FAS gibt es unter den Eltern einen überdurchschnittlich hohen Anteil alleinerziehender Mütter, die in der Regel nicht zu den einkommensstarken Schichten zählen. Dies ist ein deutlicher Hinweis darauf, daß die Eltern und Kinder dieser Schulen nicht aus Besitzeliten kommen. Im übrigen dürften die Konzepte und die Praxis der FAS mit ihren Ansprüchen an Alltagsdemokratie und Kindorientierung kaum attraktiv sein für solche Eltern, denen die steile Karriere und anschließend ein möglichst hohes Einkommen wichtigstes Ziel schulischen Lernens sind. Dafür gibt es in Deutschland und im Ausland sehr viel bessere Adressen.

Durchbruch für die FAS?

In ihrer restriktiven Genehmigungspraxis fühlten sich die deutschen Ministerien gestützt durch ein Urteil des Bundesverwaltungsgerichtes, das im Prozeß um die Freie Schule Kreuzberg beschlossen und verkündet hatte, die staatlichen Schulaufsichtsbehörden seien befugt, Genehmigungen abzulehnen, weil diese Behörden besonders kompetent bei der Beurteilung von pädagogischen Konzepten wären. Schließlich hätten sie am meisten Erfahrung mit Schulen. Deshalb seien, außer bei völliger Willkür, keine gerichtlichen Überprüfungen der genehmigenden Behörden zulässig und auch keine Gutachten über die pädagogischen Konzepte von Gründungsinitiativen nötig. (Dieser Logik folgend hätten z.B. Baubehörden jederzeit Baugenehmigungen mit einer aus ihrer Sicht guten Begründung ablehnen können, weil sie am meisten Erfahrung mit Neubauten haben, ohne daß Bürger eine gerichtliche Überprüfung der Bescheide hätten erzwingen können.)

Diese merkwürdige Logik konnte das Bundesverfassungsgericht nicht nachvollziehen. Es hob im Dezember 1992 das restriktive Urteil des Bundesverwaltungsgerichtes auf und definierte erstmals, was mit dem „besonderen pädagogischen Interesse“ als Gründungsvoraussetzung nach Art. 7 des Grundgesetzes gemeint sei. Die Verfassungsrichter bestätigten einmal mehr den Vorrang der staatlichen Schule vor den Schulen in freier Trägerschaft. Mit dem Begriff „besonderes pädagogisches Interesse“ sei nicht das besondere private Interesse von Eltern oder von Schulträgern gemeint, sondern „das öffentliche Interesse an der Erprobung und Fortentwicklung pädagogischer Konzepte sowie das Interesse an der angemessenen pädagogischen Betreuung spezieller Schülergruppen, welchen das öffentliche Schulwesen keine hinreichenden Angebote macht oder machen kann. Ob ein solches Interesse besteht, beurteilt sich nach fachlichen Maßstäben, wobei auf die gesamte Bandbreite pädagogischer Lehrmeinungen Rücksicht zu nehmen ist.“

Der Spruch des Bundesverfassungsgerichts nennt anschließend einige Bedingungen für die Anerkennung des besonderen pädagogischen Interesses einer Schule in freier Trägerschaft, die gar nicht so schwer zu erfüllen sind. (Vgl. dazu den Beitrag von M. Borchert: Wie gründet man eine Freie Alternativschule?)

Dieses Urteil war für die FAS ein außerordentlich positives. Denn ihre Konzepte erfüllen die genannten Voraussetzungen. Es blieb aber abzuwarten, wie die untergeordneten Verwaltungsgerichte den ersten Prozeß um die Genehmigung einer FAS nach dem Beschluß des Verfassungsgerichts abhandeln würde. In diesem Verfahren ging es um die Freie Schule Wuppertal, die seit zehn Jahren ohne Genehmigung arbeitete. Das Verwaltungsgericht Düsseldorf hatte den Prozeß ausgesetzt, um die Entscheidung des Bundesverfassungsgerichts abzuwarten. Dann wurde ein Gutachten in Auftrag gegeben. Der als Gutachter einvernehmlich berufene Erziehungswissenschaftler Prof. Rainer Winkel befand: Trotz einiger Kritik an ihrer Unterrichtspraxis ist der Freien Schule Wuppertal, die weitgehend das Konzept der genehmigten FS Bochum übernommen hatte, eindeutig ein besonderes pädagogisches Interesse zuzusprechen. Als konstitutive Elemente für das besondere pädagogische Interesse hob Prof. Winkel den Unterricht in differenzierter Angebotsform, die familienähnliche Geborgenheit in der Schule und die besonderen Formen der Elternmitarbeit hervor. Das Gericht folgte dem Gutachten. Die Ministerin für Schule und Weiterbildung legte keine Berufung ein, so daß das Urteil rechtskräftig wurde.

Durch dieses Urteil gibt es nun endlich einen Präzedenzfall, der auch von anderen Verwaltungsgerichten nicht ignoriert werden kann. Für Schulen mit gleichem oder ähnlichem Konzept wie die FS Bochum darf man in Zukunft Genehmigungen erwarten. Das heißt aber längst nicht, daß die Gründung einer FAS nun ganz einfach ist. Der notwendige enorme Arbeitseinsatz von Gründungslehrern/innen und Eltern, die restriktive Bezuschussungspolitik und die nach wie vor möglichen Behinderungstaktiken der Behörden stellen weiterhin hohe Schwellen für die Gründung von FAS dar. Deshalb ist leider nicht zu erwarten, daß eine Gründungswelle entsteht. Mutigen Eltern und Lehrern/innen aber hilft der Bundesverband der FAS (Adresse siehe Anhang).

Ulrike Köhler

Die Glocksee-Schule in Hannover

1. Vom Grundschulversuch Glocksee zur Glocksee- Schule

1972 gründeten Eltern, LehrerInnen und WissenschaftlerInnen in Hannover den „Grundschulversuch Glocksee“, ein antiautoritäres Schulprojekt, das den Bedürfnissen von Kindern nach Selbstbestimmung ihres Verhaltens und Lernens weitestgehend Rechnung tragen sollte. Ihrem Selbstverständnis nach war - und ist - „die Glocksee“ ein sich ständig veränderndes Projekt, eine Schule im Prozeß. Entwicklungen in der Gesellschaft, in Bildungspolitik und Wissenschaft beeinflußten den Veränderungsprozeß von außen; die Praxiserfahrungen, institutionelle Veränderungen und pädagogische Entscheidungen prägten ihn von innen. Pädagogische Kraft zur Wandlung und zur Kontinuität lagen in der Geschichte der Schule häufig im Widerstreit miteinander.

1996 ist die „Glocksee Schule, Hannover“ eine einzügige Ganztagsschule mit den Klassen 1 bis 10. Sie wird von rund 200 SchülerInnen besucht, die von etwa 20 Erwachsenen betreut werden. Seit 1994 ist sie kein sogenannter „Schulversuch“ mehr, sondern eine im Schulgesetz verankerte staatliche Angebotsschule. Als „Schule mit besonderer pädagogischer Prägung“ genießt sie Freiheiten in ihrer pädagogischen Arbeit - insbesondere den Unterricht vorrangig in fächerübergreifenden Projekten zu organisieren und auf Noten und Zeugnisse bis zur 10. Klasse gänzlich zu verzichten. Ihre SchülerInnen können, ohne die sonst üblichen Schulwechsel, alle Schulabschlüsse erwerben, die nach Klasse 10 möglich sind.

Im Verlauf ihrer fast 25-jährigen Geschichte ist die Alternativschulgründung Glocksee zu einer Institution geworden, die in ihren Grundstrukturen gesichert ist und eine differenzierte Schulgestalt entwickelt hat. Die Herausforderungen der vorangegangenen Jahre: Vergrößerung, Etablierung und Integration ins staatliche Schulwesen sind organisatorisch bewältigt, sie wirken aber in ihren Konsequenzen im Inneren noch nach. Der Prozeß verläuft nicht ohne Konflikte, da unterschiedliche Positionen und Fraktionen zusammengebracht werden mußten und müssen. Eine nennenswerte Bedrohung des Projekts von außen gibt es seit den späten 80er Jahren nicht mehr. Konservative Kritiker haben sich mit seiner Existenz arrangiert, vertreten die Meinung, daß diese „aufmüpfigen“ Eltern, LehrerInnen und SchülerInnen doch ruhig ihre „besondere Schule“ haben sollen - so stören sie wenigstens nicht in den allgemeinen Schulen. Von einer breiteren Öffentlichkeit wird die Glocksee als erfolgreiche pädagogische Institution anerkannt. Sie hat ihren festen Platz in der hannoverschen Schullandschaft, ist eine Angebotsschule unter anderen.

2. Kinder und Erwachsene

Als die Alternativschule Glocksee mit ihrer Arbeit begann, lag ihr kein ausgearbeitetes theoretisches Konzept zugrunde. Mit dem Etikett „Selbstregulierung", dem zentralen Begriff der antiautoritären Bewegung jener Jahre, faßten die SchulgründerInnen ihre Perspektive vom anderen Aufwachsen von Kindern zusammen. Damit machten sie die Binnenprozesse von Schule - die Gestaltung des Zusammenlebens von Kindern und von Kindern und Erwachsenen - zu einem der Hauptinhalte der Glocksee. Die inhaltliche, zeitliche und räumliche Dominanz von Unterricht trat dahinter zurück. Zudem wurde das organisierte Lernen seiner geläufigsten Attribute entkleidet: Stundenplan, Fächereinteilungen, Stundenrhythmus, Teilnahmepflicht, leistungsvergleichende Kontrollen und Zensuren fielen weg. Stand das allein schon in eklatantem Widerspruch zur damaligen „Lern-Schule", so provozierte doch vor allem, daß die inhaltlichen Vorstellungen der Glocksee Schule vom schulischen Umgang mit Kindern und Jugendlichen sich entschieden von der herrschenden Norm absetzten.

Diese Provokation ist - trotz der einigenden Vorstellung von „Schule als Lebensraum" - zum Teil bis heute geblieben. Die anhaltende Irritation geht besonders davon aus, daß die Bedeutung der Erwachsenen zugunsten der Bedeutung des „anderen Kindes" (Gerold SCHOLZ) in der Glocksee umgewichtet ist: Die LehrerInnen sehen sich nicht als grundsätzlich überlegene Autoritäten, ohne deren aktive Anleitungen, Vorgaben, Kontrollen und Sanktionen die Heranwachsenden sich in ihren Peer-Gruppen zu unzivilisierten und ungezügelten „Wilden" entwickeln würden - wie es in GOLDINGs Roman „Herr der Fliegen" so eindringlich geschildert wird. Vielmehr betonen sie die Kraft und Bedeutung der Gleichaltrigengruppen für die Entwicklung des Einzelnen. Sie akzeptieren die SchülerInnen als Menschen mit eigenen Rechten, Normen und Entscheidungsmöglichkeiten und fördern, daß sie ihr Leben in der Schule möglichst selbstreguliert entfalten können. „Das ‘andere Kind’ ist in der Freien Schule zugleich Teil der Erziehungs- und Bildungsstrategien der Erwachsenen und ein solchen Strategien nicht mehr zugängliches Kind." (Gerold SCHOLZ) Mit dieser unaufhebbaren Paradoxie ihres professionellen Handelns müssen die LehrerInnen umgehen.

Wegen des geringen Maßes an institutionellen Regelungen haben LehrerInnen in der Glocksee Schule einen hohen Selbstgestaltungsanteil. Das zeigt sich u.a. in einer deutlichen Varianz ihres Handelns, in einer Diversifikation ihrer pädagogischen Stile. Einigender Leitgedanke bleibt dabei das reformpädagogische Postulat vom radikalen Ernstnehmen der Kinder und Jugendlichen, das die Schule von Anbeginn an prägte. Die Erwachsenen setzen sich damit ab von einem pädagogisierten Verhältnis zwischen den Generationen, bei dem Kindheit und Jugend als Durchgangsstadien gesehen werden, die auf später gerichtet sind - und nicht als eigenständige Phasen, mit dem Recht auf gegenwärtige Selbstbestimmung, Glück und Zufriedenheit. Sie setzen sich damit auch ab von einer Reduzierung des Heranwachsenden auf die Schülerrolle und nehmen das „ganze Kind" in den Blick, d.h. das besondere Mädchen und den besonderen Jungen mit ihrer und seiner je individuellen Biographie.

Die Heranwachsenden sollen ernst genommen werden, mit dem was sie sagen oder tun - nicht in einer illusionären Partnerschaftsidee, sondern indem ihre *Andersartigkeit* anerkannt wird, aber auch die *Gleichwertigkeit* ihrer Interessen und Bedürfnisse. Das heißt nicht, daß in einer einfachen Umkehrung nun die Erwachseneninteressen an zweite Stelle treten, sondern daß - auch in Form konflikthafter Auseinandersetzung - versucht wird, Einigungsvorgänge pädagogisch zu verwirklichen. Dabei beziehen die LehrerInnen deutlich Stellung, zeigen sich als konturierte Personen, die auch konfrontieren und unbequeme Anforderungen stellen, gegebenenfalls Grenzen setzen. Reine Selbstbestimmung und bloße Fremdbestimmung sind Fiktionen. Ihre konflikthafte Spannung in Aushandlungsprozessen auszutragen, versetzt die Heranwachsenden in die Lage, die Beziehung von Selbst- und Fremdbestimmung zunehmend mündig mitzubestimmen. *Selbstregulierung*, der zentrale Begriff der Anfangszeit, erscheint heute vielen Glocksee-Erwachsenen zur Charakterisierung dieser Prozesse mißverständlich bzw. untauglich.

LehrerInnen und SchülerInnen treffen in der Glocksee Schule nur auf wenige explizite Regeln.[1] Großzügige Verkehrsformen und viel Verhaltensfreiheit gestatten einen direkten und unmittelbaren Umgang: Nähe, Körperkontakt, Zärtlichkeit, Kritik, Beschimpfung, ein Kämpfchen, vielleicht auch Kampf... - vieles ist normal und manches ist möglich und stößt erst dann an Grenzen, wo die persönliche Grenze des Partners überschritten würde. Der Umgang miteinander und mit unterschiedlichen Interessen wird situativ und individuell gehandhabt. Erst wenn es darüber zu Konflikten kommt, werden diese ausgehandelt und allgemeine Regelungen getroffen - zum Beispiel über den Zugang der Kinder zum Lehrerzimmer. Meistens haben auch solche Regeln den Charakter von Möglichkeitsbestimmungen, die situationsbezogene Auslegungen erfordern oder zulassen. Selten sind alle LehrerInnen an solchen Aushandlungen

[1] Die wenigen expliziten Verbote sollen Gefahren abwenden, d.h. sie erwachsen aus der Aufsichtspflicht der LehrerInnen, die jedoch grundsätzlich sehr großzügig zugunsten von Freiräumen und Autonomie der Heranwachsenden ausgelegt wird.

beteiligt, nicht immer erinnern sich alle an den neuesten Stand, was wiederum zu situativen Entscheidungen bzw. neuerlichen Aushandlungen auffordert. Insgesamt führt der wenig geregelte Umgang miteinander zu wenig „Gleichbehandlung“, die einer abstrakten Gerechtigkeit verpflichtet ist, sondern eher zu einer „unterscheidenden Gerechtigkeit“ (Andreas FLITNER).

In den Anfangsjahren der Schule galt „Nichteinmischung“ in die Prozesse der Kinder als die erwachsenenbezogene Handlungsdirektive zur Selbstregulierung. Natürlich läßt sich in pädagogischen Situationen nicht nicht-handeln. Alles - so auch der Rückzug - ist Handeln und wird von den Beteiligten interpretiert. Der „Sich-Zurückhaltende-Erwachsene“ in der Glocksee Schule unterlag daher von Anfang an einer ständigen Auseinandersetzung um Modifikationen. Was die LehrerInnen bis heute eint, ist ein grundsätzliches Mißtrauen gegenüber interventionistischen Bereinigungen eines Konflikts aus der überlegenen Verfügungsgewalt der Erwachsenen heraus. Solche Konfliktlösungen kommen von außen und bleiben äußerlich. Die Möglichkeiten der Heranwachsenden, sich selbst als konfliktlösungsfähig zu erfahren, werden dadurch blokkiert. In vielen Fällen wird eine Situation unter Kindern durch die Intervention von Erwachsenen erst zum wirklichen Konflikt.

3. Mitarbeit und Lernen

Wenn es um die Beteiligung am gemeinsamen Schulleben und ums Lernen geht, verhalten sich die LehrerInnen abwartend, unterstützend, aber auch aktivfordernd. Sie bringen - besonders mit zunehmendem Alter der Heranwachsenden - ihre eigenen Absichten, Motive und Erwartungen möglichst authentisch und konsequent-geduldig ein. Die SchülerInnen haben grundsätzlich das Recht, sich ihren Ansprüchen argumentativ zu verweigern oder auch einfach zu entziehen. Wie weit dieser Freiraum gehen darf oder muß, ist umstritten. In der Unterstufe (Klassen 1 - 6) wird er weiter ausgelegt als in der Oberstufe (Klassen 7 - 10). Doch, ob verbindliche Teilnahme gefordert und möglichst durchgesetzt wird, oder ob es mit tagtäglichen Aushandlungen an den Bedürfnissen und auch Widerständen der Jungen und Mädchen entlanggehen muß - das sind polarisierte Standpunkte auch innerhalb der Schulstufen.

Die herkömmliche Dominanz des Unterrichts ist in der Glocksee Schule deutlich reduziert. Das geschieht, indem die SchülerInnen bei vielen Gelegenheiten wählen können: Zum Beispiel was sie wo, wann und mit wem arbeiten wollen - vielleicht auch ob sie überhaupt an einem von den LehrerInnen vorgestellten Unterrichtsangebot teilnehmen wollen.[1] In diesen Entscheidungsmög-

[1] Die Wahlmöglichkeiten der SchülerInnen nehmen mit dem Aufsteigen in den Klassen ab.

lichkeiten manifestieren sich ihre Rechte auf selbstbestimmte Zeit, auf Realisierung ihrer Interessen und Bedürfnisse und auf ihre Kontakte mit dem „anderen Kind“. Natürlich konfrontieren die LehrerInnen mit Angeboten[1] und Lernerwartungen, fordern heraus, verpflichten auch - aber mit reduziertem Verfügungsanspruch über Zeit, Aufenthalt und Aktivitäten der Kinder. Das bedeutet, Entscheidungen werden häufig in der Eigenverantwortung der Heranwachsenden zurückgespielt, ihnen selbst zugemutet. Doch sollen sie dabei unterstützt werden. In den Anfangsjahren der Glocksee Schule wurde in erster Linie auf die Selbstregulierungskraft des freigesetzten Kinderkollektivs vertraut. Heute wird das Lernen-Wollen selbst als ein wichtiger Lernprozeß gesehen, den die LehrerInnen aktiv begleiten. Durch Gespräche, Rückmeldungen, Beratungen, Aushandlungen und - wenn nötig - auch durch Streiten, fordern sie die SchülerInnen zur Ausbildung eines Realitätsbewußtseins über ihre eigene Situation und die Zukunftsplanung heraus. Auf diesem Weg soll ihre eigenverantwortliche Entscheidung gefördert werden.

Unterricht und Lernen finden in der Glocksee Schule in vielfältiger Weise statt. Manche Aktivitäten, die in anderen Schulen als *Lernen* angesehen werden, gelten den Kindern hier als *Spiel;* und viele ihrer Spiele gelten den Erwachsenen als wichtige Lernprozesse. *Die* Lernform der Glocksee Schule gibt es nicht: Es gibt viel freies Spiel, das uneingeschränkt von den Interessen der Kinder bestimmt ist. Daneben gibt es - oft vom Spiel der Kinder ausgehend - freies, nicht vorstrukturiertes Lernen, das die LehrerInnen aus der Situation heraus aktiv begleiten und fördern. An jedem Tag gibt es auch organisiertes Lernen, häufig eine Art „offenen Unterrichtens“, das weniger von den Kindern ausgeht, aber inhaltliche, methodische, Zeit- und Raum-Wahlmöglichkeiten bereithalten kann. Und es gibt Unterricht, der sich vom Frontalunterricht wenig unterscheidet, den die Heranwachsenden gleichwohl realistisch als notwendigen Teil ihres Schullebens akzeptieren.

Nicht alle Lernsituationen sind frei entscheidbar: So gibt es z.B. selbstverständliche Konventionen zwischen den LehrerInnen und SchülerInnen, daß bestimmte Inhalte untergebracht, akzeptiert und gelernt werden müssen. Diese Perspektive gewinnt mit wachsender Zukunftsorientierung der Jugendlichen an Bedeutung.[2] Andere Lernsituationen binden die SchülerInnen gerade wegen

[1] „Angebot“ ist ein Topos aus der Anfangszeit, der bis heute gilt. Gemeint sind die von den LehrerInnen vorbereiteten Unterrichtsvorhaben. Ursprünglich akzentuierte der Begriff die Freiwilligkeit der Teilnahme. Heute gibt es auch sog. „verbindliche Angebote“, die für die SchülerInnen verpflichtend sind.

[2] Reaktionen der Jugendlichen zeigen, daß sie die Einführung des Stundenplans ab Klasse 7 nicht einseitig als fremdbestimmte Zeitorientierung sehen, sondern durchaus auch als Realismus in ihrer Antizipation der Zukunft.

ihrer Gegenwartsbedeutung - etwa weil sie von unmittelbaren Gebrauchswert für sie sind, wie z.B. Tischlern oder Kosmetik, oder weil sie Ernstcharakter haben, wie z.B. die sozialen Hilfsprojekte oder der Schulkiosk. Auch intensive Beziehungen zu bestimmten Personen, zu LehrerInnen oder auch zu MitschülerInnen, die ihre Interessen, Fähigkeiten bzw. ihr Expertentum in die Schule einbringen, können auf eine Mitarbeit festlegen.[1] Besondere Vorhaben, etwa im musischen Bereich, wie Rhythmik, Bandmusik u.ä., sollen, nach Willen der Erwachsenen, wenigstens eine zeitlang „ausprobiert" werden, andere verpflichten sogar zu kontinuierlicher Teilnahme. In manchen Situationen schränken LehrerInnen für manche Kinder Wahlmöglichkeiten ein oder legen Teilnahmen fest, weil sie überzeugt sind, daß dies gerade richtig ist. Mit dem Aufsteigen in den Klassen nehmen Festlegungen zu. Einhergehend mit der sukzessiven Einführung des Stundenplans, etwa ab der 5. Klasse, wird zunehmend stärker vom *Fach* aus legitimiert, was vorher vom *Kind* aus legitimiert wurde.

Die Lernorganisation der Glocksee Schule schließt die Individualisierung des Lernens ein, nicht in dem Sinn, daß sich um einzelne Kinder gekümmert werden soll - obwohl das selbstverständlich sehr häufig geschieht -, sondern vor allem, indem individuelle Zugänge zum Lernen und zum Lerngegenstand möglich gemacht werden. Dahinter steht zum einen die Auffassung, daß es sehr verschiedene Zugänge und Lernwege zur Aneignung kultureller und gesellschaftlicher Wissensbestände gibt. Zum anderen wird Lernen als ein subjektiver Akt verstanden, den der Lernende selbst vollziehen muß; Erkenntnis findet letztendlich nur in demjenigen statt, der sich mit einer eigenen Frage um den Gegenstand bemüht. Deshalb wird in der Glocksee Schule das exemplarische Lernen betont: Über das eigene Staunen und Fragen zu Lösungen drängen. Natürlich kann nicht alles Lernen so stattfinden. Doch, wurde einmal ein spezifischer Zusammenhang wirklich erkannt, wurde an einem Exemplum in die Tiefe gegangen, scheint Transfer möglich.

4. Unterstufe und Oberstufe

Die Organisation der Klassen 1 - 6 unterscheidet sich von der der Klassen 7 - 10.[2] Eine besondere Rolle im Schulalltag der *Unterstufe* spielt die Klassenversammlung, die zu Beginn eines jeden Tages in allen Klassen stattfindet. Hier

[1] Die Möglichkeit, sich als „Experte" einzubringen, schließt die Unterstellung der Gleichwertigkeit der verschiedensten Fähigkeiten ein - eine Sichtweise, die sich mit der von Kindern deckt.

[2] Teile des folgenden Textes sind der Broschüre „Glocksee Schule - Eine Darstellung der 'AG Zukunft'", Hannover 1996, entnommen, die über die Schule bezogen werden kann.

werden Gruppengespräche geführt, die Kinder oder LehrerInnen erzählen, Konflikte werden bewältigt, die SchülerInnen artikulieren ihre Interessen, die LehrerInnen stellen ihre Angebote vor, der gemeinsame Schultag wird geplant. Weitere zeitliche Fixpunkte des Tages sind die Mahlzeiten aber auch der Wechsel der Anwesenheit der beiden KlassenlehrerInnen. Falls ihr Unterricht durch FachlehrerInnen ergänzt wird, kommen für die Kinder weitere zeitliche Vorgaben hinzu. Die Offenheit der individuellen Tagesplanung auf der Klassenversammlung ist dadurch eingeschränkt.

In der Unterstufe machen die LehrerInnen Angebote, bei denen die Kinder mitarbeiten können. Das bedeutet, daß nicht alle das gleiche machen und daß nicht alles für alle verbindlich ist. Die Kinder sollen selbst Verantwortung für ihr Lernen übernehmen, das heißt Angebote aussuchen, sich geeignete Hilfsmittel und Partner suchen, ihre persönlichen, eigen-sinnigen Lernwege gehen. Das heißt nicht, daß sie sich selbst überlassen bleiben oder daß jegliche Mitarbeit freiwillig bleibt. Von den Jungen und Mädchen wird gefordert, daß sie an jedem Tag einen Teil ihrer Zeit für schulische Angebote verwenden. Wie stark die Arbeitsphasen vorgegeben sind und wie weit der Rahmen ist, innerhalb dessen sie auswählen können, wird von den Lehrerteams durchaus unterschiedlich gehandhabt. In einigen Klassen gibt es Absprachen, daß bei der Einführung eines neuen Themas alle SchülerInnen gleichzeitig mitarbeiten sollen, in anderen werden tägliche feste Zeiten zum gemeinsamen Arbeiten vereinbart. In einem 3. Schuljahr kann es z.B. die Verpflichtung zur Teilnahme an zwei Arbeitsphasen pro Tag geben - eine Entscheidung, die die KlassenlehrerInnen aufgrund ihrer Erfahrungen mit *einigen* Kindern für *alle* getroffen haben mögen. Solche Festlegungen sind nie starr; vieles hängt von Aushandlungsprozessen zwischen dem Lehrenden und dem konkreten Kind ab. So ergeben sich individuell unterschiedliche Tagesläufe. Wie auch immer die Mitarbeit geregelt ist - ein Beobachter wird in den Klassenräumen überwiegend mehrere Aktivitäten gleichzeitig sehen und in den Fluren, im Hof und im Garten jederzeit Kindern begegnen, die sich mit viel Zeit ihren selbstorganisierten Spielen hingeben.

In den Klassen 5 und 6 verändert sich die Struktur der Schultage langsam. Jetzt sind nicht mehr nur die beiden KlassenlehrerInnen für die Klassengruppe zuständig, sondern zunehmend auch FachlehrerInnen, z.B. für Englisch, Sport. Der Schultag ist dadurch stärker strukturiert, eine Art „Stundenplan" gewinnt zunehmend an Bedeutung. Mit Hinblick auf den Übergang in die sog. Oberstufe mit ihrer anderen Unterrichtsstruktur werden die schulischen Anforderungen größer und es gibt mehr Verbindlichkeiten.

In der *Oberstufe* sind die Einführung des festen Stundenplans, die durchgängige Verpflichtung zur Teilnahme und die i.d.R. gleichen Anforderungen an alle für viele SchülerInnen eine starke Umstellung, an die sie sich mit Hilfe der LehrerInnen allmählich gewöhnen sollen. Einige empfinden die deutlichere Strukturierung für sich als hilfreich. Sie sehen im Stundenplan eine Unterstützung für ihre Mitarbeit.

Der Arbeitsplan für die Oberstufe setzt sich aus vielen Bausteinen zusammen: In *Epochen* werden Mathematik, Deutsch, Gesellschaft und Natur unterrichtet, und zwar jahrgangsübergreifend für die Klassen 7/8 sowie 9/10. Dieser Epochenunterricht ermöglicht themenzentriertes, exemplarisches oder projektförmiges Arbeiten. Die Intensität der möglichen Lernprozesse und die flexiblen Strukturen sind positive Merkmale dieses Elements der Oberstufenorganisation. Daneben gibt es jahrgangsübergreifende *Projekte* als Halbjahresangebote. Die Themen werden zwischen den SchülerInnen und LehrerInnen abgesprochen. Sie können gesellschaftlicher, ökologischer, musischer und technischer Art sein, aus dem Bereich der Informatik, der Philosophie oder auch der Hauswirtschaft stammen. Wesentliche Intention ist, Praxis und Theorie - Herz, Hand und Verstand - in der Arbeit zusammenzubringen. Kunst, Musik, Werken und Fotografie werden ebenfalls in *Halbjahresthemen*, für je zwei Jahrgänge übergreifend, angeboten, wobei die Jugendlichen durch ihre Wahlen für sich Schwerpunkte setzen können. Mit regelmäßigem *Kursunterricht* über die gesamte Schulzeit werden die Fremdsprachen und der Sportunterricht angeboten.[1]

Diese Vielzahl von Bausteinen im Stundenplan der Oberstufe bedeutet für die SchülerInnen unter anderem: Fachlehrerprinzip und einen geregelten Tagesplan mit gemeinsamen Pausenzeiten, wenig individuelle Freizeiten, teilweise Auflösung der Klassengruppe und auch die Tendenz zu mehr oder weniger synchronisiertem Lernen in der ganzen Gruppe. Sie bedeutet jedoch nicht, daß die Prinzipien der Selbstverantwortung, der Selbst- und Mitbestimmung der Jugendlichen für die Lernprozesse aufgehoben wären. In der gemeinsamen Planung von Epochen und Projekten sowie bei den erforderlichen Absprachen von Arbeitsformen und individuellen Schwerpunkten kommen diese Grundelemente im Unterricht selbst zum Tragen.

Für die ganze Oberstufe gilt, daß die frei verfügbare Zeit knapper bemessen ist. Der Schultag ist stark rhythmisiert, die Möglichkeiten für individuelle Aktivitäten sind weitgehend auf die Pausen beschränkt. Die Lehrergruppe beschäftigt sich daher immer wieder mit dem Problem der „verplanten Zeit", sucht und probiert Lösungen im Spannungsfeld von mehr Entschulung wagen,

[1] Neben den genannten Organisationsformen gibt es im Verlauf der Schuljahre mehrere Projektwochen, Arbeitsgemeinschaften, Betriebserkundungen, „außerschulische Lernwochen", ein dreiwöchiges Betriebspraktikum, Klassenfahrten, Schullandheimaufenthalte und einen Schüleraustausch.

individuelle Spielräume gewähren und doch das verlangte Abschlußwissen sichern.

5. Schule im Prozeß

1996 sind die besonderen Eigenheiten der heutigen Glocksee Schule festzumachen an der Haltung der Erwachsenen zu den Kindern und Jugendlichen, an Raum und Bedeutung, die den Binnenprozessen der Schule gegeben werden, und an der Bereitschaft, die Praxis durch gemeinsame Reflexionen der Erfahrungen weiter zu verändern. Die Glocksee-Praxis hat viele Facetten, die hier nicht alle beschrieben werden konnten. Zufriedenheit und Unzufriedenheit mit der praktischen Arbeit wechseln. Daher gibt es weiterhin beides: Den Wunsch zu bewahren *und* den Willen zu verändern. Die Glocksee Schule ist 1996 nichts Fertiges, sondern - wie zu ihrem Beginn - eine Schule in einem offenen Prozeß.

Siegfried Scharff

Die Freie Alternative Schule Leipzig

Vorgeschichte

Die nur spärlich dokumentierten Anfänge der Freien Alternativen Schule Leipzig-Connewitz gehen auf die ersten Montagsdemonstrationen in Leipzig zurück, als sich um ein Transparent mit der Aufschrift "Wir wollen Freie Schulen" (oder so ähnlich) eine Gruppe von Menschen zusammenfand, aus der relativ schnell die Initiative Freie Pädagogik (IFP) entstand. Diese wurde zu einer Vereinigung von Eltern, PädagogInnen und StudentInnen, die der DDR-Schule Alternativen entgegensetzen wollten und dafür eine breite Öffentlichkeit über Leipzig hinaus und eine Diskussions-und Handlungsplattform für eine durchaus sehr offensive Bildungsbewegung mit nicht zu unterschätzendem Einfluß bis in die Schulgesetzgebung der Noch-DDR hinein schufen. Unter der Schirmherrschaft der IFP arbeiteten eine ganze Reihe verschiedener Gruppen an der konkreten Vorbereitung und Gründung "ihrer" Schulen; wir waren die Arbeitsgruppe "Glockseeschule", nicht weil wir unsere Schule so nennen wollten, sondern weil wir die Initiatorin der Arbeitsgruppe die Glockseeschule in Hannover recht gut kannten (ein Privileg, so alt war die Reisefreiheit ja noch nicht) und weil die ersten leibhaftigen Kontakte mit einer freien Pädagogik, die mal nicht auf Rudolf Steiner zurückging, über zwei Mitarbeiter der Glockseeschule zustandekamen. (Zur Zeit der Wende setzte ein regelrechter Boom der reformpädagogischen Bewegung und des öffentlichen Interesses daran gerade in Leipzig ein. Aufgrund der Tatsache, daß es bereits in der DDR eine anthroposophische Bewegung gab und 1989/90 die Mehrzahl der ReferentInnen auf den zahlreichen öffentlichen Symposien aus der anthroposophischen Bewegung kamen, galt die Waldorfpädagogik im Osten als Reformpädagogik schlechthin und Waldorfschulen schlechthin als Freie Schulen. Selbst 1993 noch wurde mir auf die Bemerkung, daß ich an der Freien Schule Leipzig arbeite, entgegnet: "Aaah, an der Waldorfschule!")

Wenn es aber immer wieder heißt, die Freie Schule Leipzig (FSL) sei ein Kind der Wende, so stimmt das nur zu einem Teil. Die Wurzeln der FSL reichen zeitlich viel zu weit zurück und auch geographisch wie konzeptionell viel zu weit herum, um den Sproß als das Ergebnis dieses kurzen Zeitabschnittes erscheinen zu lassen. Prägend waren unsere Erfahrungen mit und in der DDR, vor allem mit dem Schulsystem.

Uniformes, disziplinierendes Studium und die Tätigkeit als "Staatsfunktionär mit Parteiauftrag" - das war eine der Bezeichnungen für den Beruf des Pädagogen in der DDR - führten bei einem zahlenmäßig leider nur kleinen Teil von Lehrern und Lehrerinnen zu Orientierungsversuchen auf unkonventionellen Wegen. Öffentlich zugänglich war weder Literatur, die diese Themen beinhaltete, noch war es legal möglich, etwa Reformschulen in Augenschein zu nehmen bzw. mit Vertretern und Vertreterinnen von reformpädagogischen Richtungen Kontakt aufzunehmen. Ausnahmen, gerade unter dem schützenden Dach der Kirche, mag es gegeben haben. In der Regel funktionierte jedoch die staatstragende Isolation von allem "Subversiven".

An eine bewußte Umsetzung reformpädagogischer Ansätze in den Schulalltag der durch-ideologisierten Einheitsschule war nicht zu denken. Derartige Versuche wurden vom Kollegium mißtrauisch beäugt aus Angst vor Disziplinaufbrüchen und aus Eitelkeit. Disziplinarisches Vorgehen der Schulleitung drohte jenen, die sich vom spießigen Argwohn aus dem Lehrerzimmer nicht abhalten ließen. Letztlich hatten ganz Konsequente mit Entlassung und gesellschaftlicher Ächtung zu rechnen. Was blieb, war die Möglichkeit, hinter der verschlossenen Tür des Klassenzimmers in kleinen vorsichtigen Schritten zu experimentieren und den Kindern den häufig tristen und stereotypen Schulalltag aufzulockern.

Ende Februar 1990 hatte sich aus all den wechselnden InteressentInnen eine Gruppe von ca. einem Dutzend Personen herauskristallisiert, die enthusiastisch genug waren, die Gründung einer Alternativschule zu wagen. Mittlerweile hatten die meisten aus der Gruppe Kenntnis von einer oder mehreren Alternativschulen im Westen Deutschlands. Summerhill geisterte als noch zu DDR-Zeiten illegal durch das Lesen damals verbotener Bücher erworbene Illusion durch unsere Gespräche. Wir hatten Kontakt zu den Theorien A.S. Neills, dem Begründer der Summerhill-School, den Theorien Wilhelm Reichs, den Veröffentlichungen Hartmut von Hentigs, Veröffentlichungen über die Bielefelder Laborschule und die GlockseeSchule in Hannover oder anderen Quellen aufgenommen.

Die eigentliche Basis aber waren unsere "ganz normalen" DDR-Erfahrungen als Kinder der DDR-Schule, als Lehrer bzw. Lehrerin an dieser Schule, als Eltern von kleinen Kindern, denen wir genau solch eine Schule, auch in einem vereinten Deutschland, nicht antun wollten. Wir alle trugen ein mehr oder weniger vereinbartes Idealbild von Schule in uns, dem wir jetzt mühsam verbale Gestalt zu geben begannen. Mühsam vor allem deshalb, weil unser bisheriger Sprachgebrauch die jetzt wichtig werdenden Begriffe nicht beinhaltete. (Aus heutiger Sicht begingen wir den Fehler, die neuen Worte zu schnell als eindeutige und unserem Vorhaben angemessene Sprache mißzuverstehen. Wir fragten uns zu wenig, was sich für die einzelnen beteiligten Personen mit den

Begriffen verband.) Klar war jedoch, daß wir so schnell wie möglich eine Schule gründen wollten, von der wir uns vorstellten, daß Heranwachsende und Erwachsene gleichberechtigt, familiär und sozial miteinander umgehen könnten; von der wir uns vorstellten, daß Lernen an ihr etwas anderes sein müßte als das gelangweilt gezwungene Pauken von zusammenhangslosen und lebensfremden Fakten; von der wir uns nicht vorstellen konnten, daß andere als die direkt Beteiligten und Betroffenen irgendeine Form von Mitspracherecht oder Aufsicht haben dürften.

Kurz nach Beginn unserer Gründungsvorbereitungen wurde uns klar, daß sich die Bedingungen für die Gründung unserer Schule mit der bevorstehenden deutschen Vereinigung am 3. Oktober 1990 verschlechtern würden. Wir hatten keine andere Behandlung zu erwarten als die ca. zwanzig westdeutschen Alternativschulen, von denen eine ganze Reihe illegal arbeiteten. Das kam für uns nicht in Betracht. Das hieß für uns, die Grauzonen der Übergangszeit wie auch die positiven Aspekte der behördlichen Praxis, die noch nicht die etablierte Beamtetheit hatte, zu nutzen. Die Schwierigkeiten heutiger Schulgründungs-Initiativen geben uns recht.

Wir hatten keinen Grund zu der Annahme, daß wenige Monate nach der Wende Leipziger Eltern (wir inbegriffen) den Mut aufbringen würden, ihre Kinder zu verstecken, sich mit vollstreckenden Behörden über die Für und Wider der Schulpflicht auseinanderzusetzen und und und. (Wir haben "die Eltern" allerdings auch nicht gefragt.) Jedenfalls kamen wir überein, die Genehmigung der Schule noch vor der Wende vom Minister für Bildung und Wissenschaft der Noch-DDR zu erwirken. Dementsprechend hektisch und geballt verliefen die weiteren Monate, in denen ein Vorlagekonzept fertig werden mußte, in denen geeignete Räume gefunden werden mußten, in denen unter den Eltern der Stadt eine gewisse Öffentlichkeit hergestellt werden mußte. All das gelang uns:

- nachdem wir nach bis dahin erfolglosen Verhandlungen von der Stadt keine Räume zugewiesen bekamen, besetzten wir in Connewitz (einem Leipziger Stadtteil) zwei heruntergekommene Wohnungen; die uns prinzipiell wohlgesonnenen und unterstützenden Schulverantwortlichen der Stadt wiesen uns später dann die Räume eines Kindergartens zu, der allerdings noch bis kurz vor Beginn des Schuljahres 1990 in Betrieb war, wir also wartend und mitunter zweifelnd ungeduldig aber diskret vor der Tür standen,
- durch Veranstaltungen in Kindergärten, Sprechstunden in einem uns dafür zur Verfügung stehenden Büro und unzählige Gespräche war die Gruppe der interessierten und mitarbeitenden Eltern so stark angewachsen, daß wir mit 25 Kindern sofort hätten anfangen können,
- die Erarbeitung eines Vorlagekonzeptes lief auf Hochtouren, Kleingruppen formulierten Kapitel zu den vereinbarten Themen, Anleihen nahmen wir uns

aus dem Glocksee-Konzept und aus dem Konzept der Freien Schule Berlin (Ufa-Schule), gleichzeitig liefen Gespräche mit Mitarbeitern des Ministeriums für Bildung und Wissenschaft über unser Vorhaben.

(Zu jener Zeit war die IFP noch intakt und äußerst aktiv, was z.B. bedeutete, daß diese Gespräche mit wichtigen Ministerialangestellten von VertreterInnen mehrerer Schulgründungs-initiativen gleichzeitig geführt wurden, wobei Prof. Johann Peter Vogel aus Berlin von Anfang an eine wichtige Hilfe für die Initiativen war.)

Der Beginn des Schuljahres rückte näher, zahlreiche Eltern wurden unruhig, sie hatten schulpflichtige Kinder. Als bei Beginn der Sommerferien die Genehmigung noch nicht vorlag, schrumpfte die Kindergruppe nach und nach auf 14 Kinder, darunter ca. die Hälfte mit frustrierenden bis traumatisierenden Schulerfahrungen aus der 1. Klasse der Unterstufe (so hieß die DDR-Grundschule).

Wenige Tage vor Schulbeginn hatten wir unser Ziel erreicht: Wir erhielten die Genehmigung zum Betreiben einer zehnklassigen Schule als Ersatzschule. Ein paar Tage nach Erhalt der Genehmigung zogen wir in den ehemaligen Kindergarten ein, gerade noch rechtzeitig, um alles notdürftig für den ersten Schultag herzurichten.

Der Anfang

Freie Schule war für uns alle etwas vollkommen Neues; wir waren voll von Idealen und Optimismus. Wir waren weitgehend frei von Erfahrungen im Umgang mit Kindern unter den Bedingungen relativer Gleichberechtigung von Kindern und Erwachsenen, frei von Erfahrungen mit alternativen Methoden und Inhalten des Lernens, frei von Erfahrungen mit neuen Formen des Zusammenarbeitens im Team der Bezugspersonen, mit den Eltern, frei von Erfahrungen mit Selbstverwaltung von Schule. Unter anderem damit erklärt sich der Zustand des Überwältigtseins von der entstehenden Situation Schule. Die Kinder nahmen schneller und rigoroser von ihrer Schule Besitz, als es in unseren Diskussionen vorkam. Sie waren oft spontaner, als wir es uns wünschten. Und wir Bezugspersonen waren unvorbereiteter, als wir uns eingestehen wollten. Gut, daß das so war. Die Schule profitiert noch immer von jenem Prozeß der chaotischen Selbstfindung der Anfangszeit. Wären die Erwachsenen in ihrem Sinne vorbereiteter gewesen, hätte ihnen das die Chance genommen, jene Beobachtungen kindlichen Verhaltens und kindlicher Bedürfnisse zu machen, die in der Folge eine Basis für zahlreiche Veränderungen an der Schule waren. Allerdings waren weder die Erwachsenen noch die Kinder mit all den Begleiterscheinungen des chaotischen Anfangs immer glücklich. Nach einem halben

Jahr wurde der Zustand der weitgehend strukturlosen Beliebigkeit immer unbefriedigender, sowohl für Kinder als auch Erwachsene. Vor allen die Erwachsenen verlangten nach einer Strukturierung des Schulalltages, nach einer für sie und die Kinder befriedigenderen Organisation von Lernaktivitäten. Nicht wenige Kinder wollten endlich mehr "Schule als Kindergarten". Von diesen Impulsen ging eine Entwicklung aus, die über die Jahre der Freien Schule zu immer wieder neuen Ergebnissen geführt hat. Hier soll nur der aktuell erreichte und vereinbarte Stand erläutert werden.

Konzeption und Strukturen

- Schule, die Spaß macht.
- Schule, die von allen Beteiligten gemeinsam gestaltet und verwaltet wird.
- Schule, die nicht Schule im herkömmlichen Sinne von Schulhaus, Klassenzimmer, Jahrgangsklassen, Lehrplänen, Fächertrennung und Spezialisierung bis ins letzte Detail ist, sondern:
- Schule als erfahrbarer und gestaltbarer Lebensraum, in dem die Bedürfnisse von Kindern und Erwachsenen Berücksichtigung finden und sich entwickeln können.
- Schule mit einem ganzheitlichen Anspruch sowohl an die Inhalte als auch an die Methoden des Lehrens und Lernens.

Das sind einige der Intentionen, die sich zu Eckpunkten unseres pädagogischen Konzepts entwickelten.

Selbstverwaltung heißt zusätzliche Belastung, klar. Selbstverwaltung heißt aber auch, *gemeinsam* (!) Strukturen zu entwickeln, nach Eignungen zu suchen, Fähigkeiten zu entwickeln, Konflikte auszutragen und zu lösen; Selbstverwaltung ist ein wesentlicher Faktor sozialen Lernens.

Die FSL soll klein bleiben, daher die Festlegung auf die maximale Gruppengröße von 15 Kindern. Das bedeutet (u.a.):

- Überschaubarkeit; jede/r kann jede/n kennen
- Familiarität und damit Geborgenheit
- die Möglichkeit, viel stärker auf Fähigkeiten, Bedürfnisse, Wünsche, Ängste jedes/jeder Einzelnen einzugehen
- Transparenz und die Möglichkeit für alle, miteinander zu kommunizieren

Die große Nachfrage hat uns dazu gebracht, jedes Jahr eine neue Gruppe von 15 Kindern aufzunehmen. 1994 war der Andrang so groß, daß viele Eltern und Kinder abgelehnt werden mußten. Die Entschiedensten gaben sich damit nicht zufrieden, sondern - gründeten eine Zweigstelle ! Juristisch gesehen handelt es sich bei der "Auguste" um eine >>Auslagerung der Freien Schule

Leipzig aus Kapazitätsgründen<<, womit alle rechtlich-finanziellen Regelungen, die für die Stammschule gelten, automatisch Anwendung finden. Kein Genehmigungsverfahren, keine Wartefrist bis zur Finanzierung usw.

Heute praktiziert die FSL eine Mischung aus Jahrgangs- und Neigungstrennung. Inhalte von Lernzeiten (vormittags in Jahrgangsgruppen) und Angeboten (nachmittags in sich nach Interesse zusammenfindenden Gruppen) werden gemeinsam von Kindern und Erwachsenen geplant und je nach Alter der Kinder zunehmend gemeinsam vorbereitet. Die Belange der einzelnen beteiligten Personen, des Gebäudes, des zur Schule gehörenden Geländes, der Umgebung, der Nachbarn, des Stadtteils werden in diese Planung mit einbezogen. Die Kulturtechniken (Lesen, Schreiben, Rechnen) erscheinen somit nicht als Selbstzweck, sondern sehr oft als das, was sie sind: vom Menschen in Jahrtausenden entwickelte Hilfsmittel zur Kommunikation und zur Bewältigung von einfachen oder komplexen Lebensproblemen.

Die Kinder erleben die Schule als ihre Schule, als Raum des Geborgenseins, des Ich-Sein- Könnens. Sie sind aufgefordert, mitzuentscheiden, was sie zwar unterschiedlich schnell, aber in der Mehrheit der Fälle erstaunlich schnell lernen. Sie erleben sich als völlig gleichberechtigt gegenüber den Erwachsenen an der Schule. Das hat Auswirkungen auf ihr Verhältnis zu Erwachsenen überhaupt und zu ihren Eltern im besonderen. In dem Maße, wie Eltern diesen Prozeß mitgehen, verstehen und tolerieren können, nimmt der Grad des "Mißbrauchs von Freiheit" durch einzelne Kinder ab (z.B. destruktives Stören von Lernaktivitäten, Nichteinhaltung von Regeln der Gruppe etc.), weil Gleichberechtigung des Kindes in der Familie einen anderen Stellenwert bekommt.

Von den Eltern losgelöste Erziehungsintentionen haben u. E. weniger Erfolgsaussichten als die Einbeziehung von Eltern und Kindern in den Gesamtprozeß Schule. Die Kinder der FSL erleben ihre Eltern in einem normalerweise elternfreien Umfeld (Schule) als mitarbeitend, helfend und als selbst lernend. Die Eltern erleben über das Mittun, das Dabeisein, das Anbieten Schule völlig neu im Vergleich zu ihrer eigenen Biographie, sie können aktive Beziehungen zu den Inhalten und Strukturen entwickeln, die das Bild der Schule und somit den Alltag ihrer Kinder prägen. Viele Eltern konfrontieren sich bewußt mit eigenen und mit bis dahin noch unbekannten Erziehungsauffassungen, treten in einen Dialog mit anderen Eltern, mit Bezugspersonen und den Kindern. Die meisten Eltern entscheiden mit und erleben die Abhängigkeit des Projektes von der eigenen Mitarbeit als motivierend und mit dem Projekt verbindend.

Der überwiegenden Mehrheit der Eltern ist im Laufe der Jahre die FSL für die Entwicklung ihrer Kinder derart wichtig geworden, daß eine Weiterführung bis Klasse Zehn beschlossen wurde. Die Genehmigung dafür liegt von Anfang an vor. Um so bedauerlicher, daß unser erster Versuch mit der Weiterführung gescheitert ist, aus den verschiedensten inneren und äußeren Gründen. Uns standen keine geeigneten Räume zur Verfügung, zu viele Fragen waren unklar bzw. unvorbereitet geblieben, der äußere Druck war immens, die Kraft des Teams in entscheidenden Momenten zu gering. So entschied der Trägerverein über die Auflösung der Sekundarstufe I und ca. 25 Kinder der 5., 6. und 7. Klasse wechselten im Sommer ´96 schweren Herzens an andere Leipziger Schulen. Für die Zeit von September 1996 bis August 1997 wurde eine Stelle zur Vorbereitung der neuen Sek I eingerichtet, die mit einem Mann besetzt wurde, der das Vertrauen des pädagogischen Teams, der Kinder und der Eltern besitzt. Auf der Grundlage des in diesem Jahr erarbeiteten Konzeptes hat die neue Sekundarstufe I zu Beginn des Schuljahres 1997/98 in einer alten Villa im Stadtteil Gohlis ihre Arbeit mit 18 Kindern aufgenommen.

Das "andere Lernen" an der Freien Schule Leipzig

Lernen in einer Institution Schule (unabhängig von Trägerschaften und Konzepten) wird aus der Sicht der Erwachsenen immer gekennzeichnet sein von *Zielen, Inhalten, Methoden*. Die Andersartigkeit stellt sich her:

- über das Zustandekommen und Sich-Entwickeln von Zielen,
- über die Auswahl von und die Sicht auf Inhalte,
- über die Entscheidung für und die Erprobung von je geeigneten Methoden.

Aus der Sicht der Kinder ist Lernen ursprünglich sehr viel stärker durch die Komponenten Irrationalität, Lustbezogenheit und spielerischer Umgang mit Welt geprägt, als das für die Erwachsenen der Fall ist. Eine so zu nennende Andersartigkeit von Schule als Institution und Ort des Lernens muß daran gemessen werden, inwieweit auf die kindtypischen Lernmuster eingegangen wird bzw. diese überhaupt ermöglicht, zugelassen werden. Die Andersartigkeit des Lernens an der FSL muß auch bezüglich einer vernünftigen Flexibilität im Umgang mit Zielen, Inhalten und Methoden gesehen werden, ohne das Flexibilität als Schwammigkeit oder Unentschlossenheit mißverstanden werden darf.

Ein wesentlicher Zug der FSL wird deutlich in der "Unfertigkeit" selbst der Ziele. Ziele stehen für gewöhnlich für ein Ideal, das (typisch für Ideale) nicht erreicht ist, wahrscheinlich gar nicht erreicht werden kann, dem wir uns nähern. Wir an der FSL entwickeln Zielvorstellungen, um uns auf den Weg machen zu können. Und gerade dieser Weg ist das eigentlich Wichtige. Lernen findet auf den Wegen zu wie auch immer gearteten Zielen statt. Der Umgang mit den Zielen läßt es zu, daß der Weg nicht immer eben und nicht immer geradlinig verläuft. Ziele haben von daher für uns nicht mehr, aber auch nicht weniger als ihren orientierenden Charakter und Wert.

Rechtlich/Finanzielles

Die FSL würde heute bereits nicht mehr existieren, hätte es nicht 1990 für alle im Osten Deutschlands gegründeten Schulen in freier Trägerschaft eine relativ großzügige Anschubfinanzierung durch das Bundesbildungsministerium gegeben. Aufgespart, hat uns diese immer wieder über finanzielle Engpässe hinweggerettet.

An dieser Stelle muß die äußerst entgegenkommende Praxis der Stadt Leipzig in den letzten sechs Jahren hervorgehoben werden. Direkte und indirekte Zuwendungen im Bereich der Sachkosten kamen meist unkompliziert und schnell. Die Kommune unterstützte die ortsansässigen freien Träger auch ohne eine entsprechende gesetzliche Verpflichtung.

Die rechtlichen und finanziellen Grundlagen für die FSL wurden mit dem Sächsischen Gesetz über Schulen in freier Trägerschaft vom 04. 02. 1992 neu geregelt. Darin ist ein finanzieller Zuschuß von 90% (im Vergleich zu den Kosten einer staatlichen Schule) festgeschrieben. Bisher hat das Kultusministerium aber noch keine Zahlen über die realen Kosten der staatlichen Schulen in Sachsen vorgelegt. Als Berechnungsgrundlage ist man von - viel zu niedrigen- Phantasiewerten ausgegangen. Dagegen haben mehrere Freie Schulen (auch die FSL) geklagt. Der erste Prozeß (Freie Waldorfschule Dresden gegen Freistaat Sachsen) wurde in erster Instanz gewonnen. In diesem Prozeß wurde auch der Widerspruch zwischen dem SächsFrTrSchG und der später in Kraft getretenen Sächsischen Verfassung angesprochen, die eine 100%ige Finanzierung der Freien Schulen vorsieht. Allerdings wurde dem Gesetzgeber vom Gericht eine -nicht näher benannte, aber noch nicht abgelaufene- Frist zur Anpassung der Gesetze eingeräumt. Das bedeutet, daß für die Zukunft mit einer Verbesserung der finanziellen Situation zu rechnen ist. Völlig unberücksichtigt bleibt dann allerdings trotzdem noch die - pädagogisch begründete- Arbeit mit Kleingruppen, da die Finanzierung auch weiterhin als Pro-Kopf-Bezuschussung vorgenommen werden wird, die sich an den übervollen Klassen der staatlichen Schulen orientiert.

Die Finanzierungspraxis des Landes Sachsen bringt es für unsere Schule mit sich, daß die Eltern ein monatliches Schulgeld zahlen müssen. Noch sind Eltern deswegen nicht ausgeblieben, aber für einzelne Eltern bedeutet das erhebliche finanzielle Einschnitte.

Wilfried Müller/ Detlef Papke

Die Kinderschule Bremen
Von der Elterninitiative zur staatlichen Modellschule - Wege zum Verständnis kindlicher Lernprozesse am Beispiel der Jungen-Arbeit

Wir möchten mit diesem Aufsatz die Entwicklung unseres Konzeptes und den Weg vom ungenehmigten Projekt zur staatlichen Modellschule beschreiben. Als für uns aktueller Bestandteil unserer inhaltlichen Fragestellungen soll die geschlechtsspezifische Arbeit am Beispiel der Jungen vorgestellt werden.

Aber erst einmal der organisatorische Rahmen:
Die Kinderschule Bremen existiert als stadtteilbezogene Ganztagseinrichtung seit 1980. Die 45 Kinder im Alter von 5 bis 11 Jahren sind in drei jahrgangsgemischte Gruppen eingeteilt. Zwei Gruppen im Alter von 5-7 Jahren, eine von 8-11 Jahren. Sie werden von 6 Bezugspersonen betreut. Der Schultag beginnt um 8.00 Uhr und endet um 15.00 Uhr.

Bis zum Sommer 1993 arbeitete die Kinderschule ohne behördliche Genehmigung, seitdem haben wir den Status einer staatlichen Modellschule. Wir sind nach wie vor ein selbstverwaltetes Projekt. Die anfallenden Arbeiten werden von Eltern und Bezugspersonen übernommen - vom Putzen bis zur Verwaltungsarbeit.

Alle wesentlichen Entscheidungen werden auf den monatlichen Plenen diskutiert und getroffen. Das Plenum (Eltern und MitarbeiterInnen) ist das oberste Beschlußgremium der Schule. Jede/r hat ein Mitsprache- und Entscheidungsrecht. Um hier Entlastung zu schaffen gibt es Arbeitsgruppen, in denen verschiedene Themenkomplexe diskutiert und auch entschieden werden:

Verwaltung:	Gehälter, Jahresabrechnung, Elternbeiträge
Struktur:	Transparenz von Entscheidungsprozessen, Verbesserung des Informationsflusses, Entwicklung flexiblerer und effektiverer Organisationsstrukturen
Sekundarstufe 1:	Konzepterstellung, Verhandlungen, Öffentlichkeitsarbeit
Hausmeisterei:	Reinigung, Gestaltung der Räume, Reparaturen
Kochen:	Essensplan, Einkauf, Hilfestellungen für die Eltern (die derzeit alle 7 Wochen für alle Kinder und Bezugspersonen kochen)

Das Gesamtprojekt gliedert sich in Schule und Verein. Der Verein finanziert sich über den Status als Eltern-Kind-Gruppe (Vorschule und Hort), die vom

Senator für Bildung bezuschußt wird, und mit Elternbeiträgen, für die es ein einkommenabhängiges Staffelmodell gibt.

Diese rein formelle Trennung - inhaltlich/konzeptionell gibt es keine Aufteilung in Schule und Betreuungsangebote - erweist sich gerade nach der Anerkennung als unverzichtbar.

Durch die finanzielle Eigenständigkeit des Vereins mit einem Etat, der ca. 2/3 des Gesamtetats ausmacht, besteht die Möglichkeit, auch MitarbeiterInnen mit anderen Ausbildungen einzustellen. Neben drei LehrerInnen arbeiten eine Kunst-Therapeutin, ein Bootsbauer und Sozialwissenschaftler und eine Behinderten-Pädagogin im Team. Von dieser Bandbreite lebt unsere Arbeit, nicht umsonst sind der künstlerisch kreative Bereich, Werken, Theater zentrale Schwerpunkte unseres Konzeptes. Desweiteren können Anschaffungen für die Einrichtung und Material über das Vereinskonto unbürokratisch abgerechnet werden.

13 Jahre Arbeit als ungenehmigte Schule -
Schritte auf dem Weg zum pädagogischen Profil

„Zu der verabsolutierten Praxis reagiert man nur, und darum falsch - einen Ausweg könnte einzig Denken finden, und zwar eines, dem nicht vorgeschrieben wird, was herauskommen soll."

(Adorno)

Wir würden dem Denken noch das Handeln hinzufügen.....

Die Visionen, wie Schule sein könnte, speisten sich aus den gleichen Quellen wie die der anderen freien Schulen

- Neill' s Summerhill und seiner antiautoritären Pädagogik
- der Kinderladenbewegung
- Modellen der Reformpädagogik

und als Kontrapunkt aus unseren Erfahrungen in der Regelschule. Die Grundsätze waren: Kinder sind bereits Persönlichkeiten, sie wollen lernen, wenn auch nicht alle zur selben Zeit das Gleiche am selben Ort. Daraus folgerten wir: Kinder sind an allen sie betreffenden Entscheidungen zu beteiligen und Lernen ist freiwillig. Die Fähigkeiten und Bedürfnisse des einzelnen Kindes sollen im Mittelpunkt stehen. Die Kinder sollen voneinander lernen können und sich in einer übersichtlichen Schule, wo persönliche Beziehungen grundlegend sind, mit den Erwachsenen wohlfühlen.

Ein Antrag auf Genehmigung als private Ersatzschule im Dezember 1979 wurde abgelehnt, im April 1980 wurden Tatsachen geschaffen: Räume angemietet, Bezugspersonen angestellt. Der Weg, ungenehmigt zu arbeiten, war nicht frei gewählt, erwies sich aber als „glückliche Fügung“. Es gab keine staatliche Aufsicht, die uns in unserer Arbeitsweise reglementieren konnte, auch nicht als Schere im Kopf.

Da das damalige Team (nicht zuletzt aufgrund staatlicher Lehrerausbildung) von der theoretischen Begründung ins kalte Wasser der alternativpädagogischen Praxis springen mußte, beinhaltete dieser ungenehmigte Status die Möglichkeit, behutsam Lernprozesse machen zu können und Irrwege als unverzichtbare Erfahrungen zuzulassen.

Der Bruch mit den bekannten Arbeitsweisen der Regelschule war radikal: Mit dem Wunsch der Kinder, in Bewegung zu sein, entstand der Toberaum, einer der wichtigsten Räume in der Kinderschule. Hier wurden Höhlen gebaut, Kissenschlachten gemacht, Ringkämpfe ausgetragen, Rollenspiele ausgeführt, gekuschelt oder auch gesungen. Unsere Rolle als Bezugspersonen war sehr unterschiedlich: Mal als MitspielerIn, IdeenlieferantIn, StreitschlichterIn, Objekt des Kräftemessens heiß begehrt, mal unmißverständlich vor die Tür gesetzt.

Die Kinder mischten sich über alle Altersgruppen, ihren Spielinteressen folgend, und sie forderten (und erhielten) das Recht auf unbeaufsichtigte Erfahrungsräume.

Heute für uns selbstverständlich, löste damals die Ankündigung eines Kindes: „Ich komme heute nicht zur Schule, weil ich keinen Bock habe!“ Verunsicherung sowohl im Team als auch bei den Eltern aus: „Was denn, in diese tolle Schule, wo Deine Bedürfnisse im Mittelpunkt stehen, willst Du nicht gehen? Das geht doch nicht!“ Die Bezugspersonen waren enttäuscht; „Hatten wir nicht alles getan, damit es ihnen gut geht? Und dann sowas!“

Aber auch solche Anteile unserer Schulwirklichkeit waren letztendlich Motor einer konstruktiven Auseinandersetzung. Die Frage nach den Hintergründen ergab ein vielschichtiges Bild:
- genießt das Kind den Tag zu Hause, weil Vater oder Mutter, die im Schichtdienst arbeiten, endlich mal Zeit haben?
- gab es einen Streit in der Schule?
- fühlt es sich ausgeschlossen?
- holt sich das Kind die erforderliche Ruhe nach anstrengenden Schultagen mit zuviel „action“?

Die Diskussion mit den Kindern macht(e) für sie erfahrbar, daß sie von den anderen vermißt werden bzw. welche Verhaltensweisen/Konfliktsituationen für sie schwierig sind. Auch wurde eine Überforderung durch ständige Aktivität deutlich und ein Ruheraum eingerichtet. Hieran wird deutlich: Der Lernprozeß, eigene Grenzen zu entwickeln und in einer sozialen Gruppe einzufordern, wird oft erst möglich, wenn äußere Reglementierungen (Disziplin und Ordnung....) entfallen.

Kinderschule als statische, Verzeihung: staatliche Modellschule? Und wir bewegen uns doch!

Die vielen Details unserer Entwicklung zu schildern sprengt den Rahmen dieses Aufsatzes; das Angebot der Ampel-Koalition in Bremen und unser Wunsch einer längerfristigen Absicherung unseres Schulkonzeptes führten die Kinderschule in ihrem schulischen Anteil in staatliche Trägerschaft.

Dennoch empfinden wir unser pädagogisches Konzept als in Bewegung, es ist kein abstraktes Muster mit lediglich zu erfüllenden Handlungsvorgaben, sondern Ergebnis der konkreten pädagogischen Arbeit der einzelnen MitarbeiterInnen. Wir arbeiten mit unterschiedlichen Schwerpunkten in einem Grundkonsens unseres Alternativ-Konzepts:

- Kinder brauchen übersichtliche Strukturen (Zeiten, Lernformen, Regeln)
- das Verhältnis von festen Angeboten zu freien, selbstorganisierten Spielen, Beschäftigungsfeldern muß ausgewogen sein.
- spontane „Projekte" müssen möglich bleiben
- Kinder können nicht grundsätzlich allein gelassen werden in ihren Konflikten; die Unterstützung kann z.B. in der Herstellung eines Rahmens zur Klärung bestehen:
Zeit für Gespräche, Hinweis auf einen schlichtenden Anwalt unter den Kindern
- Die Erfahrung, sich in immer neuen altersgemischten Gruppen zu erproben, ist wesentlich; Rollenfixierungen durch eine konstant bestehende Gruppe werden vermieden, es werden verschiedene Rollenerfahrungen gemacht. Regressive Bedürfnisse sind möglich und gestattet, Verantwortung übernehmen wird notwendig.
- Es gibt keine Leistungsvergleiche/Bewertungen, auch nicht im Bereich der Kulturtechniken.
- Individuelle Lerngeschwindigkeiten und Aufgabenstellungen relativieren den Leistungsbegriff.
- Lernen braucht das erfahrbare Erlebnis, die Lernmotivation in der Lebenswelt des Kindes.
- Die Inhalte der geschriebenen Geschichten sind wichtiger als die Form.
-Die Erfahrbarkeit der eigenen Fertigkeiten geht weit über kulturtechnische Anforderungen hinaus. Praktisches kreatives Gestalten, Spielorganisation
- Bewegungsqualtitäten oder auch Versorgungsleistungen (Kochen!) haben im Bewußtsein der Kinder einen wesentlich größeren Stellenwert.

In den letzten drei Jahren waren wir stark in die Planung und Gestaltung des neuen Schulgebäudes eingebunden. Viele zusätzliche Termine, Besprechungen und nicht zuletzt zwei Umzüge und die Erweiterung von 30 auf 45 Kinder kosteten Kraft und (kreative) Energie, die der pädagogischen Arbeit verloren gingen. Inzwischen ist ein organisatorischer Alltag eingekehrt, und auch das seit zwei Jahren in dieser Zusammensetzung arbeitende Team steht für eine pädagogische Kontinuität. Auf dieser Basis können wir wieder verstärkt aktuelle lern- und entwicklungstheoretische Fragen aufgreifen: Eine sowohl in den Regelschulen als auch für uns immer zentralere Frage ist die des Geschlechterverhältnisses. Die Unterschiedlichkeit des Lernverhaltens von Jungen und Mädchen ist hinreichend beschrieben, die Rollenfixierungen sind bekannt. Wir haben in den letzten Jahren einen Schwerpunkt auf gerade dieses Phänomen gelegt, weil wir Jungen/Mädchen-Arbeit für einen absolut notwendigen Bestandteil pädagogischer Arbeit halten.

Die Entstehung des Jungen-/ Mädchentages

Zunächst einmal ist es hilfreich, die klassische Erfahrung männlichen Schulverhaltens zu bemühen: Der männliche Lehrer strahlt Autorität und Klarheit aus, sein Wissen und seine Möglichkeiten scheinen schier unbegrenzt zu sein, und wenn er etwas nicht weiß, hat auch das seinen Grund. Der dazugehörige Schüler ist laut, beansprucht übermäßig die Aufmerksamkeit des pädagogischen Personals und dominiert den Raum (Klasse, Schulhof) mehr als deutlich.

Das koedukative Fundament neuzeitlicher Schultheorie bekommt heute seine ersten Risse, der Ruf nach einer reinen Mädchenschule wird vereinzelt wieder laut.

Konzepte mit einem umfassenderen Ansatz von Mädchen/Jungenarbeit in der Schule sind bisher nicht in Sicht, geschweige denn umgesetzt, was im Kontext einer hierarchischen und traditionell partriarchalischen Schulorganisation nicht weiter verwunderlich ist.

Schulpolitik ist in ihrer Konkretisierung ein immanenter Bestandteil von gesellschaftlichen Rollenvorstellungen und Handlungsmustern.

Die Kinderschule unterscheidet sich auf dem Hintergrund reformpädagogischer Ansätze wesentlich von der oben skizzierten Schul-“Kultur“.

Lerninhalte werden nicht aus der Autorität der Lehrenden begründet, sondern mit den Kindern, d.h. orientiert an ihren Bedürfnissen und Interessen, entwickelt. Es entsteht ein Dialog zwischen Erwachsenen und Kindern, aus dem die verschiedensten Lernformen und Erfahrungsmöglichkeiten hervorgehen. Das schließt eine Thematisierung der Geschlechterrollen ausdrücklich mit ein. Denn: Freie Schulen sind eben keine von kulturellen (medialen!) und sozialen Einflüssen bereinigte „Inseln“, sondern Orte konkreter gesellschaftlicher (und damit auch geschlechtsspezifischer) Handlungen.

In der Kinderschule reproduzierten sich die bekannten Konflikte; das Verhalten der Jungen wurde als störend und destruktiv empfunden, die Mädchen äußerten den Wunsch nach eigenen Räumen und Zeiten in der Schule. Ergebnis der Diskussion war die Einrichtung eines Mädchen-Tages. Einmal in der Woche (Freitag) wurden die Bezugsgruppen aufgelöst und in Jungen und Mädchen aufgeteilt. Die Jungen lehnten diesen Tag ab, der Mädchentag war für sie die Erfahrung, ausgeschlossen zu werden und eingeschränkt in der räumlichen Nutzung des Hauses zu sein. Sie waren irritiert und boykottierten diesen Tag, sie verweigerten sich der „Zwangsgruppe“ Jungen: Sie forderten eine gemischte Gruppe und fortan gab es also drei Gruppen, wobei die Jungengruppe faktisch nicht existierte. Die Jungen ordneten sich regelmäßig der gemischten Gruppe zu, bei der hin und wieder auch ein Mädchen erschien.

Für uns als männliche Bezugspersonen war die Situation unbefriedigend, wir wollten den Tag für uns und die Jungen nutzen und zusammen einen Jungentag gestalten, der es ihnen ermöglicht Zeit für Ihre geschlechtsspezifischen Bedürfnisse und Interessen zu haben und dies auch positiv miteinander zu verknüpfen.

Fragen und Erwartungen an die Jungen-Arbeit

Auch in der freien Schule also waren die Jungen eher laut, auffallend kürzer als die Mädchen mit konzentrierten, stillen Arbeiten beschäftigt und fühlten sich stets eingeschränkt, wenn sie ihre Interessen - z.B. beim Turnen - nicht ihren Vorstellungen entsprechend durchsetzen konnten. Es fiel auf, daß vorwiegend Jungen die Angebote der Erwachsenen (Malen, Basteln, Vorlesen) nur sporadisch und individuell wahrnahmen, ansonsten sich aber in ihre Freiräume (Toberaum, Garten) zurückzogen. Das klassische pädagogische Ideal einer Lernsituation, in der alle motiviert und leise an einem Objekt arbeiten, endete fast immer in einer Mädchen-Runde, was natürlich Fragen aufwirft:

- Sind die feinmotorischen Anforderungen zu hoch, d.h. vermeiden es die Jungen zu scheitern?
- Welche Inhalte faszinieren Jungen und wo entwickeln sie Ausdauer?
- Welche Lernform entspricht ihren motorischen Bedürfnissen und Fähigkeiten?
- Gibt es kulturelle Bezüge, Wissensquellen, Formen der Aneignung, die Jungen entsprechen?

Und zuletzt: Welche Wege zeichnen sich daraus ab, auch andere Anteile des männlichen Erlebens Bestandteil des Schullebens werden zu lassen?

Von den Eltern wird oft die Vorstellung formuliert, die Verhaltensmuster der Jungen über typisch weibliche Angebote verändern zu wollen. Im Erleben des Mädchen-seins, durch Massage, Tanz oder Spiele mit Puppen sollen die Jungen weichere und offene Verhaltensanteile entwickeln. Sicherlich kann dies Bestandteil aktiver Jungen-Arbeit sein, aber der erste Schritt ist für uns nicht die Negation der Jungen-Welt: So wie du bist, bist du schlecht; du mußt anders werden!

Wir machen den Versuch, Orientierungen für eine männliche Identität in unserer Gesellschaft zu geben. Im Fall der Institution Schule heißt das: Als männliche Lehrer die Jungen in ihrer Prägung durch, oder genauer, in ihrem Verlust der erfahrbaren männlichen Bezugswelt ernst zu nehmen und ihnen (in ihrer Geschwindigkeit) eine selbst-bewußte Entwicklung zu ermöglichen.

Es ist allerdings eine Arbeit der ganz kleinen Schritte; wir haben wohl ein Jahr gebraucht, bis wir das Gefühl hatten, der Jungen-/Mädchentag ist akzeptiert.

Es ist ein ständiges Einfordern von Verbindlichkeit (z.B. Absprachen einzuhalten) und ein schwieriger Prozeß der Vermittlung, daß zwischen Vorstellung und Ergebnis meist ein konzentrierter, nicht immer einfacher Weg liegt:

Ein richtiges Boot bauen wollen alle gerne, aber dafür verbindlich relativ lange daran arbeiten zu müssen, ist eine andere wichtige Erfahrung. (Wer weiß, in welcher Geschwindigkeit Jungen Unmengen von Holz zusammennageln können, um dann zu behaupten, das sei ein Boot, weiß wovon hier die Rede ist.)

Von Indianern und Konstrukteuren - Projekte am Jungentag

Wir (die beiden männlichen Bezugspersonen) arbeiten mit 22 Jungen im Alter von 5-11 Jahren. In den letzten vier Jahren Jungentag an der Kinderschule hat sich eine Struktur aus Erwachsenen-Vorstellungen und Kinder-Bedürfnissen herauskristallisiert. Wir arbeiten an bestimmten Themen, die wir den Jungen vorschlagen oder, wie meist, von ihnen selber gewünscht werden. In einer Besprechung, die fester Bestandteil des Jungentages ist, werden die Möglichkeiten der Themen vorgestellt und gemeinsam entschieden. Die Inhalte sind durchaus klassische Schulinhalte: Indianer, Steinzeit, Flugobjekte, Boote (Was schwimmt?), Ritter, Tiere oder auch kleinere Projekte zu „Eskimos", Astronomie oder Jahreszeiten.

Unter dem Oberbegriff z.B. Indianer lassen sich die unterschiedlichsten, auch dem Altersspektrum entsprechende, Angebote machen:

- Wir lesen von und über Indianer (vor)
- lernen Zeichensprache

- erzählen uns Mythen und Phantasiereisen von Indianerkindern (was einmal in einem wunderbaren Indianerzaubertanz mündete)
- bauen Trommeln und Lehmöfen zum Brotbacken
- natürlich werden auch Waffen gewünscht (Pfeil und Bogen)
- nähen Mokassins und Ledersäckchen
- machen Schmuck und Hautbemalungen
- und in diesem Fall eine Art Abschluß-Fest mit Lagerfeuer.

Die Jungen gehen in der aktiven Aneignung eines Themas auf. Die Grundstruktur, nämlich
- inhaltliche Aufbereitung,
- praktische Ausgestaltung,
- Darstellung des Projekts (Ausstellung) oder Abschlußspiel (ein Ritterprojekt mündete z.B. in Fasching)

ist bei allen Projekten gleich. Die praktischen Arbeiten, insbesondere das Werken, sind wesentlicher Bestandteil dieser Arbeit. Die Jungen bauen und experimentieren gerne mit den unterschiedlichsten Naturmaterialien, wobei sie Holz, Metalle, Stoffe, Seile, Steine, Lehm, Äste und anderes kreativ kombinieren.

Mit zunehmender Erweiterung ihrer Fertigkeiten reichen nicht mehr drei Hölzer für ein Flugzeug, sondern es braucht Propeller, Kufen, Sitze, Düsen, irgendwelche Ladeklappen etc.

Dies alles geschieht in der sozialen Gruppe Jungen, sie lernen in dem breiten Altersspektrum von- und miteinander, sie arbeiten konstruktiv an einem Problem oder entwickeln gemeinsam eine Idee weiter. (Aus einem gebastelten Handy entstand eine Flut von unterschiedlichen Fernsprechgeräten und -stationen.) Die männlichen Bezugspersonen bieten hier Hilfestellungen, suchen Aufgabenstellungen oder konstruktive Lösungen die je nach Alter und Fertigkeiten zu bewältigen sind und schaffen den Rahmen für die einzelnen Projektanteile der Kinder. Material und Motorik (Schmieden von Eisen, Seiledrehen) sind Grundelemente der Selbsterfahrung und Aneignung von Lebenswelten.

Eine für uns manchmal erstaunliche Abgrenzung vom jeweils anderen Geschlecht bereits im Grundschulalter hebt sich in der geschlechtshomogenen Gruppe auf. Der Druck einer Geschlechterdifferenz entfällt, „Kleiner Held“ sein wird weniger notwendig, die Konflikte werden realer. Dies führt allerdings nicht dazu, daß Jungen z.B. ihre Probleme/Ängste in der Gruppe oder mit einzelnen erörtern. Es bleibt scheinbar ein „öffentlicher Raum“, in dem sie sich nicht verletzbar oder auch nur anders als die Gruppe zeigen können oder wollen.

Ein letzter, wichtiger Bestandteil ist der Sport. Zunächst einmal ist Sport am Jungentag die Möglichkeit, den Bedürfnissen, die sie in der Turnstunde nicht ausreichend berücksichtigt sehen, nachzugehen. Sie können ohne geforderte soziale Struktur („Wir machen jetzt gemeinsam ein Spiel“) mit Kästen, Matten und Seilen turnen und toben oder auch Fußball spielen. Elemente sind die eigene Körperwahrnehmung, der Körperkontakt zu den anderen Jungen und die soziale Organisation des Spiels auch mit den Erwachsenen. Werden die Jungen in der normalen Turnstunde als anstrengend empfunden (Sie stören, verweigern sich der Gruppe, boykottieren Spiele durch Regelverletzung), so ist das Jungen-Turnen die reinste Erholung. Sie nutzen die Zeit für *ihre* Bewegungsspiele und sind offen für die Angebote (Salto, Hochsprung). Natürlich würden wir als Lehrer ihnen gerne auch andere Bewegungsqualitäten (als „fallen wie Mario Basler...“) vermitteln, aber das erfordert einen inhaltlichen Rahmen: Langsame, fließende Bewegungen wären z.B. Bestandteil einer Pantomine-Vorstellung.

Wir betrachten die Jungenarbeit als langwierigen, auch von der Gruppenzusammensetzung abhängigen Prozeß, der oft von vorne beginnt (neue Kinder). Wir empfinden vier Jahre als kurze Zeitspanne und sind neugierig auf weitere Erfahrungen, die wir und andere Männer mit der geschlechtsspezifischen Jungenarbeit machen.

Die Diskussion einer Pädagogik, die speziell die männlichen Verhaltensmuster und Werteinschätzungen reflektiert, enbehrt einer unterstützenden Sozialisationstherorie. Die „ödipale Sichtweise“ der bürgerlichen Familiensoziologie ist nach wie vor dominierend. Es werden weiterhin antike soziologische Schnittmuster angeboten, wo qualitative phänomenologische Erklärungsmodelle zeitgemäßer und hilfreicher wären:

Wie lernen Jungen, in welchen Situationen übernehmen sie Verantwortung, wie sind ihre Lebenswelten etc.

Die Fragen zur männlichen Identität weisen häufig in die Richtung der Männer-Rolle in den sozialen Beziehungen zwischen Jungen und Vätern sowie alten Männern. Gemeint ist die *Erfahrbarkeit* der kulturellen Tradition männlicher Aufgaben, Tätigkeiten und Handlungen. Diese „Suche“ ist ständiges Element einer „parteiischen“ Jungen-Arbeit.

Jutta Kraus

Wie aus der Schnecke ein Spatz wurde - Die unendliche Geschichte der Freien Schule Offenburg

Im Jahre 1982 gründete sich in Offenburg die Initiative Freie Schule Schneckenhaus. Sie bestand aus LehrerInnen, SozialpädagogInnen und Eltern von Kindern, die sich für ihre Kinder eine Alternative zum verkrusteten Regelschulsystem wünschten. Wir erarbeiteten eine Konzeption für unsere Schule, die für alle Beteiligten nicht nur ein Lern-, sondern ein Lebens- und Erfahrungsraum sein sollte. Parallel dazu gründeten wir im Mai '84 die Kindertagesstätte Schneckenhaus, in der Plätze für 20 Kinder im Alter von 3 - 6 Jahren geschaffen wurden.

Da man uns vom Kultusministerium deutlich zu verstehen gab, daß "Baden-Württemberg die besten Schulen überhaupt habe und man keine Alternativen wünsche" (Ministerialrat Bitzer) konnten wir 1987, als die ersten Kinder schulpflichtig wurden, nur eines tun: ohne Genehmigung unsere Schule beginnen. Dies geschah am 17.8.1987 mit einem großen Fest in den zusätzlich ausgebauten Räumen neben der Kindertagesstätte. Von September '87 - Juli '90 arbeiteten wir mit 10 Kindern in der Freien Schule Schneckenhaus in einer altersgemischten Gruppe. Wir waren die erste reformpädagogische Ganztagsschule in Offenburg.

Der Druck seitens des Kultusministeriums nahm in den folgenden Jahren gewaltig zu: Obwohl zwei Schulräte bei uns waren und einem der Satz entwischte: "In so einer Schule wäre ich auch gerne gewesen!", wurden unseren Eltern Bußgeldbescheide zugesandt. Es folgte die Drohung, die Kinder würden von der Polizei abgeholt und der Regelschule zugeführt (was nie wirklich geschah - wir hatten die Presse auf unserer Seite). Schließlich drohte man den Eltern mit dem Entzug des Sorgerechtes. Dieser Druck von außen, der sich zunehmend in die Gruppenprozesse innerhalb der Erwachsenen-Gruppe fraß, führte dazu, daß die Freie Schule Schneckenhaus im Sommer '90 von den Eltern geschlossen wurde.

Die Kinder gingen von dem Zeitpunkt an in verschiedene Grundschulen - je nach Wohnort. Heute sind sie verstreut in Realschulen und Gymnasien. Die Kindertagesstätte Schneckenhaus besteht weiterhin mit inzwischen 25 Plätzen.

Zeit des Nachdenkens und der Neuorientierung

Im September '90 entschloß ich mich zu einem Zusatzstudium der Sonderpädagogik an der Pädagogischen Hochschule Heidelberg. In meiner abschließenden Diplomarbeit "Ästhetik des Lernens" versuchte ich, die Geschichte der Freien Schule Offenburg zu dokumentieren, unsere Erfahrungsprozesse zu analysieren, die gewonnenen Erkenntnisse bezüglich der je individuellen Lernschritte der Kinder auszuwerten.

Parallel dazu arbeitete ich - vom Schulamt darum gebeten - mit einem 13-jährigen Mädchen, das aus vier Schulen ausgeschult worden war. Weitere Jugendliche kamen zeitweise zu uns und in die nach wie vor vorhandenen Räume der Freien Schule. Auch meine Kollegin Bärbel Dreher, eine ausgebildete Sozialpädagogin, arbeitete zwei Jahre lang als Einzelfallhelferin mit GrundschülerInnen, die in der Schule und auch in ihrer familiären Umgebung aufgrund massiver Probleme Verhaltensauffälligkeiten zeigten. Uns wurde schnell klar, daß es nicht darum gehen konnte, weiterhin einzelne Kinder zu betreuen. Es mußte erneut Raum und Zeit geschaffen werden, in dem sich Kinder ihren Fähigkeiten und Möglichkeiten entsprechend entfalten konnten und so erarbeiteten wir in langen Nächten die Konzeption für die zweite Freie Schule Offenburg.

Die Schnecke war in ihrem Tempo zu langsam - zu neuen Utopien fliegen können war die Devise...

Der Spatz wurde unser neues tragfähiges Symbol

SPATZ steht für die reformpädagogischen Begriffe: Spielen - Pläne schmieden - Arbeiten - Techniken entwickeln - Zeit haben. Wir gründeten einen neuen Verein - "Kinderhaus SPATZ e.V." - und begaben uns erneut zum Kultusministerium in Stuttgart, um unsere Konzeption für eine integrative Freie Schule Spatz genehmigen zu lassen. Nach langem Warten bekamen wir 1995 endlich die Genehmigung, jedoch mit der Einschränkung, daß wir nur als "Schule für Erziehungshilfe" arbeiten konnten. Wir entschlossen uns sehr bewußt, zunächst mit sogenannten verhaltensauffälligen Kindern zu arbeiten. Dies bedeutete gleichzeitig, daß wir auch Verhandlungen mit den sozialen Diensten sowie dem Jugendamt aufnehmen mußten, um an zusätzliche Gelder für die Nachmittagsbetreuung zu kommen. Diese Verhandlungen bezüglich der Pflegesätze sind bis zum heutigen Tage im Gange und gestalten sich als äußerst schwierig, da man beim Jugendamt offensichtlich davon ausgeht, daß es keine verhaltensauffälligen Kinder und Jugendliche in Offenburg gibt.

Im September '95 begannen wir unseren Schulbetrieb in den neuen Räumen des SPATZ auf dem Gelände einer ehemaligen Kaserne in Offenburg. Zunächst ließ das Jugendamt nur vier Kinder (von vom Schulamt benannten 7 Kindern) im Alter der Klassen 1 und 2 zu. Ein fünftes Kind kam im Februar '96 neu in die Gruppe. Seit September '96 arbeiten wir mit 10 Kindern - 8 Jungen und 2 Mädchen - in der Altersstufe 1. - 3. Klasse. Unser Team besteht aus zwei SonderpädagogInnen, einer Erzieherin, einer stundenweise mitarbeitenden Grund-/ Hauptschullehrerin und einer Vorpraktikantin. Unsere Vorpraktikantin war selbst vor Jahren aus einer Schule für Erziehungshilfe aufgrund ihres Verhaltens ausgeschult worden. Im September kam sie zu uns und bat uns - nachdem sie ein flammendes Plädoyer für die Kinder aus dem "sozialen Brennpunkt" Offenburgs gehalten hatte - um eine Stelle als Vorpraktikantin, da sie Erzieherin werden wolle. Sie ist seit dem 1. Schultag regelmäßig da und stellt eine Brücke dar zwischen uns und den Kindern. Inzwischen ist sie zu einer unverzichtbaren Mitarbeiterin geworden.

Das pädagogische Konzept der Freien Schule SPATZ und seine Umsetzung

Die Freie Schule SPATZ arbeitet von 8.30 Uhr bis 15.30 Uhr. Der Tag beginnt mit einem gemeinsamen Frühstück. Anschließend wird in einem Morgenkreis besprochen, wie wir den Tag gestalten. Die Kinder schreiben oder malen ihre Wünsche wie Schwimmen, Reiten, Hütten bauen auf Kärtchen, die an der Wochenplantafel befestigt werden. Auch die Erwachsenen schreiben/ malen ihre Angebote Mathe/ Deutsch, Theater, Brötchen backen... auf und es wird vereinbart, wer sich zu welchem Angebot einfindet.

Deutlich wurde in den letzten beiden Jahren, daß sich das Prinzip der "Werkstattschule" gerade für unsere "hibbeligen", auffälligen Kinder als sehr günstig erweist. So versuchen wir, für unsere Angebote innerhalb der bereits vorhandenen, vorbereiteten Umgebung immer neue "Werkstätten auf Zeit" einzurichten, indem wir kleine, überschaubare Räume schaffen, für die in einem bestimmten Zeitraum spezielle Absprachen gelten. Ist ein Angebot (Nähwerkstatt, Werkstatt für Regalbau, Mathe- oder Schreibwerkstatt) zu Ende, so werden die Tische und Arbeitsutensilien wieder beiseite geräumt und der Tisch erhält seine alte Funktion wieder zurück.

Seit zwei Monaten haben wir eine Köchin, die uns das Mittagessen zubereitet. Sie ist die Oma eines unserer Kinder, die, nachdem ihre eigenen sieben Kinder erwachsen sind, genügend Geduld, Einfühlungsvermögen und Zeit mitbringt, um sich auf die Zusammenarbeit mit unseren Kindern einzulassen. Die gemeinsame Planung des Essens, der Einkauf und das

Zubereiten der Nahrung nimmt einen wichtigen Stellenwert in unserer Arbeit ein. Die Kinder machen dabei wichtige Lernprozesse in ganz vielfältigen Bereichen:

- gesunde Ernährung zubereiten, Rezepte lesen, Küchengeräte bedienen, Vorratshaltung,
- gemeinsame Pläne erarbeiten, eine angefangene Arbeit zu Ende führen (sonst gibt es kein Essen),
- Mathematik (Preise vergleichen, Wiegen und Messen),
- Tisch decken und abräumen, festliche Tischdekorationen zum Beispiel bei Kindergeburtstagen, das leidige Aufräumen nach getaner Arbeit.
- Und das tolle Gefühl, wenn es allen gut geschmeckt hat.

Dergestalt an den Grundbedürfnissen der Kinder anzusetzen ermöglicht es uns, einen Zugang zu den Kindern zu gewinnen.

Vom Leben und Arbeiten mit verhaltensauffälligen Kindern und deren Eltern

Kommen neue Kinder zu uns, so bedeutet dies zunächst immer Provokation seitens der Kinder, die zunächst ihre geballte Energie darauf verwenden, keine freundschaftliche Beziehung zu den Erwachsenen zuzulassen. Es dauert Monate, bis die Kinder erkennen, daß sie von nun an in einer Schule sind, in der ihre Wünsche und Bedürfnisse ernst genommen werden, in der jedeR Einzelne gebraucht wird, in der Geborgenheit fühlbar ist.

Unsere Kinder, die vielfältigst von Erwachsenen enttäuscht, verlassen, gekränkt worden sind, haben bereits in ihrem jungen Alter tief verletzte Seelen. Es bedarf eines enormen Ausmaßes an Geduld, Einfühlungsvermögen, Beobachtungsfähigkeit und innerer Kraft, um eine Vertrauensbasis zu jedem einzelnen Kind herzustellen. Erst aufgrund dieser Basis wird es den Kindern, die mit ihrem täglichen Überlebenskampf in meist wenig Geborgenheit und Sicherheit bietendenen Restfamilien so stark beschäftigt sind, möglich, ihr verschüttetes Neugierverhalten wieder ans Tageslicht zu befördern.

Im gemeinsamen freien Spiel lernen die Kinder, ihre Gestaltungsfähigkeiten neu zu entdecken. Dies stärkt nach und nach ihr Selbstbewußtsein, so daß sie sich behutsam auch wieder an Aufgaben im schulischen Bereich heranwagen. Auch die sich ihnen bietenden Erfolgserlebnisse, z.B. im Umgang mit sehr anschaulichem Montessori-Material in Mathematik, stärken ihr Selbstbewußtsein und befähigen sie dazu, ihrer eigenen Spur zu folgen, was nichts anderes bedeutet als - entsprechend ihrer individuellen Möglichkeiten - leistungsfähig zu werden.

Der SPATZ bietet nicht nur für die Bezugspersonen und die Kinder, sondern auch für die Eltern (meist Mütter) einen Erfahrungsraum. In 14-tägigen SPATZ-Abenden beraten, organisieren und planen wir unsere Arbeit. Ein Teil der Mütter ist an diesen Abenden anwesend und arbeitet konstruktiv mit. Einige Mütter machen tagsüber auch Angebote für die Kinder. Mit den Müttern, die an der gemeinsamen Arbeit nicht teilnehmen, führen wir Einzelgespräche, teilweise gemeinsam mit den MitarbeiterInnen der sozialen Dienste.

Ausblick

Nach einem weiteren Umzug zum Schuljahr 97/98 ins Erdgeschoß derselben Kaserne hoffen wir nun - endlich - zum Schuljahr 98/99 eine endgültige feste Bleibe (ca. 400 qm) zu erhalten. Diese wird diesmal ebenfalls auf einem ehemaligen Kasernengelände sein. Wir werden mit unserer Schule Untermieter der Arbeitsfördergesellschaft „AFÖG“ sein. Uns gefällt die Vorstellung, in unmittelbarer Nähe der AFÖG zu sein, denn dort sind bereits Werkstätten vorhanden (Schreinerei, Möbellager, Bau-Coop...), die unsere Kinder und Jugendlichen eventuell mitbenutzen können.

Derzeit betreuen wir 11 Kinder der Altersstufe 2.-4. Klasse. Wir hoffen zum kommenden Schuljahr die Mittelstufe (4.-6. Klasse) anlaufen lassen zu können. Wir arbeiten weiterhin an der Ausdifferenzierung unseres Konzeptes und machen Öffentlichkeitsarbeit, um das Bewußtsein in unserer Gesellschaft zu schärfen. Trotz des allgemeinen Sparzwangs sollte allen Verantwortlichen bewußt sein, daß auch und gerade diese Kinder und Jugendlichen ein Recht darauf haben, ihre Persönlichkeit zu stärken und zur Entfaltung kommen zu lassen.

Teil II

Freie Schule Bochum -

eine Freie Alternativschule stellt sich vor

(Fotos von Andreas Schnalke)

Freie Schule Bochum - Daten und Fakten auf einen Blick

Schulform:

Die Freie Schule Bochum wurde 1981 gegründet und ist eine private Gesamtschule besonderer pädagogischer Prägung für die Jahrgangsstufen 1 bis 10.

Pädagogisches Konzept:

- jahrgangsübergreifende Stammgruppen, die von jeweils zwei LehrerInnen betreut werden
- vielfältige und handlungsbezogene Unterrichtsmethoden und Lernformen
- andere Formen der Beurteilung: Jahresbriefe statt Zensuren
- weitgehende Mitbestimmungsrechte für die SchülerInnen, aber auch mehr Verantwortung
- flexible Formen der Zeiteinteilung im Unterricht

Schulzeiten:

Die Freie Schule Bochum ist eine Ganztagsschule. Frühstück und Mittagessen werden an allen Tagen gemeinsam in der Schule eingenommen.

SchülerInnen:

Derzeit besuchen 160 SchülerInnen im Alter von 6 bis 16 Jahren die Freie Schule Bochum. Nach ausführlichen Gesprächen mit Eltern, Kind und Lehrkräften wird zu Beginn eines jeden Schuljahres eine Gruppe von 16 Kindern neu aufgenommen.

Eltern:

Einmal im Monat findet in jeder Stammgruppe ein Elternabend statt. Soweit es ihre Zeit zuläßt, können die Eltern auch in der Selbstverwaltung, bei AG's und Ausflügen oder z.B. bei der Gestaltung des Gebäudes mitarbeiten

Finanzen:

Zum größten Teil wird die Freie Schule Bochum durch staatliche Zuschüsse finanziert, zum kleineren Teil durch Spenden von Eltern und Mitarbeitern. Die Eltern zahlen durchschnittlich 320 Mark.

Chronologie der Freien Schule Bochum

Vor dem Start in die spannende Praxis der Freien Schule Bochum war schon einiges an Vorbereitungsarbeit zu leisten. Deshalb fängt die eigentliche Geschichte der Freien Schule Bochum schon vor dem Schulstart am 7.9.1981 an.

1977: Eine Handvoll LehrerInnen und Eltern, deren Kinder staatliche Grundschulen besuchen, trifft sich mit dem Ziel, eine Alternativschule nach dem Vorbild der Glocksee-Schule Hannover, der Freien Schule Frankfurt und ausländischer Alternativschulen zu gründen. Die Gruppe entwickelt ein pädagogisches Konzept, stellt Finanzüberlegungen an und arbeitet sich knietief in die schwierige Privatschul-Juristerei ein.

1979: Das Konzept geht mit der Bitte um Stellungnahme an das Kultusministerium. Zwei Monate später immer noch keine Antwort.

1980: Der zuständige Ministerialbeamte erklärt, nach seiner persönlichen Meinung könne die Schule nicht genehmigt werden, weil eine Elterngruppe mit so wenig Akademikern eine solche Schule gar nicht auf die Beine stellen könne.

1981: Die Beamten des Schulamtes Bochum und beim Kultusministerium sind sehr interessiert an unserem Konzept. Der Regierungspräsident empfiehlt dem Kultusminister Girgensohn die Genehmigung, dieser lehnt aber ab. Die Eltern von 10 angemeldeten Kindern springen ab, aus Angst vor staatlichen Zwangsmaßnahmen. Deshalb startet die Freie Schule Bochum ohne staatliche Genehmigung mit nur 12 SchülerInnen am 7.9.1981 in einem alten Apothekenhaus in Bochum-Dahlhausen ihre Praxis. An demselben Tag wird der Kultusminister vor dem Verwaltungsgericht Gelsenkirchen auf Erteilung einer Genehmigung verklagt.

1982 - 1985: Das vor dem Start gesammelte Anfangskapital ist bald aufgebraucht, aber der AStA der Ruhr-Universität, die GEW Bochum, das Netzwerk Selbsthilfe, der Ökofond der Grünen und ein großer Förderkreis unterstützen unsere finanzschwache Schule. Die MitarbeiterInnen stehen unter ungeheurer Belastung, weil sie nicht nur unterrichten, sondern auch nur sehr wenig Geld erhalten, für den Lebensunterhalt zusätzlich jobben müssen und die Selbstverwaltung der Schule betreiben.

1985: Nach vierjähriger Wartezeit auf einen Verhandlungstermin entscheidet das Verwaltungsgericht Gelsenkirchen unseren Prozeß gegen den Kultusminister in allen strittigen Punkten zugunsten der Freien Schule. Der Kultusminister legt am letzten Tag der Berufungsfrist Berufung ein, bietet uns aber gleichzeitig Verhandlungen an.

1986: Weil die Juristen beim Kultusminister einsehen, daß sie auch in der Berufungsinstanz verlieren würden, und die SPD-Abgeordnete Brigitte Speth sich für uns engagiert, erhält die Freie Schule im Herbst '86 rückwirkend für 1985 eine vorläufige Betriebserlaubnis. Riesenjubel bei allen Kindern und Erwachsenen, als der von Staatssekretär Dr. Besch unterzeichnete Bescheid eintrifft.

1987: Schulaufsichtsbeamte des Regierungspräsidenten überprüfen den Leistungsstand unserer SchülerInnen mit positivem Ergebnis. Die Freie Schule erhält die endgültige Anerkennung mit uneingeschränktem Zeugnisvergaberecht und endlich auch staatliche Zuschüsse. Von der Stadt Bochum erhält die Schule ein altes Schulgebäude im Stadtteil Grumme zur Nutzung, das umgebaut und renoviert wird. Weil die meisten SchülerInnen aus der nicht genehmigten Zeit schon abgegangen sind und woanders ihre Schulabschlüsse gemacht haben, findet im Schulgebäude Liboriusstraße ein neuer Start statt. Gleichzeitig nimmt die Grundschulabteilung ihre Arbeit auf - wie nicht anders erwartet: zunächst ohne staatliche Genehmigung.

1990: Die Grundschulabteilung erhält nach intensiven Verhandlungen eine vorläufige Betrieberlaubnis. Seitdem trägt unsere Schule die offizielle Bezeichnung: "Freie Schule Bochum - Privatschule besonderer pädagogischer Prägung mit Grundschulabteilung und Sekundarstufe I (Gesamtschule)"

1991: Jubiläumsfeier am 14.9.91. Inzwischen besuchen 108 Mädchen und Jungen aus allen Schichten der Bevölkerung die Schule. Über 5000 Besucher haben sich schon über die Arbeit der Schule informiert. Es gibt zahlreiche Veröffentlichungen, mehrere Fernsehfilme und sogar öffentliches Lob aus dem Kultusministerium. Im gleichen Jahr erhält die Grundschulabteilung der Freien Schule Bochum auch die endgültige Anerkennung.

1993: Die Freie Schule Bochum zieht ein zweites Mal um, diesmal in ein größeres Schulgebäude in Wiemelhausen. Viele Anregungen aus einem Ideenwettbewerb der SchülerInnen zur Gestaltung des neuen Schulhofes werden umgesetzt (z.B. ein großer Schulgarten, ein Basketball- und ein Fußballplatz). Im gleichen Jahr fordert das Kultusministerium die Freie Schule Bochum dazu auf, Zensuren schon ab Klasse 7 zu vergeben und an die Stelle der inneren Differenzierung in der Sek.I eine äußere Differenzierung nach Leistungsgruppen vorzunehmen. Das Kultusministerium verbindet diese Aufforderung mit einem Erlaß, der unser Zeugnis- und Abschlußvergaberecht in Frage stellt. Einmal mehr muß die Freie Schule Bochum ihr pädagogisches Profil auf gerichtlichem Wege verteidigen.

1996: Nach zähen Verhandlungen erzielt die Freie Schule Bochum in dem seit 1993 anhängigen Verwaltungsstreitverfahren endlich eine Einigung mit dem Kultusministerium. Die Freie Schule Bochum kann ihre bewährte Praxis der inneren Differenzierung bis auf einige Ausnahmen beibehalten und nach wie vor müssen Zensuren erst ab Klasse 9 vergeben werden.

Norbert Henn

Rückblick und Perspektiven - zur Entwicklungsgeschichte der Freien Schule Bochum

15 Jahre Freie Schule Bochum - für einen Einzelnen ist das ein langer Zeitraum und tatsächlich gibt es niemanden, der die FSB als Beschäftigter so lange begleitet hätte. Für die Entwicklung einer Schule mit dem Anspruch "Lernen kann ganz anders sein" ist dies ein kleiner Zeitraum.

Vergegenwärtigt man sich einmal die hochgesteckten Ziele des Konzeptes und die dagegen verschwindend kleinen materiellen und personellen Ressourcen dieser Schule, so ist es ein kleines Wunder, wieviel Optimismus und Engagement hier über viele Jahre erhalten werden konnte.

Was hochdotierten Bildungsräten, samt staatlichem Schulapparat mit Millionen-Haushalt und der geballten Kompetenz tausender erfahrener Kollegen in der bildungspolitischen Aufbruchszeit der 60er und 70er Jahre nicht gelungen ist, nämlich ein Modell einer "humanen Schule" zu entwickeln, das sich nicht in frustrierenden Erfahrungen festlief, wie sollte das einer handvoll Eltern, SchülerInnen und LehrerInnen in einer Zeit gelingen, die politisch eher von konservativen „Wendepolitikern" geprägt war?

Sagen wir es kurz und knapp: Dies konnte, wenn überhaupt, nur bruchstückhaft gelingen und war mit einer Menge z.T. harter, weil vom ursprünglichen Standpunkt doch erheblich abweichender Lernprozesse verbunden.

Ein wichtiger dieser Lernprozesse war z.B., wie wenig ein funktionierender Schulalltag am „Grünen Tisch" geplant werden kann. Oder anders ausgedrückt, wie wenig ein pädagogisches Konzept über die wirklichen Abläufe im Schulalltag aussagt.

Dachten wir damals in der Zeit alternativer Hochstimmung vielleicht noch, eine bessere Schule im „Hurra-Verfahren“ beschließen und schon bald umsetzen zu können, wenn der „reaktionäre Schul-und Beamtenapparat" uns nur keine Knüppel mehr zwischen die Beine werfen würde, so mußten wir inzwischen einsehen: Der Weg zu einer funktionierenden, alternativen Schulpraxis ist lang und das pädagogische Konzept kann man allenfalls als Grundsteinlegung für das Gebäude „Freie Schule" betrachten. Die Entwicklung des pädagogischen know-hows, das für eine andere Schulpraxis dringend notwendig ist, vollzieht sich nicht im Sturmlauf, sondern ist mit viel pädagogischer Kleinarbeit verbunden - eine Erfahrung die wir sicher mit vielen „Alt-Achtundsechzigern" und deren Nachfolgern teilen, die auf ihrem Marsch durch die Institutionen irgendwo im Detail steckengeblieben sind.

Die „äußeren Anfechtungen" waren dabei nicht unbedingt die größte Schwierigkeit, sondern wirkten eher solidarisierend und motivierend.

Wirklich zermürbend war in den ersten Jahren aber die Kombination des äußeren Drucks, die fehlenden finanziellen Mittel und vor allem die inneren Zweifel, ob das, was sich an alltäglicher Praxis und manchmal frustrierenden Lernprozessen abspielte, das war, was man pädagogisch wollte und wofür es sich lohnte, die Mühen einer Privatschulgründung auf sich zu nehmen. Denn während „Regelschulen", quasi per Gesetz legitimiert und kaum hinterfragt, eine Schulpraxis fahren, die oft meilenweit hinter ihrem Bildungs- und Erziehungsauftrag hinterherhinkt, ist die Frage der Daseinsberechtigung und Legitimation in diesem fragilen Gebilde einer privaten Mini-Gesamtschule allgegenwärtig (und ein nicht zu unterschätzender Stressfaktor für alle dort verantwortlich Beschäftigten).

Dies geschieht auf verschiedenen Ebenen. Ob Vertreter vom RP oder KuMi mit ständig neuen Überprüfungen, ob interessierte Eltern, die sich von den Vorteilen einer zusätzlichen Investition in Sachen Bildung überzeugen lassen wollen, ob Fernsehleute, Journalisten, Dozenten und Studenten, Praktikanten, Kollegien anderer Schulen auf Fortbildungsreise oder auch nur Pädagogik-Oberstufen-Kurse, die sich mal was Exotisches anschauen wollen - sie alle drängen in die Klassenzimmer, würden gerne pädagogisch Sensationelles sehen und fragen nach der besonderen Legitimation der Schule.

Manchmal wäre man geneigt ganz lapidar zu antworten: Nun es ist interessant hier zu arbeiten, unsere SchülerInnen fühlen sich im Großen und Ganzen wohl und lernen relativ stressfrei. Sie treten selbstbewusst auf. Es gibt viele private Kontakte. Hier kommt es auf jeden Einzelnen an. Wir versuchen das Beste für jeden herauszuholen.

Unangenehm wird es, wenn Vertreter der Kultusbürokratie in einer schizophrenen Arbeitsteilung, zwischen pädagogischen und juristischen Experten auftreten. Dabei fällt den pädagogischen Experten die Aufgabe zu, die Besonderheit und Einmaligkeit der Schule zum Maßstab ihrer Existenzberechtigung zu machen. Gleichzeitig überprüfen die juristischen Experten die Übereinstimmung mit Vorgaben und Verfahrensweisen von Regelschulen und machen hiervon das Recht auf Vergabe der Schulabschlüsse abhängig. Fairerweise muß man aber sagen, daß es auch immer wieder konstruktive und hilfreiche Kollegen in der Schulbürokratie gibt.

So treibt es denn hin, das Schulschiff, eingeengt zwischen der Scylla "experimenteller, unerprobter, innovativer Strukturen (und den auch damit verbundenen Irrtümern und Lernprozessen)" und der Charybdis "zu große Regelschulähnlichkeit und Profillosigkeit".

Oh, glücklich das Land, in dem man ganz unspektakulär pädagogisch innovativ arbeiten kann (und die wichtigen Entwicklungsschritte in pädagogischen

Prozessen vollziehen sich oft jenseits äußerlicher Sensationen). Glücklich auch das Land, in dem eine vielfältige, bunte Bildungslandschaft selbstverständlich ist und die Suche nach neuen Organisations- und Erscheinungsformen des Lernens nicht gleich zum ideologisch geführten Modell- und Streitfall wird.

Doch schauen wir nochmal kritisch auf die Anfangsjahre zurück und sprechen auch über die Zweifel und Selbstzweifel.

Phase 1: Die Anfangsphase oder: Summerhill läßt grüßen

Eine "Schule, die ganz anders ist", sollte es sein. Und was sich in den ersten Jahren der Initiative mit einer Handvoll Kinder und vielen engagierten Erwachsenen in dem alten Wohnhaus in Dahlhausen abspielte, war schon abenteuerlich anders, als das, was wir selbst als Schule erlebt hatten. Es setzte sich so wohltuend von der muffigen, bürgerlichen, obrigkeitshörigen, ungerechten und übermächtigen „Institution" Schule der 50er und 60er Jahre ab. Anders war´s zweifellos, aber erfüllte es auch alle Bedingungen, die auf Dauer an eine Schule gestellt werden?

Was läßt sich über die Qualität des Lernens in den ersten Jahren sagen?

Sicher sind Erfahrungen gesammelt worden und Lernprozesse gemacht worden. Wenn man so will, gibt es ja keinen "lernfreien" Raum, und was wichtige Lernerfahrungen sind, die die Entwicklung des Einzelnen nachhaltig beeinflussen, läßt sich nicht immer genau definieren. Aber waren das Lernprozesse und Erfahrungen, die im Rahmen einer Schule ablaufen müssen? Hätten die Jugendlichen nicht die meisten Erfahrungen auch ohne den ganzen theoretischen Überbau der beteiligten Erwachsenen gemacht? Waren es Erfahrungen, die die Jugendlichen auf das vorbereitet haben, was sie danach erwartete? Waren die unterschiedlichen Aspekte und Funktionen von Schule berücksichtigt?

Diese Fragen mag jeder, der die Anfangsjahre miterlebt hat, anders für sich beantworten. Wenn man jedoch hört, was ehemalige Initiativler berichten, dann hatte es im Rückblick mehr Züge von einem Jugendfreizeitheim bzw. Jugendzentrum, als von einer Schule. Neu waren weniger die Strukturen oder gar die revolutionären Lernprozesse, die sich dort abspielten, sondern die Tatsache, daß man viele Betätigungen, die sich sonst mehr oder minder im Freizeitbereich abspielten, nun als Schule definierte und diese den überwiegenden Teil des Schulalltages ausmachten.

Diese Erweiterung des Schulbegriffes war ein wichtiger Aspekt, und für einige der Kinder und Jugendlichen war sicher der gewonnene Entfaltungsraum und die emotionale Sicherheit wichtiger als das Ansammeln von schulfachlichem Wissen.

Nicht gewollt aber, und konträr zu vielen anderen konzeptionellen Absichten war, daß man sich hiermit, sozusagen als heimliche Struktur, einen eher lernunfreundlichen Raum, voll im Trend der damaligen Null-Bock-Zeitgeist-Strömung in die Schule geholt hatte. In dieser Schule war es nicht leicht zu lernen (und erst recht nicht zu lehren) da jeder neue Lernprozess unter hohem Energieaufwand neu legitimiert, eingeleitet und sozusagen in unfruchtbarer Wiederholung individuell und persönlich den Frust- und Nullbock-Tendenzen abgerungen werden mußte.

Unter diesen Rahmenbedingungen liefen auch fortschrittliche Lern-und Arbeitsformen, wie Projektunterricht oder Freiarbeit oft an den SchülerInnen vorbei, da sie sich in direkter Konkurrenz nicht gegen Freizeitinteressen und Ausweichtendenzen durchsetzen konnten.

Lernerfolge konnten oft nur mit einem hohen personellen Energieaufwand gesichert werden und oft stand einem großen Vorbereitungsaufwand von Seiten der Lehrenden ein recht kleiner Lernerfolg gegenüber. Hierin dürfte, neben der schlechten Bezahlung, ein Hauptgrund für die nicht abreißende Fluktuation im Kollegium liegen.

Gleichzeitig erwies sich die Hoffnung auf die eigendynamische Entwicklung von Neugier- und Lernverhalten auf Seiten der SchülerInnen unter den damaligen Bedingungen als weit überhöht.

Phase 2: Die Wende zur Verbindlichkeit und Pflichtunterricht

Ein Papier aus dem Jahre 1990, das auf die damalige Entwicklung zurückblickt, mag im folgenden den damaligen Stand der Überlegungen zu diesem Problem verdeutlichen und stellt im weiteren Verlauf auch die wesentlichen Gründe für die Wende zu mehr Verbindlichkeit und Pflichtunterricht dar.

„Befragt man SchülerInnen der SEK I nach dem, was für sie das wichtigste in der FSB ist, weisen die Antworten meist auf ihre „sozialpädagogischen Funktionen" hin: Schule als Treff mit Gleichaltrigen, als soziale Veranstaltung mit großfamilienähnlicher Atmosphäre, als relativ angenehmer, stressarmer und freizeitintensiver Lebensraum.

Sie begreifen die FSB in der Mehrzahl weniger als Möglichkeit anders zu lernen, sich auf selbstbestimmtere Art und Weise Wissen, Fähig- und Fertigkeiten anzueignen.

Die Bereiche - eigene Interessen und Lustgefühle einerseits und - Lernstoff, gesellschaftliche Anforderungen andererseits - stehen sich möglicherweise noch unversöhnlicher gegenüber als in der Regelschule, da die Erwartungshaltung vieler SchülerInnen an „Freie Schule" eher auf Lustprinzip und Erfüllung ihrer Freizeitinteressen gerichtet ist...

Die allgemeine Bereitschaft sich auf längerfristige Lernprozesse einzulassen ist gering. Auch wenn versucht wird an Schülerinteressen direkt anzuknüpfen, stößt man oft auf Desinteresse oder sogar eine Abwehrhaltung, die eigene Person und Lebenswirklichkeit in einen schulischen Lernprozess einfließen zu lassen.

Die grundlegende Schwierigkeit besteht darin, daß schulisches Lernen keinen wirklich integrierten Stellenwert hat, sondern ein Fremdkörper bleibt, der von den LehrerInnen gegen Freizeitinteressen, sowie Ausweich- und Fluchttendenzen der SchülerInnen in immer neuen Einzelsituationen durchgesetzt werden muß. Eine Situation, die sich erst entspannt, wenn Druck von außen einsetzt (Abgangszeugnisse / Schulabschlüsse, gelegentlich auch Druck von den Eltern).“

Diese Kritik ist hart formuliert, trifft aber m.E. in zugespitzter Form die Hauptschwierigkeiten, wie sie sich aus dem Resümee der Anfangsphase darstellten und erklärt die Motive für das Umschwenken im weiteren Verlauf der Entwicklung.

Die FSB stand also, vereinfacht gesagt, in dieser zweiten Entwicklungsphase vor der Aufgabe, neben dem „sozialpädagogischen“ Aufgabenbereich den Bereich „schulisches Lernen“ besser und effektiver in die alltäglichen Abläufe zu integrieren und die Qualität, aber auch die Effektivität der Lernprozesse zu erhöhen und sie aus einer falschen Konkurrenzlage herauszubringen.

Nach langen Diskussionen entschied man sich für die Einführung von mehr Verbindlichkeit und Pflichtunterricht. Nun gab es den geregelten Fachunterricht und einen Stundenplan, der sich nicht mehr allzusehr von dem einer Regel-Gesamtschule unterschied.

Der „Pflichtunterricht" hatte im Vergleich zur vorherigen Organisationsform folgende Vorteile:
- die Lernprozesse waren besser planbar und konnten als Gruppenprozesse über längere Zeit mit einem gemeinsamen Anfang und Ende ablaufen, man konnte besser an gemeinsame Vorerfahrungen anknüpfen und aufbauend arbeiten, längerfristige Vorhaben wurden möglich, der Druck zu einer oberflächlichen Knalleffekt- bzw. Sensationspädagogik nahm ab;
- das „Lustprinzip" (oder sollte man besser sagen „Unlustprinzip") blieb zwar ein wichtiger, aber nicht allein ausschlaggebender Faktor, so konnte man auch Lernbereiche besser abdecken (z.B. Mathematik), die sich nicht immer für jeden Schüler durch intrinsische Motivation erschließen lassen;
- Arbeitsformen und Arbeitstechniken konnten systematischer aufgebaut werden (Stichwort: "Lernen lernen");
- die Qualifizierung für die Schulabschlüsse, bzw. das Recht der FSB auf Zeugnisvergabe stand auf weniger wackeligen Füßen.

Doch neben der überwiegend positiven Rückmeldung der beteiligten SchülerInnen, Eltern und LehrerInnen nach Einführung des Pflichtunterrichtes, gab es auch sehr kritische Stimmen.

So war es in Kreisen der Alternativschulbewegung eine äußerst umstrittene Entwicklung und für manche bedeutete es schon das Scheitern des Konzeptes und die Aufgabe gemeinsamer Überzeugungen.

Ich sehe es mehr als einen damals mutigen Schritt und als ein sympathisches Charakteristikum der FSB; nämlich die eigene Praxis kritisch reflektieren zu können, die Interessen und Bedürfnisse der Beteiligten im Vordergrund zu sehen und notfalls auch gegen alternative Dogmen oder was man dafür hält zu entscheiden.

Und dieses Interesse war vor allem bei den von vielen Frust-Erlebnissen gebeutelten LehrerInnen aber auch bei vielen SchülerInnen deutlich: Nach der anfänglichen, nennen wir sie „Chaos-Phase" zu verläßlicheren und verbindlicheren Strukturen zu gelangen und dem schulischen Lernen einen größeren und planbareren Stellenwert zu geben.

Freilich fiel die Wende zum herkömmlichen, lehrerzentrierten Fachunterricht (in Ermangelung erprobter anderer Unterrichtserfahrungen) etwas einseitig aus.

Jedenfalls gab es in der Folge dieser Entscheidung und im Zusammenwirken mit immer wieder neuen Auflagen von Seiten des KuMi's, von nun an Abgrenzungsprobleme gegenüber dem Regelschul-System. Manch einem war diese Schule der „Regelschule" schon wieder viel zu ähnlich geworden.

Jedenfalls begann die Suche nach dem neuen Profil, denn es war klar, die Entwicklung der Schule hatte gerade erst begonnen und der jetzige Zustand konnte nur ein Durchgangsstadium sein.

Phase 3 : Der Aufbau der Grundschule und die Wochenplan-Phase

In dieser Situation gab es eine weitere wichtige Entwicklung, denn zunächst ohne Genehmigung, ab 1991 dann mit vorläufiger staatlicher Genehmigung, hatte die Grundschule ihre Arbeit aufgenommen. Hiermit rückten wieder die Öffnung des Unterrichtes und verschiedene Formen der inneren Differenzierung in den Vordergrund, wie sie etwa innerhalb der Freinet-Pädagogik oder in der Arbeit mit dem Wochenplan praktiziert werden.

In der weiteren Entwicklung der Grundschule wurde dann die Wochenplanarbeit immer weiter ausgebaut. Dabei diente sie nicht nur als eine Arbeitsform in einigen Stunden der Woche, sondern wurde zum durchgängigen Organisationsprinzip der Unterrichtsarbeit und Differenzierung.

Das schon weiter oben genannte Papier von 1990 erläutert die damit verbundenen Zielsetzungen:

„Darüber hinaus bietet der Wochenplanunterricht im Vergleich zu dem in der SEK I praktizierten Fachunterricht hauptsächlich folgende Vorteile:

- er stellt einen fächerübergreifenden organisatorischen Rahmen dar und ermöglicht, trotz einer Vielfalt von verschiedenen Wegen und Aufgaben, einen Überblick über die unterschiedlichen Lernfortschritte zu behalten und diese zu steuern,
- er macht für die SchülerInnen die auf sie persönlich zugeschnittenen Anforderungen transparenter und vergrößert ihre Mitsprachemöglichkeit durch Vorschlagsrecht für den nächsten Wochenplan,
- er ist geeignetes Werkzeug, um Lernprozesse gleichzeitig zu individualisieren und zu effektivieren,
- die Wochenpläne und die dazugehörigen Arbeitsergebnisse können unsere Form der schriftlichen Arbeit und Leistungskontrolle sein (RP-Forderung). Sie dokumentieren den Stand jedes einzelnen Schülers nach außen, wie nach innen (im Sinne einer Rückmeldung und Selbsteinschätzung).
- Wochenpläne stellen einen flexiblen Rahmen dar, um auf die sehr unterschiedlichen Lernmotivationen der SchülerInnen angemessen zu reagieren. Als geschlossener Wochenplan ist er als „Vertrag" über die zu erbringende Mindestleistung handhabbar, als offener Wochenplan läßt er einen breiten

Entscheidungsspielraum für diejenigen SchülerInnen, die damit umgehen können. Auf diese Art und Weise wird es möglich, je nach individuellem Vermögen abgestufte Formen von „Freier Schule" zu entwickeln. Dies könnte ein Weg aus der problematischen Entwicklung sein, daß Freiräume für die ganze Gruppe immer mehr eingeschränkt werden, weil einige SchülerInnen damit nicht umgehen können."

Während die Erfahrungen mit der Wochenplanarbeit in den ersten beiden Durchgängen sehr positiv war und sich dort eine aufgelockerte, aber anregende Lernatmosphäre entwickelte, wurden die Diskussionen um die Wochenplanarbeit in der Sek. I mit Skepsis verfolgt.

Dies hatte mehrere Gründe. Zum einen war man froh, daß sich nach den ersten Jahren die Lernsituation stabilisierte, zum anderen gab es vom Alter, der Lernmotivation, aber auch der Vorgeschichte der SchülerInnen wesentlich andere Voraussetzungen. Sicher spielte es auch eine Rolle, daß es damals noch wenig Sek. I-Materialien gab, die für die Wochenplanarbeit geeignet waren. Außerdem gab es in der Sek. I durch die Differenzierung in G-und E-Niveaus bereits mehr äußere Differenzierung.

Zunächst ließ sich nur eine Gruppe der Sek. I auf die Arbeit mit Wochenplänen ein, dies allerdings so ausschließlich, daß in den Fächern Deutsch, Mathe und Englisch nur noch in individualisierter Form gearbeitet wurde. Das führte nach einer Anfangseuphorie aber schnell in eine Sackgasse, wobei man schlecht auseinanderhalten kann, auf welche Ursachen dies zurückzuführen ist.

Jedenfalls sank die Motivation der SchülerInnen dieser Klasse mit Wochenplänen zu arbeiten bald und die Lernfortschritte einiger SchülerInnen waren, trotz des großen Vorbereitungs- und Nachbereitungsaufwandes der LehrerInnen, nicht befriedigend.

Aber auch in der Grundschule gab es in der nachfolgenden Gruppe nicht nur gute Erfahrungen mit dem Wochenplan. Insbesondere ein häufiger Lehrerwechsel in Kombination mit sehr ausgedehnter individualisierender Wochenplanarbeit, erwiesen sich als eine problematische Mischung, die zu Fehlentwicklungen führen konnte: z.B. ein durchgängig hoher Lärmpegel, eine unkonzentrierte Arbeitsweise mit vielen Unterbrechungen und unerledigten Aufgaben, eine „Ausfüllmentalität" bei Arbeitsblättern ohne Verständnis für Zusammenhang und Aufgabenstellung, zu wenig direkte Rückmeldung und Korrektur mißverstandener oder falsch gelöster Aufgaben, sehr selektive Erledigung der Aufgaben und Ausweichen vor bestimmten Lernanforderungen (z.B. Schreiben), aber auch im Vergleich zu den Lernfortschritten der SchülerInnen unverhältnismäßig viel Material-, Vorbereitungs- und Nachbereitungsaufwand für die LehrerInnen.

Dies alles spricht nicht grundsätzlich gegen Wochenplanarbeit, zeigt aber auf, welche Gefahren die Wochenplanarbeit beinhaltet, wenn die entsprechenden Rahmenbedingungen nicht stimmen und sie mit Inhalten und Aufgaben überlastet wird.

Vor allem darf und kann sie nicht gemeinsame Erarbeitungen und Unterrichtserfahrungen in der Gruppe ersetzen. Wichtig für die Entwicklung des "schulinternen Unterrichts-Know-How's" war sie allemal und mit dem Hineinwachsen der Grundschulgruppen in die Sek. I wurde sie auch dort ein selbstverständliches Element, freilich mit einem reduzierten Stellenwert.

Neben der Adaption der Wochenplanarbeit konnte auch die Arbeit mit verschiedenen Ausprägungen des *projektorientierten Unterrichtes* in dieser Entwicklungsphase ausgebaut werden.

Inzwischen sind die *vier Projektwochen* ein fester Bestandteil des Schuljahres. Für diese 4 Projektwochen ist eine auf die Verhältnisse der Schule angepaßte Struktur entwickelt worden, die verschiedene thematische Schwerpunkte beinhaltet und den erfahrungsgemäß schwierigen Prozess der Themenfindung mal stammgruppenintern, mal übergreifend, schulweit regelt.

Die organisatorisch abgehobene Verfolgung des Projektgedankens, sozusagen als Sonderveranstaltung außerhalb des normalen Unterrichtes war uns aber noch nicht genug. Uns lag daran, ihm organisatorisch, auch innerhalb des normalen Stundenplanes einen Platz zuzuordnen. Daher richteten wir in jeder Stammgruppe eine "Projektschiene" ein, die 4 Wochenstunden umfaßt und in der epochenweise (etwa 6 bis 8 Wochen) an verschiedenen Themen gearbeitet wird. Dies hat sich in unterschiedlichen Ausprägungen in den verschiedenen Stammgruppen der Sek. I bisher sehr bewährt, auch wenn im 3. Jahr der bisherigen Laufzeit es uns stundenplantechnisch nicht mehr gelungen ist, die "Projektschiene" in allen Stammgruppen zeitlich parallel zu fahren. Dadurch ist der zunächst angedachte Austausch der LehrerInnen, je nach Thema, nur noch eingeschränkt möglich.

Neben dieser Projektschiene ist es aber auch innerhalb des normalen Fachunterrichts oft möglich, thematische Brücken zwischen den einzelnen Fächern zu schlagen und z.B. im Deutsch-, Mathe- oder Arbeitslehre-Unterricht thematisch an das Epochen-Projektthema anzuknüpfen. Dies ist zwar in der Vorbereitung für die LehrerInnen aufwendiger als ein "normaler" Fachunterricht, jedoch gibt es gerade in letzter Zeit auch zunehmend Unterrichtsmaterialien, die Fachwissen unter einem übergreifenden thematischen und handlungsorientierten Aspekt vermitteln und so das Herstellen von thematischen Bezügen auch innerhalb des von Fachstunden geprägten Stundenplanes erleichtern. Als erleichterndes Element kommt an unserer Schule hinzu, daß relativ viele Fächer von den Stammgruppenlehrern abgedeckt werden und so ein thematischer Brückenschlag ohne große Absprache leichter möglich ist.

Insgesamt konnte sich in dieser Phase die Grundschulabteilung mit einem offenen, lernanregenden und soziale Nähe fördernden Unterrichtskonzept etablieren. Dabei erwies sich vor allem, daß viele konzeptionelle Ansprüche in dieser Altersgruppe leichter zu realisieren sind, als unter den Bedingungen der Pubertät. Trotzdem konnte in der Sek. I die vorübergehende Reduzierung auf klassisch geprägten Fachunterricht wieder erweitert und für Formen des selbstbestimmteren und projektorientierten Arbeitens geöffnet werden.

Dabei ist es gelungen, den starken Akzent auf "soziales Lernen" aus der Anfangszeit und die atmosphärischen Vorteile einer kleinen, überschaubaren Schule zu erhalten.

Auch demokratische Umgangsformen und Strukturen sind inzwischen so selbstverständlich, daß sie von den Beteiligten kaum noch als besonders wahrgenommen werden. Selbstbewußtes Auftreten, soziale Kompetenz in Gruppen, sowie ein angst- und konkurrenzfreies Lernklima sind selbstverständlich.

In der Regel gelingt auch die Integration von einzelnen Kindern, die in der Regelschule gescheitert sind, obwohl dies, trotz massiver Nachfrage, nicht zu unserer Hauptaufgabe werden sollte.

Phase 4: Die Schule wächst aus den Kinderschuhen. Von der Initiativphase zum „Dauerbetrieb"

Wie in der persönlichen Biographie, ist auch dieser Abschied von der "Kindheit" mit durchaus zwiespältigen Gefühlen beladen. Manch einer, der die Entwicklung der Schule verfolgt hat, trauert etwas nostalgisch den Tagen der Initiative und der ersten Begeisterung, vielleicht sogar den Grundsatzdebatten (?) und dem Zwang zur Improvisation nach. So manche informelle Struktur ist durch (relativ) geregelte Bahnen ersetzt worden. Der ganze Ablauf hat sich etwas mehr einem geregelten Schulbetrieb angeglichen. Auch die Stellung der Eltern hat sich geändert. Viele sind inzwischen froh, wenn sie nicht mehr allzuviel mit dem Schulbetrieb zu tun haben und auch so manche LehrerIn ist nicht mehr bereit, nicht nur die Arbeitszeit, sondern auch große Teile der Freizeit der Freien Schule zu widmen.

Doch auch wenn viele äußere Abläufe in geregelteren Bahnen verlaufen, braucht man mit Sicherheit keine Angst zu haben, daß Langeweile aufkommt.

Denn die Entwicklung der Schule ist noch längst nicht in allen Bereichen an einem Punkt angelangt, an dem man von Strukturen sprechen kann, die für einen Dauerbetrieb geeignet sind.

Einige dieser Punkte sind Konstruktionsschwächen, die sich schon länger durch die Geschichte der Schule ziehen, andere sind kurzfristigerer Natur und leichter zu lösen. Wieder andere ergeben sich aus der Veränderung der "umgebenden Schullandschaft".

Unter dem Stichwort "Strukturreform" arbeitet die Schule in letzter Zeit wieder verstärkt an der Aufgabe, über Strukturen, die sich teils gewollt, teils aber auch unbeabsichtigt entwickelt haben, nachzudenken und den Entwicklungsprozess in bewußtere, vor allem aber auch gemeinsam beschrittene Bahnen zu lenken.

Hier seien einige wichtige Fragestellungen thesenartig dargestellt, die für die weitere Entwicklung der Schule von Bedeutung sind.

1. Profilschärfung

Die Freie Schule Bochum vereint in ihrem Konzept und ihrer Schulpraxis Gedanken, Zielsetzungen und Ansprüche aus mehreren reformpädagogischen Strömungen.

Sie läuft dabei einerseits Gefahr unverträgliche Ingredenzien zu vermischen (z.B. offene Lernstrukturen, die auf Eigenmotivation und selbstverantwortliches Lernen angewiesen sind, mit der Aufnahme eines hohen Anteils von Kindern und Jugendlichen, die mit Lern- oder Verhaltensproblemen von anderen Schulen kommen). Andererseits besteht die Gefahr, sich in der Vielzahl der Ansprüche zu verzetteln, alles ein wenig, aber nichts davon deutlich und sichtbar umzusetzen.

Insbesondere in Anbetracht der geringen Größe der Schule, aber auch im Vergleich mit den zu anderen Privatschulen äußerst geringen finanziellen und materiellen Ressourcen scheint eine Auswahl und Schwerpunktsetzung notwendig. Hierbei soll es darum gehen, jeweils einen Entwicklungsschwerpunkt für eine Anzahl von Jahren festzulegen, diesen organisatorisch einzubetten und mit materiellen und personellen Strukturen auszustatten.

Diese Profilschärfung und Schwerpunktsetzung sollte möglichst auch dazu führen, daß das Profil der Schule nach außen deutlicher darstellbar wird und wir aktiver von uns aus auf Zielgruppen zugehen können, statt uns in bestehende "Marktlücken" (z.B. Alternative zur Sonderschule) drängen zu lassen.

Sie soll auch dazu führen, die Rolle der Institution Freie Schule (in einem demokratischen Sinn) deutlicher werden zu lassen und sich bei der Entwicklung der Schule weniger auf einen "summativen Wildwuchs" von Einzelaktivitäten zu verlassen (jeder zieht an einer anderen Ecke). Ein weiteres Ziel ist, die geschaffenen Strukturen und die Begrenzung der Ziele, die pädagogische Machbarkeit und Umsetzbarkeit der Ansprüche durch die LehrerInnen wahrscheinlicher zu machen. Dadurch könnte ein Grund für die hohe Lehrerfluktuation abgebaut werden.

Innerhalb des Profilschärfungsprozesses sollten m.E. folgende Schritte geklärt werden:

- Aktualisierung des Konzeptes, insbesondere eine Verträglichkeitsprüfung zwischen den einzelnen Elementen, aus denen sich das Konzept zusammensetzt
- Zielgruppen- und Marktanalyse
- Wirtschaftlichkeitsprüfung der bestehenden Strukturen (durch Unternehmensberatung)

Zwar sollten die Ergebnisse der letzten beiden Punkte nicht unbedingt ausschlaggebend für die Weiterentwicklung sein, sie könnten aber interessante Schlaglichter auf die bestehenden Rahmenbedingungen werfen.

- Zusammenstellung von verschiedenen möglichen Schwerpunktsetzungen mit zu erwartenden Kosten und Vorgaben für Personal-, Stundenplan- und Know-how-Planung und das Einholen von Rückmeldungen hierzu aus den verschiedenen Gremien der Schule.
- Entscheidung über den Entwicklungsschwerpunkt für die nächsten 2 bis 4 Jahre nach Rückmeldungen und Nähe zu den tatsächlich schon bestehenden Besonderheiten der Schule (ein den bestehenden Strukturen fernliegender Schwerpunkt wäre unrealistisch)
- Es wäre dann zu prüfen, ob sich der ausgewählte Entwicklungsschwerpunkt in Form von übergreifenden Jahresthemen, in bestimmten Epochen oder durch Veränderung in der bisherigen Tagesstruktur besser realisieren läßt.

2. Lernen erleichtern

Genauso wie es im Bereich der Regelschulen mit klassischem Fachunterrichtskonzept Bedingungen gibt, die für die Lernfähigkeit, die Motivation und das Entwicklungspotential der SchülerInnen wenig förderlich sind, sollten wir auch unser Konzept kritisch daraufhin befragen, ob es sich in der Praxis bewährt hat und schulisches Lernen für die SchülerInnen wirklich erleichtert. Hierbei haben sich in folgenden Teilgebieten immer wieder Reibungspunkte zwischen alternativen, konzeptionellen Ansprüchen und schulischem Alltag ergeben, deren ungenügende Klärung einen großen Energieverlust für das ganze System "Freie Schule" ausmacht.

a) Die Frage nach Verbindlichkeit und Regeleinhaltung

- regelmäßige Teilnahme am Unterricht
- gemeinsamer Unterrichtsbeginn
- Unterrichtsunterbrechung durch Privatgespräche und -aktionen
- Einhaltung von Gesprächsregeln in Gruppengesprächen
- Umgang mit Raum und Inventar

Diese nicht nur in der Freien Schule auftretenden Problembereiche haben sich bei uns (durch den Verzicht auf institutionellen Druck?) in bestimmten Phasen und Stammgruppen massiv in den Vordergrund gedrängt. Insbesondere in den jeweils 7. Klassen stellten sich diese Bereiche als unzureichend geregelt dar.

Hierbei haben viele über die Jahre einsehen müssen, daß der Verzicht auf eine institutionelle Regelung dieser Fragen den Einzelnen zu häufig überfordert. Gruppenregeln müssen demokratisch und beeinflussbar sein. Sie müssen sich aber auch gegen Störverhalten Einzelner durchsetzen lassen. Wo dies nicht geschieht, sind Diskussionen und Abstimmungen über Gruppenregeln müßig. Sie werden von den SchülerInnen dann nicht mehr ernst genommen. Wichtige soziale Lernprozesse, wie die Entwicklung von Solidarität innerhalb der Gruppe, können dadurch ernsthaft blockiert werden.

Diesen Erfahrungen gegenüber steht aber weiterhin ein Mißtrauen gegenüber Formen "struktureller Gewalt" und die Sorge um die Rechte des Einzelnen.

Innerhalb der Schule ist zu der Frage, wie man mit Regelverstößen umgeht, noch kein gemeinsamer Nenner erarbeitet worden, vielleicht auch deshalb, weil das Thema "Sanktionen" lange ein Tabu-Thema war.

Hierdurch entstehen Verhaltensunsicherheiten oder sogar eine gewisse Unkenntlichkeit, was nun verbindliche Regel ist und was nicht. Die Durchsetzbarkeit von Gruppenregeln gegenüber den verschiedenen Sonderinteressen Einzelner ist äußerst schwierig und wird oft von Stammgruppe zu Stammgruppe sehr unterschiedlich gehandhabt.

b) Schulleistungen

Konzept und bisherige Praxis der Schule gehen davon aus, daß die Zielvorgabe:

- Vergabe von Schulabschlüssen nach Maßstab der Regelschule

und die Zielvorgabe:

- Schaffung deutlich anderer Formen von Lernen als die Regelschule

miteinander verknüpfbar sind.

Für die Erreichung ihres Zieles gibt es in der Regelschule Vorgaben und Mechanismen, wie z.B. verschiedene Formen der Leistungskontrolle und -bewertung, Zensurengebung/Zeugnisse und Sitzenbleiben, die den Lernstandard und die genügende Stoffprogression sichern sollen.

Nun ist es relativ leicht, die Nachteile von Zensurengebung, Zeugnissen oder gar Sitzenbleiben bis hin zum "Schulscheitern" aufzuzählen und sie alsdann abzuschaffen.

Problematisch wird es aber, wenn man auch ohne diese extrinsischen Leistungsanreize am gleichen Ziel ankommen will. Niemand wird ernsthaft behaupten wollen, alle SchülerInnen einer Klasse ließen sich rein aus der Sache her für den Erwerb des abprüfbaren Standardwissens in den verschiedenen Schulfächern motivieren.

Die in der Alternativschulbewegung eine zeitlang verbreitete Hoffnung, dies ergebe sich schon von selbst oder ließe sich mal eben in einem "Paukjahr" im letzten Schuljahr nachholen, funktioniert vielleicht im Einzelfall. Für die Mehrzahl unserer SchülerInnen und erst recht für solche mit Lern- oder Verhaltensproblemen, hat sich dies jedoch als Illusion erwiesen.

Mit anderen Worten: Es genügt nicht Zensuren, Sitzenbleiben oder auch z.B. Hausaufgaben abzuschaffen, wenn wir nicht Strukturen der Leistungsrückmeldung, Zielerreichung und extrinsischer Motivation entwickeln, die ihre positive Funktion ergeben.

Dies ist uns erst teilweise gelungen (etwa in Form von Jahresbriefen statt Zeugnissen).

Wenn wir bei den SchülerInnen noch mehr Zielvorgaben, wie selbstgesteuertes Lernen, Arbeiten in Projekten, soziale Kompetenz in Gruppen, Methodenkompetenz, Selbstbewußtsein, Kooperation oder Kreativität verwirklicht sehen wollen, dann müssen wir auch Formen der Rückmeldung finden, die dieses gewünschte Verhalten verstärken und belohnen. Bisher verstärken wir noch zu oft durch erhöhte Zuwendung und Aufmerksamkeit Verhaltensweisen wie indifferente Lernhaltung, Ausweichtendenzen in offenen Lernsituationen, unregelmäßige Teilnahme am Gruppengeschehen oder lautes Sich-in-den-Vordergrund-Drängen in Gruppensituationen.

Gleichzeitig müßte es uns auch gelingen, differenzierter auf die unterschiedlich entwickelte Fähigkeit der SchülerInnen einzugehen, mit Freiräumen und offenen Lernsituationen umzugehen. So könnten wir aus der fatalen Tendenz herauskommen, die Freiräume für die ganze Gruppe immer weiter einzugrenzen, weil Einige damit noch nicht umgehen können.

3. Schulorganisation und Größe der Schule

Man könnte die Freie Schule organisatorisch kennzeichnen als halbzügige Mini-Gesamtschule mit etwa 160 Schülern von Klasse 1 bis 10.

Dabei setzt sie sich bewußt von der Unpersönlichkeit und sozialen Kälte großer Gesamtschulsysteme ab, in der der Einzelne nur eine untergeordnete Rolle spielt.

Nun, wir wollen auch weiterhin bewußt eine kleine Schule bleiben, in der jeder der hier Beteiligten seine deutlichen Spuren hinterlassen kann. Es muß allerdings in der nächsten Zeit neu geprüft werden, ob das System nicht zu klein ist, um wirtschaftlich geführt zu werden und die Bedingungen und Auflagen einer Gesamtschule erfüllen zu können. Nicht selten stehen wir vor der Notwendigkeit, Angebote mit einer Schülerzahl fahren zu müssen, die noch unter dem ehedem schon luxuriösen Schüler-Lehrer-Schlüssel von 12 : 1 liegt. Hierbei spielt es auch eine Rolle, die Lehrergehälter noch weiter einer normalen Bezahlung annähern zu können, denn die Unterbezahlung überdurchschnittlich engagierter LehrerInnen ist nicht nur sozialpolitisch fragwürdig, sondern auch ein wesentlicher Grund für die hohe Lehrerfluktuation.

Daneben spielen aber auch Überlegungen einer breiteren Fachabdeckung (weniger fachfremder Unterricht) und Differenzierung eine Rolle. Manchmal ist auch der "Schüler-Pool" zu klein, um genügend SchülerInnen mit gleichen Interessen für AG's, Projektgruppen etc. zusammenzubekommen.

Auch für die SchülerInnen bietet sich gelegentlich zu wenig "Auswahl" für Freundschaften und Kontaktaufnahme, da die Anzahl der Gleichaltrigen stark begrenzt ist.

Langfristig sollte auch die Frage nach einer Sekundarstufe II ins Auge gefaßt werden, da sich erst dann, nach den schwierigen Eintrittsjahren in der Pubertät, Früchte unserer langfristigen pädagogischen Arbeit deutlicher zeigen.

Bis man aber hieran überhaupt denken kann, sollten wir versuchen, die Kontakte mit einer Regel-Gesamtschule zu verstärken und Formen der Kooperation zu suchen. Dies könnte die besonderen Qualifikationen unserer Schulabgänger noch besser zur Geltung bringen.

Ein abschließender Gedanke noch zur Rolle von kleinen Alternativschul-Modellen, wie der Freien Schule Bochum.

Es gibt durchaus wohlmeinende Stimmen, die meinen, die Gründe für die Gründung von Alternativschulen seien überholt, da sich inzwischen der Regelschulbereich soweit den ursprünglichen pädagogischen Anliegen der Alternativschulbewegung geöffnet habe, daß sich die Mühen und zusätzlichen Kosten einer Privatschule nicht mehr lohnten.

Und hurra, es stimmt. Manche der Forderungen und Ideen aus der Reformpädagogik sind inzwischen in die Regelschule eingeflossen und haben diese bereichert. Es ist inzwischen nicht mehr so leicht, sich gegenüber einem düster gemalten Bild von Regelschule als Lichtgestalt abzuheben.

Gerade die letzten Publikationen, wie die Denkschrift der NRW-Kommission "Zukunft der Schule - Schule der Zukunft", scheinen sogar den Anspruch obrigkeitsstaatlicher Lenkung zurückzunehmen und auch den Regelschulen mehr Platz für die Entwicklung eines eigenen, standortbezogenen Schulprofils zu lassen.

Aber ist das ein Grund sich zurückzuziehen oder zu verstecken?
Ich meine eher im Gegenteil: Es ist der Beweis, daß auf Dauer auch kleine, flexible und innovative Systeme einen nicht zu unterschätzenden Einfluß auf den Koloss Regelschule haben können, und so soll es auch bleiben.

Burkhard Lammert

Von der Reformschule zur Regelschule?- Leben und Lernen an der Freien Schule Bochum

Mit Kindern lernen ...

„Mit Kindern lernen - in diesen drei Worten steckt die wichtigste Erfahrung, die wir, die LehrerInnen der Freien Schule Bochum, in den ersten zwölf Monaten unserer Schulpraxis gemacht haben. Wir wollen und können Lernen nicht gegen die Kinder durchsetzen, sondern mit ihnen zusammen Bedingungen schaffen, die jedem Kind für sich und der Gruppe von Lernenden möglichst gute Entwicklungschancen bieten. Zwangsbelehrung, ganz gleich in welcher Form, lehnen wir entschieden ab. Nicht trotz der Ablehnung von Zwangsbelehrung, sondern gerade deswegen wird in unserer Schule viel und intensiv gelernt. Freilich oft in ganz anderen Formen als an Regelschulen." (Freie Schule Bochum (Hrsg.) Alternativschul-Praxis, Mit Kindern lernen, Ein Bericht der Freien Schule Bochum von 1983)

In diesen Sätzen waren im Bericht der Freien Schule Bochum aus ihrer Alternativschul-Praxis 1983 wesentliche Kennzeichen einer Reformschule zusammengefaßt.

1996 bemerkte der Psychoanalytiker Fritz Simon auf dem "Schulkongress" in Heidelberg, das wichtigste, was man an deutschen Schulen lerne, sei das Sitzen. Doch sei der Stuhl kein Symbol für Flexibilität. Weder die Lehrer noch die Schulaufsichtsbehörde könnten bestimmen, was für die SchülerInnen der Lehrstoff sei. Letztlich bestimme dies jede(r) Schüler(in) selbst.

Seit den Gründungsinitiativen der Freien Schule Bochum sind mehr als 20 Jahre vergangen. Auch heute stehen die Kinder und Jugendlichen an unserer Schule im Mittelpunkt des Lerngeschehens, aber auch an unserer Schule haben sie das Sitzen gelernt.

Während Veränderungen im staatlichen Regelschulsystem oft langsam und mühselig verlaufen und eine Öffnung der Schule hin zu alternativen und projektorientierten Unterrichtsformen in den letzten Jahren deutlicher wird – woran die Vorarbeiten und Grundlagen sowie Praxiserfahrungen der Freien Alternativschulen sicherlich ihren Anteil haben - , hat sich die Freie Schule Bochum in den 15 Jahren ihres Bestehens relativ schnell verändert, von außen betrachtet genau in gegenteilige Richtung. Die staatliche Anerkennung als private Ersatzschule, die dadurch verbindliche Orientierung an Richtlinien und Lehrplänen, die Leistungsbeurteilung durch Notenzeugnisse ab Jahrgang 9 und die

Vergabe staatlich anerkannter Schulabschlüsse haben dabei Maßstäbe an Anpassung und Anpassungsfähigkeit gesetzt.

In diesem Spannungsfeld zwischen Anpassung an die Normen und Vorgaben des staatlichen Regelschulsystems und Widerstand gegen eben diese oft machtvollen und kritikwürdigen Anforderungen gestalten LehrerInnen und SchülerInnen den Unterrichtsalltag an unserer Alternativschule. Dabei stehen SchülerInnen wie LehrerInnen unter doppeltem Erfolgsdruck - gleichzeitig allen Anforderungen des sogenannten Bildungsauftrags der Schule zu genügen und dennoch täglich eine ganz andere Schulwirklichkeit zu gestalten und zu erleben - eine unlösbare Aufgabe ?

Als LehrerInnen Spielräume gestalten ...

Eine Reformschule als lebendigen Lern- und Erfahrungsraum für Kinder, Jugendliche und Erwachsene zu gestalten, stellt hohe Anforderungen an die LehrerInnen. Neben ihren fachlichen Qualifikationen sind vor allem pädagogische Fähigkeiten, soziale Kompetenz und Menschlichkeit gefragt.

Eine solche Anforderung an die eigene Lehrerrolle und -persönlichkeit dauerhaft zu erfüllen, fällt oft schwer, wie ich aus meiner eigenen Erfahrung als Lehrer an der Freien Schule Bochum weiß. Die Lebenswirklichkeit jedes/jeder einzelnen Schülers/Schülerin, die gesellschaftliche Realität mit ihren fast revolutionären Veränderungen in Wirtschaft, Umwelt und Medien und der neben dem Bildungsauftrag der Schule stets wachsende Erziehungsauftrag überfordern alle LehrerInnen gleichermaßen. Eine wichtige Voraussetzung, um den SchülerInnen dabei persönlich gerecht werden zu können, ist die Atmosphäre und Gestaltungsmöglichkeit in den überschaubaren Stammgruppen unserer Schule. In den vielen Jahren der Schulpraxis der Freien Schule Bochum hat es viele verschiedene Formen und Ansätze von Unterricht und Lernangeboten gegeben; immer wieder waren und sind wir LehrerInnen auf der Suche nach Veränderungs- und Verbesserungsmöglichkeiten. Die Beteiligung der Kinder und Jugendlichen an diesen Entwicklungen war und ist je nach Alter, Gruppe und LehrerInnen unterschiedlich. Manche Veränderungen sind mir persönlich viel zu weitgehend gegen die Selbstverwirklichungs- und Persönlichkeitserfahrungen der SchülerInnen gerichtet (z.B. Sanktionen, Leistungsdruck durch Notengebung, übergeordnete Fachstundenorientierung des Stundenplans), andere gehen mir längst nicht weit genug in der Nutzung von Gestaltungsfreiheiten im Unterrichtsalltag, die manche Regelschulen vielleicht zeitweise besser nutzen als wir (z.B. Projektunterricht, fachübergreifende Lernangebote, Themenorientierung im Lebensalltag, Lernen außerhalb der Schule ...). Natürlich geschieht das alles auch bei uns, aber könnte es nicht immer noch etwas mehr sein?

Ich habe den Schulalltag an der Freien Schule Bochum in all den Jahren sehr wechselvoll erlebt. Mosaiksteinartig fügen sich verschiedene Arbeitsformen, Unterrichtssysteme und Lernbedingungen zu einem bunten Bild einer lebendigen Schule zusammen. Wichtig dabei ist, daß nicht äußere Strukturen (wie z.B. ein fester Stundenplan) Kreativität und pädagogische Phantasie der Beteiligten einengen, sondern ihnen den Spielraum geben für individuelle, gruppenspezifische Lern- und Erfahrungsprozesse.

Unterschiede in der pädagogischen Arbeit der LehrerInnen und Gruppen an der Freien Schule Bochum gibt es wie an jeder anderen Schule auch; ich habe sie als einer von 16 LehrerInnen nicht als Belastung oder gar Gefährdung eines gemeinsamen Arbeitens, sondern eher als Impuls für mehr Phantasie, neuen Mut und andere Erfahrungsmöglichkeiten erlebt. So ist die Freie Schule Bochum auch weiterhin als Reformschule auf einem guten Weg, sich den veränderten Anforderungen und Bedürfnissen aller Beteiligten durch kontinuierliche Auseinandersetzung und Weiterentwicklung zu stellen. Manchmal wünsche ich mir auf diesem Weg (noch) mehr Mut zum Wagnis oder die Entscheidung für neue schmale Pfade statt für die schon bekannten, ausgetretenen Wege.

Gemeinsam mit SchülerInnen und LehrerInnen eine offene Schule verwirklichen

"Auf die Organisation, auf die Einteilung der Schule kommt es nicht an. Es kommt darauf an, was die Menschen darin miteinander vorhaben", stellte Hartmut von Hentig einmal in einem autobiographischen Interview als "eine Art Urwissen" fest.

Was wir Menschen an der Freien Schule Bochum miteinander vorhaben und seit Jahren versuchen, stellt eine hohe Anforderung an die Qualität unserer Schule und unserer Arbeit dar: Kinder und Jugendliche auf ihren Weg dahin zu begleiten, eigenständige, gradlinige und kompetente Persönlichkeiten zu werden, die in der Lage sind, ihre individuellen Berufs- und Lebenschancen zu erkennen und wahrzunehmen. Und dabei sollen sie ebenso qualifiziert (im Sinne der Schulabschlüsse) die Schule verlassen wie die Abgänger anderer Schulen, noch dazu sich aber durch soziales Verhalten und menschlichen Umgang mit anderen auszeichnen.

Die Freie Schule Bochum hat ihre Erfahrungen mit diesen Ansprüchen gemacht und dabei ist gerade die überschaubare Größe der Schule und Gruppen (160 SchülerInnen, 16 LehrerInnen, 24 SchülerInnen pro Stammgruppe bei 2 StammgruppenlehrerInnen) besonders hilfreich gewesen.

Oft wird gerade von außerhalb der Schule, von Vertretern der Schulaufsicht bei Revisionen, von Besuchern im Unterrichtsalltag, aber auch von LehrerInnen und Leitern anderer weiterführender Schulen gerade das "auffällige" Sozialverhalten unserer SchülerInnen betont, das sich wohltuend in den anderen Schulen zeige und auswirke. Unsere eigenen Ansprüche als LehrerInnen an der Freien Schule Bochum lassen uns manchmal diese bei uns gelernten und praktizierten Fähigkeiten gar nicht mehr so deutlich erkennen. Sie sind uns vielleicht auch schon zu selbstverständlich geworden. In einer Gesellschaft und Welt, in der die sozialen Spannungen zunehmen und soziale Prozesse explosiver werden, ist jedoch gerade dieser "Erfolg" unserer Schule ein wesentlicher Aspekt einer Reformschule, die auf verschiedene Art und Weise auch gesellschaftsverändernd wirken will und wirken muß.

Auch von der Abschlußqualifikation und einer damit verbundenen Leistungsbewertung her brauchen die SchulabgängerInnen der Freien Schule Bochum den Vergleich mit anderen nicht zu scheuen.

Sie sind nicht schlechter, aber auch nicht besser als Jugendliche, die aus anderen Schulen kommen. Doch sie haben andere, wertvolle Erfahrungen gemacht, die zu vielen Kindern und Jugendlichen in den meisten großen Schulen verwehrt bleiben: sie haben erlebt, daß Schule Spaß machen kann, daß Konflikte menschlich ausgetragen werden können, daß Mensch und Person Beachtung finden und daß ihnen die Schule oft die Geborgenheit anbieten konnte, die ihnen anderswo fehlte.

Eine solche Erfahrung von Offenheit einer Schule ist nur von SchülerInnen und LehrerInnen gemeinsam zu erreichen. Nur wenn immer wieder Verabredungen über Ziele und Formen von Unterricht und Schulalltag in den Gruppen mit allen Beteiligten getroffen werden, können Konfliktfähigkeit, Entscheidungsbereitschaft, Selbstverantwortung, Lernkompetenz und soziales Verhalten ausreichend gefördert und weiterentwickelt werden. Die Freie Schule Bochum tut dies immer neu mit unterschiedlichen Formen und Verfahrensweisen in den Stammgruppen. Auch hier ist eine Vielfalt von Erfahrungsspielräumen ein wesentlicher Mosaikstein für ein angstfreies Lernen in einem offenen Schulklima.

Natürlich kann ich mir (und sicher mancher andere auch) an manchen Stellen noch mehr und noch bessere Zusammenarbeit von Kindern, Jugendlichen und LehrerInnen vorstellen. Wichtig dabei erscheint mir vor allem ein gelassener und zugleich kritischer Umgang mit den unterschiedlichen Erfahrungen aller Beteiligten. Wir Erwachsenen müssen sicher noch mehr lernen, manches mit den Augen der SchülerInnen zu sehen und zu erkennen.

Miteinander im Gespräch sein und bleiben ...

Die ständige Auseinandersetzung über Wege und Ziele unserer Schule ist eine wichtige Voraussetzung dafür, nicht in Regelabläufe zu verfallen, sondern weiter verändernd zu wirken. Die Freie Schule Bochum befindet sich derzeit in einer umfassenden Diskussion von MitarbeiterInnen, Eltern und SchülerInnen über die Weiterentwicklung der Schule, ihrer Strukturen, Ziele, Arbeitsformen usw..

Aber in der Schule wird auch täglich die offene Auseinandersetzung gesucht und geführt über Arbeitsformen und Lernwege, individuelle Wünsche einerseits und Gruppensituationen und -anforderungen andererseits. Dies geschieht in den Besprechungen der Stammgruppen, in Unterrichtsstunden, in wöchentlichen MitarbeiterInnenbesprechungen. Die emotionale Vertrautheit in den Gruppen zwischen den SchülerInnen und auch zwischen den SchülerInnen und LehrerInnen sowie die persönliche Nähe der LehrerInnen untereinander sind an unserer kleinen Gesamtschule die gute Grundlage für ein lebendiges Funktionieren tragfähiger Beziehungen und offener Auseinandersetzungen. Dabei gelingt uns dies mit den SchülerInnen oft besser als unter den Erwachsenen.

Die Erfahrung persönlicher Vertrautheit und Geborgenheit ist nicht nur ein wesentliches Element einer verbesserten, offenen Lernsituation aller Beteiligten miteinander. Sie ist vor allem auch eine wichtige Voraussetzung für die Kommunikation aller Beteiligten untereinander, in der es nicht vorherbestimmte Rollen von Mächtigen und Ohnmächtigen gibt.

Wir haben als LehrerInnen eine besondere Verantwortung für die Entwicklung und Gestaltung unserer Schule und das Sich-entwickeln und Sichwohlfühlen aller Kinder und Jugendlichen in ihr. Wenn wir immer wieder neu hinsehen und zuhören, welche Gefühle und Phantasien, Probleme und Wünsche, Fähigkeiten und Schwierigkeiten die SchülerInnen in den Schulalltag einbringen, ist dies auch weiterhin die besondere Chance unserer Schule nicht nur für einen Lebensort, in dem alle mit Spaß und angstfrei lernen können, sondern auch für eine Grunderfahrung von ganzheitlicher, menschlicher Anerkennung, die stark machen kann für die Gestaltung eines eigenständigen Lebens in der Gesellschaft.

Die offenen und fairen Auseinandersetzungen zwischen SchülerInnen und LehrerInnen und Eltern an der Freien Schule Bochum haben bis heute verhindert, daß aus der Reformschule eine Regelschule geworden ist. Auch die äußeren Anpassungen an strukturelle Vorgaben und behördliche Richtlinien haben eher das äußere Bild der Schule verändert als daß sie die pädagogische Wirklichkeit umzukehren vermochten.

Die Freie Schule Bochum lebt von der Vielzahl ihrer unterschiedlichen Bausteine im Schulalltag wie von der Einzigartigkeit aller Menschen in dieser

Schule - vor allem diese Menschen kommen täglich in dieser Schule vor. Und sie ist geprägt von dem gemeinsamen Bemühen, über unterschiedliche Formen und Wege des Lernens und Lebens in dieser Schule gemeinsam einem Ziel näher zu kommen: Gerade, klare Menschen als soziale Persönlichkeiten, vorbereitet und befähigt auf ihren weiteren Lebensweg zu entlassen. Damit dies bei allen Widerständen in und nach der Schule gelingen kann, lernen die SchülerInnen der Freien Schule Bochum nicht nur und nicht vor allem das Sitzen - sie lernen auch und beständig das Aufstehen und sich Auflehnen, das Widerstehen und sich widersetzen - nicht nur auf Aufforderung, in und außerhalb der Schule.

Jutta Altrogge

Lernen in den Grundschulklassen der Freien Schule Bochum

"Alle Kinder wollen lernen!" - Das ist es jedenfalls, worin sich die großen Pädagogen einig sind. Wie kommt es nur, daß sich dieser Ehrgeiz bei manchen Kindern vorwiegend auf Fußballspielen oder Rollenspiele in der Kuschelecke richtet?

Klar: Lesen, schreiben, rechnen *können* wollen alle. Viele wollen auch daran arbeiten, aber einige stört doch schnell, daß die Art und Weise des schulischen Lernens (auch bei uns) oft anstrengend ist. Sehr individuell haben sich die einzelnen Persönlichkeiten, die wir als Lehrer vor uns haben, in den ersten sechs Jahren ihres Lebens entwickelt. Gelernt haben sie ja alle schon vor der Schule unheimlich viel, aber eben jeder auf seine Weise, manchmal zufällig, manchmal gezielt, nach eigenen Bedürfnissen, eigenem Tempo und mit eigenen Lehrern.

Geträumt haben wir mal von einer Schule, in der die Kinder nur ansprechende Materialien vorfinden müssen und schon lernen sie los. Leider erreichen wir damit nur diejenigen Kinder, die tatsächlich eine gute Portion Lerneifer, Ausdauer und Zielstrebigkeit mitbringen. Die anderen benötigen nach unserer Erfahrung von Anfang an feste Orientierungen, Regeln und Arbeitszeiten. Einen Weg zu finden, der die Lernbegeisterung mancher Kinder nicht hemmt, aber gleichzeitig geeignet ist, ängstliche, lernschwächere und weniger motivierte Kinder zu fördern, ist eine Aufgabe, die wir Lehrer nicht immer zur Zufriedenheit aller bewältigen können.

Arbeitsinhalte sind bei uns im Prinzip dieselben wie an Regelgrundschulen auch. (Wir müssen uns an den Richtlinien und Lehrplänen des Landes Nordrhein-Westfalen orientieren.)

Allerdings haben wir die Möglichkeit, in unseren Grundschulgruppen variabler mit den Arbeitsinhalten und -formen umzugehen, vor allem im Hinblick auf Lerntempo und Unterrichtsmethoden, und sind frei, andere Akzente zu setzen.

Wesentliche Bedingungen dafür sind:

- Jeweils zwei LehrerInnen kümmern sich fast ausschließlich um eine Stammgruppe mit 20 bis 24 Kindern.
- Sie bestimmen die Gestaltung des 5- oder 7-stündigen Schultages selber in Abstimmung mit der Gruppe.

- Die Kinder können sich auf dem Schulgelände (Hof, Garten, Kleinstwald) frei und ohne ständige Aufsicht bewegen.

Laut pädagogischem Konzept der Freien Schule Bochum sind das Lernen in Selbstbestimmung, und die sukzessive Herausbildung der Fähigkeit, den eigenen Lernprozeß selbstverantwortlich organisieren zu können, vorrangige Ziele. "Lernen, zu lernen" ist somit mindestens genauso wichtig wie die Vermittlung kognitiven Wissens.

Wir versuchen daher von Schulbeginn an, die Kinder möglichst aktiv an der Gestaltung ihres Lerngeschehens zu beteiligen. Das geschieht in verschiedenen Phasen des Tages mit unterschiedlicher Gewichtung.

Zentrales Instrument des kognitiven Lernens ist bei uns der *Wochenplan*, der im ersten Schuljahr, vorbereitet durch einige Wochen der Arbeit nach Tagesplänen, meist nach den Herbstferien eingeführt wird. Er enthält Aufgaben aus den Bereichen Sprache und Mathematik, z.T. auch aus dem Sachunterricht, Englisch oder aus fächerübergreifenden Projekten.

Der Einsatz des Wochenplanes hat zahlreiche Vorteile, die schon vielfach besprochen wurden. Hier nur die wichtigsten für uns:

Wenn Kinder selbstverantwortlich lernen sollen, brauchen sie einen Überblick darüber, was überhaupt zu lernen ist. Der Wochenplan gibt ihnen diesen sozusagen häppchenweise und erlaubt ihnen eine individuelle Zeiteinteilung und je nach Vorliebe selbständige oder partnerschaftliche Erarbeitung und Übung eines großen Teils des Lernstoffes.

- In den Wochenplan integrieren lassen sich feste "Unterrichtszeiten", in denen ein Lehrer sich mit einer beliebig großen Gruppe von Kindern bestimmte Themen vornehmen kann, meist Einführungen von neuen Unterrichtsinhalten oder Arbeitsformen. Der Wochenplan ermöglicht dem Lehrer auch, sich Freiräume zu schaffen, um mit einzelnen Schülern intensiv zu arbeiten, Aufgaben nachzusehen (oder auch einfach mal aufzuräumen).
- Selbstkontrolle und Partnerarbeit lassen sich durch den Wochenplan fördern und üben. Mehrere "Hilfslehrer", Kinder, die bestimmte Aufgaben richtig gelöst haben, entlasten die Lehrer zusätzlich.
- Meist können die Kinder neben bestimmten Pflichtaufgaben zwischen mehreren "Kür"-Aufgaben ähnlichen Niveaus wählen. Teilweise stehen Aufgaben völlig verschiedenen Niveaus zur Wahl. Manche Kinder kommen schon früh mit ganz freien Aufgabenstellungen zurecht oder nehmen sich selbst kleinere Projekte vor.

Damit können Kinder auf ihrem Weg zum selbstbestimmten Lernen ganz unterschiedlich gefordert und gefördert werden.

Natürlich können nicht alle Kinder sofort mit einem so umfangreichen Plan umgehen. Ihnen helfen wir, indem wir sie schrittweise an eine selbständige Arbeitseinteilung heranführen. Nachdem zunächst die Lehrerin den Plan in Wochentage einteilt, setzt sie sich mit dem Kind zusammen, um eine Einteilung vorzunehmen und markiert Aufgaben für bestimmte Wochentage mit bestimmten Farben (alle roten Aufgaben für Montag,...). Später nimmt das Kind diese farbliche Einteilung selber vor, bis es in der Lage ist, ohne sie auszukommen.

In unserer Gruppe gibt es die Vereinbarung, daß jeden Tag außer Freitag bis zum Ende der Arbeitszeit gearbeitet werden muß. D.h. daß schnellere Kinder vorarbeiten oder sich selber Zusatzaufgaben frei wählen, die mit Lesen, Schreiben oder Rechnen zu tun haben. Oft lesen sie Kinderbücher für Erstleser oder nehmen sich Mathe- oder Spaß-Arbeitsblätter vor. Nur am Freitag dürfen Kinder, die ihren Plan fertig haben, den Raum sofort verlassen.

Es gibt aber genauso Kinder, die regelmäßig in der Pause weiterarbeiten, weil ihnen ein Pläuschchen zwischendurch wichtiger als eine feste Pause ist. Manche lieben auch die Arbeit am Nachmittag. Wir lassen das zu, sofern wir nicht den Eindruck haben, daß damit sozialen Kontakten aus dem Weg gegangen wird.

Pläne, die am Freitag nicht fertig sind, werden mit den Kindern besprochen. (War das Pensum zu umfangreich, das Kind krank, schlecht in Form oder einfach nur faul?) Je nach Lage der Dinge werden dann Aufgaben gestrichen oder über`s Wochenende mit nach Hause genommen. Auch diese Gespräche tragen wesentlich dazu bei, daß die Kinder lernen, Verantwortung für ihr Lernen zu übernehmen und sich die Zeit immer besser selber einzuteilen.

Das zweite im Sinne des Zieles "Lernen lernen" wesentliche Instrument ist das *Lernen in Projekten.*

Für die ganze Schule werden vier Projektwochen pro Schuljahr angesetzt, wovon zwei stammgruppenübergreifend organisiert werden.

Durch unsere "Zeithoheit" im Grundschulbereich können wir aber aus aktuellen Anlässen oder geplant jederzeit das normale Tagesschema außer Kraft setzen und uns für einen oder mehrere Tage bestimmten Themen intensiv widmen.

Oft entsteht das Bedürfnis danach in Gesprächen der Morgenrunde, also auf Initiative der Kinder (z.B. Alter und Tod, 2. Weltkrieg). Manchmal ergeben sich fächerübergreifende Themen aus dem Sprach- oder Sachunterricht (z.B. Boote bauen, Hexen, Naturbeobachtungen) oder Ausflüge zu Ausstellungen, z.B. berühmter Künstler, werden projektartig vor- und nachbereitet.

Allen Mini- und Maxi-Projekten gemeinsam ist unser Anliegen, die Kinder möglichst in allen Phasen mitarbeiten zu lassen. So lernen sie neben dem eigentlichen Themenschwerpunkt übergeordnete Arbeitstechniken, die wichtig für ein lebenslanges Lernen sind:

Auswahl von Unterthemen, Schwerpunktsetzung, Informationsbeschaffung, Raum-, Medien- und Materialplanung, Bildung von Arbeitsgruppen, kooperatives Arbeiten, Diskussion, Auswertung und Präsentation von Ergebnissen.

Den Kindern die Verantwortung zu geben, was und wann sie lernen wollen, bedeutet, sie zumindest teilweise auch wählen zu lassen, "gar nichts", bzw. etwas ganz anderes zu tun. Deshalb gibt es bei uns einen großen Bereich von *Unterricht in Angebotsform.*

Auch wenn es für die Lehrer manchmal nicht ganz leicht zu ertragen ist (Da hat man sich soviel Mühe gemacht, um z.B. ein Experiment vorzubereiten und dann ist niemand da, der mitmacht, weil das Wetter so schön ist und alle eine Hütte bauen wollen!), freie und unkontrollierte Zeit ist auch innerhalb der Schule für die Kinder wichtig, um zu lernen, Prioritäten zu setzen, Konsequenzen daraus zu erfahren, und bewußt für sich selbst ein ausgewogenes Maß von Arbeit, Spaß und Muße zu finden.

Auch hier ist es nicht immer einfach, den goldenen Mittelweg zu finden. Die Kinder nach der Arbeitszeit einfach laufen zu lassen, würde unseres Erachtens bedeuten, sich der Verantwortung als Lehrer zu entziehen. Oft liegt es gar nicht an mangelndem Interesse, sondern an negativen oder gar nicht vorhandenen Vorerfahrungen, die Ängste entstehen lassen und Lernprozesse verhindern. Deshalb haben wir verschiedene "Grade" der Freiwilligkeit bzw. Verbindlichkeit eingeführt.

Manche "Angebote" müssen zumindest zeitweise belegt werden, auch wenn man keine Lust dazu hat, z.B. Holzwerkstatt, Kunst oder Musik, damit man weiß, wogegen man sich entscheidet. Andere gehören zu einem Wahlpflichtbereich oder können ganz frei gewählt werden.

Während die Kinder im ersten Schuljahr noch sehr viele freie Angebote haben, nimmt der Wahlpflichtanteil im Laufe der Grundschulzeit zu, wobei immer versucht wird, die jeweils besondere Situation einer Gruppe zu berücksichtigen.

Birgit Kronsfeld

Lust und Frust einer Alternativschullehrerin

Als ich mich für das Schreiben dieses Artikels entschieden hatte, schwebte mir vor, die zahlreichen schönen, glücklichen aber auch traurigen und bitteren Erlebnisse meiner 11jährigen Alternativschulerfahrungen allesamt zu Papier zu bringen.

Eine sicher gute Gelegenheit zur Reflexion und Annäherung an meine eigene Geschichte mit der Freien Schule Bochum, dachte ich. Ich kaufte mir vor den Sommerferien eine Kladde und sah mich im Geiste schon am Strand liegen und schreibend durch die letzten Jahre meiner Biographie wandern. Diese Vision sollte zumindest während der Ferien eine bleiben, denn wie so oft am Ende des Schuljahres sehnte ich mich nach den Wochen, in denen die Schule endlich aus meinem Kopf verschwindet. Ausgepowert von den Ereignissen der letzten Schulwoche - Kündigungen von LehrerInnen, das Schreiben endloser Jahresbriefe u.v.m. fuhr ich in die Ferien.

Italien - Korsika, im Meer und den Gebirgsbächen schwimmen, die Landschaft genießen, endlich nichts tun. Schule? Was ist das, bloß nicht hier. Die Kladde verschwand in der Tiefe meiner Reisetasche. Ein paar Zettel habe ich herausgerissen für die Liste zum Doppel-Kopf-Spiel und die Einkaufszettel. Die Ringe unter den Augen waren verschwunden und die Entspannung wurde bei jedem Blick in den Spiegel sichtbarer. Außer, daß ich mich manchmal fragte, warum ich so einen anstrengenden Beruf habe, kein Gedanke an die Schule.

Nun, auch diese Ferien gingen irgendwann dem Ende zu und es machte sich eine große Unlust zum Arbeiten in mir breit. Gut hätte ich noch einige Wochen mit anderen Dingen verbringen können. Statt dessen waren da die vielen Sachen, die noch bis zum Beginn des neuen Schuljahres erledigt werden mußten. Wieder fehlten zwei LehrerInnen und deshalb war der Stundenplan immer noch nicht fertig, trotz der vielen Stunden, die ich schon damit verbracht hatte. So langsam stieg die Panik in mir hoch. Die Erholung in den Ferien hatte zumindest dazu geführt, daß ich all das noch mit einer gewissen Distanz betrachten konnte. "Bloß nicht verrückt machen, es wird sich alles finden." Immerhin hatte die Erinnerung an die letzten Schulwochen, die sich anfühlte wie ein endloserer Lauf im Hamsterrad, zu dem Vorsatz geführt, "Nicht wieder dort anfangen, wo Du vor 6 Wochen aufgehört hast." Zusätzlich gibt es in mir ein gehörige Portion Optimismus, daß die Dinge sich schon regeln werden. Sicher ein Erfahrungsschatz meiner langjährigen Schularbeit und meiner derzeitigen Weiterbildung in Gestaltpädagogik.

Meine Erfahrungen als Lehrerin

Aber was ist es eigentlich, was das Arbeiten an der Freien Schule Bochum so anstrengend macht?

Der Gedanke an die Stammgruppe, die nun schon im 9. Jahrgang ist, erfüllt mich eher mit Freude. Aus Erfahrung weiß ich, daß jetzt die Zeit der Ernte anbricht. Viele Kämpfe haben wir in den letzten drei Jahren miteinander ausgefochten und viele schöne gemeinsame Erlebnisse hatten wir. Alle werden über die langen Ferien wieder ein Stück erwachsener geworden sein.

Es ist spannend! Wie wohl unser erstes gemeinsames Frühstück wird? Vielleicht erzählen sie von den Erlebnissen der letzten Wochen. Wie es wohl mit unserem neuen Mitschüler klappt? Auch freue ich mich auf Susanne, mit ihr zusammen betreue ich seit 3 Jahren die Stammgruppe. Sie hat die Stelle an der Realschule nicht angenommen. Darüber habe ich mich riesig gefreut, denn ich arbeite gerne mit ihr zusammen.

In diesem kommenden Schuljahr wird sich einiges für die SchülerInnen ändern, denn sie bekommen ihr erstes Zeugnis. Sicher wird die Zensurengebung bei einigen zu anderem Lernverhalten führen. Wir werden gleich zu Beginn des Schuljahres mit Ihnen ausführlich darüber reden, wenn wir die Jahresbriefe besprechen. Mir selbst kommt es vor, als wäre dies ein neuer spannender Schritt für die Kids und ich wünsche mir, daß wir ihn gemeinsam gut gehen können.

Das Thema Zensuren ist für mich nicht eines von der leichten Sorte. Da fallen mir die vielen Diskussionen darüber ein, die es bei uns im Team gab. Da kommt meine Wut, wenn ich in der Vergangenheit den Eindruck hatte, einige Kids bekommen nicht für ihre Leistungen, sondern für die bloße Anwesenheit eine gute Zensur. Ja, und ich denke auch an die letzte Zeugniskonferenz, in der ich beharrlich nachfragen und -bohren mußte, ehe ich letztendlich die Zeugnisse unterschreiben konnte. Die Auseinandersetzungen damals haben mir gezeigt, daß wir über diese Themen noch häufig in der LehrerInnenrunde reden müssen, um eine eindeutige Position zu gewinnen.

Zu Beginn meiner Arbeit an der Freien Schule Bochum war das Thema Zensuren für mich mit vielen Tabus besetzt. Ich wünsche mir, es gäbe andere Möglichkeiten des Schulabschlusses, als das Ziffernzeugnis. Vielleicht gelingt es uns, einmal vernünftige Alternativen zu finden. Bis dahin können wir die Zensurengebung nicht von den SchülerInnen der Alternativschulen fernhalten, denn sie ist nach wie vor gängiger Bewertungsmaßstab, mit dem in unserer

Gesellschaft Leistung gemessen wird. Umso wichtiger ist es, diese Form der Bewertung den SchülerInnen transparent zu machen, damit sie nachvollziehen können, woran sich ihre Leistung bemißt und warum sie welche Zensur dafür bekommen.

Sicher weiß ich aus meiner eigenen Schulzeit, daß auch mir die liebsten LehrerInnen die waren, von denen ich mit geringstem Arbeitsaufwand noch ein "befriedigend" bekam. Na ja, ich bin auch nicht gerne die Buhfrau, wenn es 5er gibt. Und das macht es eben doppelt schwer, weil ich als Lehrerin auch immer mit meiner Person in diesen Prozess eingespannt bin. Ebenso wie ich mich über die guten Leistungen meiner SchülerInnen freue, machen mir auch ihre schlechten Leistungen was aus.

Die hier geschilderte Ambivalenz ist sicher typisch für meine Rolle als Lehrerin an der Freien Schule Bochum. Als Stammgruppenlehrerin entwickelt sich einerseits eine starke Nähe zu den SchülerInnen, die ich sehr schön finde und die das Klima in der Schule meist angenehm macht. Die Nähe hilft mir, die Kinder und Jugendlichen zu verstehen, zu mögen und mit ihnen in einer Weise in Kontakt zu treten, die ich m. M. nach an der Regelschule nicht erfahren könnte. Hierzu gehört auch, daß ich mich selbst mit meinen Bedürfnissen und meiner Befindlichkeit einbringen kann. Es gibt unzählige schöne Gruppenerlebnisse, bei denen ich eine Menge Spaß mit den Kids hatte wie z.B. auf unserer letzten Skifahrt, die fast schon eine Erholungsfahrt war. Es gibt anrührende Erlebnisse wie ein wunderschönes Geburtstagsfrühstück, was die Jugendlichen zu meinem 40. Geburtstag vorbereitet haben oder ein mitgebrachter Blumenstrauß als Entschuldigung für eine versäumte Unterrichtsstunde - das hat mir wirklich die Sprache verschlagen. Es gibt eine Reihe netter Unterrichtsstunden aber auch weniger schöne, in denen wir uns gemeinsam durch trockene Themen genagt haben.

Das Erinnern an diese Dinge macht mich immer ganz satt, gibt mir das Gefühl, auf der Sonnenseite zu sein und zeigt mir auch, wie viele schöne Möglichkeiten es gibt "Schule zu machen".

Na ja, vielleicht würde das Schöne nicht so schön sein, wenn es nicht auch das "andererseits" und das "ja aber" gäbe. Ich möchte hier und jetzt nicht die endlosen Auseinandersetzungen mit SchülerInnen beschreiben, wenn z.B. die Wochenplanarbeit nicht gemacht ist, jemand etwas zerstört oder gar geklaut hat, es Streitigkeiten untereinander gibt, die Eltern angerufen werden müssen usw. Derlei Auseinandersetzungen haben Susanne und ich in unserer Stammgruppe auch in Hülle und Fülle erlebt. Es ist ein harter Kampf, immer wieder Regeln einzufordern, Stellung zu beziehen, Konflikte zu lösen oder sich von den SchülerInnen eines anderen belehren zu lassen und Fehler einzugestehen. All das kann sehr fruchtbar sein, wenn es im Rahmen gegenseitiger Achtung ausgetragen wird. Sicher habe ich es auch den SchülerInnen meiner Stammgruppen zu verdanken, daß ich bis auf ganz wenige Ausnahmen Auseinandersetzungen persönlich verletzender Art nicht erlebt habe. Ein großes Dankeschön dafür!

Mein "ja aber" soll sich hier eher auf meine Rolle als Lehrerin an der Freien Schule Bochum beziehen. Die Nähe zu den Kindern und Jugendlichen birgt für mich auch manchmal die Gefahr der Grenzenlosigkeit. Damit meine ich, daß es mir oft schwerfällt, Abstand zu gewinnen von den Stimmungen und Problemen der SchülerInnen. Häufig schieben sich Gefühle in den Vordergrund wie, es gäbe noch eine Menge zu besprechen, zu klären oder mit zu berücksichtigen. Die unausgesprochene, erwartete Omnipotenz von AlternativschullehrerInnen, nämlich immer das Richtige zum Wohl des Kindes zu tun und das alles noch spielerisch, tut sicher ihr Übriges dazu. So entwickeln sich schnell Gefühle, den eigenen Anforderungen und den erklärten pädagogischen Ansprüchen niemals gerecht zu werden. Selbstausbeutung und Überforderung werden zu heimlichen Zielen und auch noch teilweise als positive Eigenschaften von uns LehrerInnen verinnerlicht.

Selbst wenn ich um die Grenzen weiß, so trage ich doch wie viele LehrerInnen den Anspruch in mir, es allen SchülerInnen gerecht zu machen. Auf der Ebene als Lehrerin heißt das, daß ich den Lernstoff so vermitteln möchte, damit er begreifbar ist, von den SchülerInnen aufgenommen werden kann und sie ggf. Freude daran haben.

Auf der Beziehungsebene bedeutet das für mich, Vorbild für die SchülerInnen zu sein, ihnen Werte zu vermitteln, sie ernstzunehmen, mit ihren Widerständen umzugehen, sie anleiten zur Konfliktlösung und vieles mehr, was mir im Rahmen von Erziehung wichtig erscheint. Gerade auf dieser Ebene empfinde ich es oft sehr anstrengend, das Richtige zur rechten Zeit zu tun. Häufig schwingt z.B. bei Konfliktlösungen mit SchülerInnen Sympathie für den einen oder anderen mit oder meine eigene Betroffenheit hindert mich daran, das Richtige zu tun, weil ich z.B. selbst Streit nicht besonders gut aushalten kann. Nicht immer sind mir meine Anteile so klar, denn dann wäre alles ganz leicht. Im Gegenteil, viel zu oft fehlt mir im Schulalltag die Zeit der eigenen Reflexion meines Handelns oder gar Zeit zu der Frage: "Welches waren meine Anteile an der Situation?"

So entwickeln sich dann manchmal schnell bei mir Gefühle des Überfordertseins, der Unzulänglichkeit und Orientierungslosigkeit.

Der Beginn meiner Weiterbildung in Gestaltpädagogik vor drei Jahren hat dazu beigetragen, meine Grenzen und Fähigkeiten besser erkennen zu können und zunehmend mehr meiner eigenen Anteile im Umgang mit Kindern und Jugendlichen gewahr zu werden. Letztlich schöpfe ich daraus auch sehr viel Kraft und Zuversicht für meine Arbeit an der Freien Schule.

Als Lehrerin bin ich auch Wissensvermittlerin und Autoritätsperson. Diese Rolle erfordert von mir eine gewisse Beharrlichkeit, was die Anforderungen an das Lernen angeht, auf die die SchülerInnen zuweilen mit viel Unmut reagieren. Hier einzufordern oder gar Sanktionen auszusprechen, heißt heute für mich noch lange nicht, daß Störungen in Unterrichtssituationen nicht auch Vorrang haben sollen. Beides muß möglich sein, zu angemessener Zeit.

Meiner Ansicht nach haben Alternativschulen in früheren Jahren die Freiheit der SchülerInnen in einer Weise in den Vordergrund gestellt, daß der Bildungsauftrag der Schule dabei zu kurz gekommen ist. Freiheit haben wir oft mit Chaos gleichgesetzt und es hat lange gedauert, ehe Verbindlichkeit, Strukturen, in denen Lernen stattfindet, Regeln oder gar Sanktionen Teile unseres Schulalltages geworden sind. Ich denke, daß wir auf dem Weg sind, unser Selbstverständnis von Leben und Lernen in unserer Schule zunehmend deutlicher zu definieren.

Ein paar Leitgedanken, die für meine pädagogische Arbeit wichtig sind, möchte ich an dieser Stelle erwähnen.

- Neben dem Schwerpunkt des sozialen Lernens hat die Freie Schule Bochum einen Bildungsauftrag, dem sie gerecht werden soll.
- Die Schule ist ein Gruppengeschehen und bedarf deshalb Strukturen, Regeln und ggf. auch Sanktionen an denen sich Kinder und Jugendliche orientieren und auch reiben können.
- Der/die einzelne SchülerIn steht im Vordergrund, aber nur soweit dies nicht dazu führt, daß Interessen und Bedürfnisse der anderen keinen Raum zur Entfaltung haben.
- Lernen passiert nicht nur nebenbei, sondern ist auch manchmal mit Anstrengung und Arbeit verbunden.
- Klare Strukturen und Verabredungen sind notwendig, um Gruppenprozesse in Gang zu bringen und soziales Lernen zu ermöglichen.

Letztere Einsicht verdanke ich u. a. den Erfahrungen, die ich bei meiner 14tägigen Hospitation an der Ecole d'Humanité in der Schweiz gemacht habe. Die Arbeit dieser Schule lehnt sich deutlich an die Methoden der Themenzentrierten Interaktion (TZI) an. Beeindruckt hat mich z.B. dort die Balance zwischen Individualität und Gemeinschaft, denn es gab für jedes verabredete Zeiträume. So gab es z.B. am Montag, ehe der Unterricht begann, eine Gesprächsrunde, in der sich jede/r zu ihren/seinen Erlebnissen des Wochenendes äußern konnte. Ein anderes Beispiel, was ich im Englischunterricht gesehen habe, war, daß eine Gesprächsrunde zu dem neuen Unterrichtsinhalt gemacht wurde und nach Abschluß der Unterrichtseinheit eine gemeinsame Rückschau mit den SchülerInnen stattfand. Häufig konnte ich auch beobachten, daß die LehrerInnen sich während der Unterrichtszeit immer mal wieder der Bereitschaft zum Mitmachen und der Konzentration bei den SchülerInnen vergewissert haben.

Was meine Leitgedanken und Ziele angeht, gibt es sicher eine ganze Reihe mehr, aber ich möchte noch von einer anderen Erfahrung berichten, die mir sehr viel wert ist. Nämlich die Grenzen des Machbaren zu erkennen, so schmerzlich es auch manchmal ist.

Es hat vor einigen Jahren in meiner Stammgruppe eine Schülerin gegeben, die es immer wieder geschafft hat, ihre MitschülerInnen und sich selbst vom Lernen abzuhalten. Deswegen und wegen anderer Ereignisse, die von dieser Schülerin ausgingen, gab es unzählige Konflikte zwischen den SchülerInnen, Eltern und Lehrerinnen. Ich muß hinzufügen, daß ich mich, so glaube ich, mehr oder weniger zu schwierigen SchülerInnen hingezogen fühle, und in Beziehung zu diesen einiges an Energie entwickeln kann. Ich denke, daß mich dabei die Vorstellung leitet, die Probleme mit den jeweiligen SchülerInnen lösen zu können. Es hat sehr lange gedauert, ehe ich vor den Auseinandersetzungen mit besagter Schülerin kapituliert habe und wir zu der Entscheidung gekommen sind, daß die Schülerin die Freie Schule Bochum verlassen soll. Glücklicherweise wurde ich von einigen KollegInnen sehr unterstützt. Für mich war lange ein Gefühl der Niederlage, des Abschieds und es "nicht geschafft zu haben" dabei. Deutlich geworden ist, daß die Freie Schule Bochum nicht für alle SchülerInnen die geeignete Schule ist und auch, daß meine Möglichkeiten, Einfluß zu nehmen, eben doch manchmal nur begrenzt sind.

Nun, dennoch ist mir die Arbeit mit den Kindern und Jugendlichen die liebste. Auch wenn es manchmal laut und chaotisch bei uns zugeht, schätze ich das soziale Klima an unserer Schule sehr. Wichtig ist mir, daß die SchülerInnen neben der Lernarbeit Wärme, Geborgenheit und Akzeptanz in ihrem Schulalltag erleben. Hier gibt es sicher noch vieles zu entdecken und zu entwickeln.

Meine Erfahrungen als Schulleiterin

Neben meiner Rolle als Lehrerin und Bezugsperson gibt es noch eine andere Arbeit für mich an der Freien Schule Bochum, nämlich die der pädagogischen Leitung bzw. Schulleitung. Schulleiterin an einer Alternativschule zu sein, die eine eher basisdemokratische Geschichte hat, ist für mich mit vielen "wenns" und "abers" verbunden. Ich weiß nicht, ob es mir im Folgenden gelingt, deutlich werden zu lassen, wo genau bei dieser Arbeit meine Lust und mein Frust liegt.

Ich werde mich hierbei nicht auf die Auseinandersetzungen mit Schulbehörden und Verwaltungsbürokratie beziehen. Wie mühsam und arbeitsaufwendig die Behauptung Freier Schulen in unserer Schullandschaft ist, beschreibt

Manfred Borchert ausführlich in seinem Artikel in diesem Buch. Von ihm habe ich während meiner Zeit als Schulleiterin eine Menge an Unterstützung erfahren, ohne die ich vielleicht schon längst das Handtuch geschmissen hätte.

Es geht mir im Folgenden darum, schulinterne bzw. meine eigenen Prozesse in Bezug auf Leitung in Ansätzen zu beschreiben.

Als ich vor 5 Jahren zum ersten Mal als pädagogische Leiterin gewählt wurde, habe ich mich natürlich sehr geschmeichelt gefühlt. Man traute mir also eine so verantwortungsvolle Arbeit zu. Die Tatsache, daß es bis heute im Team niemanden gibt, der/die diesen Job übernehmen wollte, hat sicher mit der Verantwortung zu tun, die oft auf dieser Arbeit lastet und der Kontroll- und Machtfunktion, die letztlich auch dazu gehört.

Schulleiterin an einer Alternativschule zu sein, mit einem Haufen von LehrerInnen, die jeweils für sich verschiedene pädagogische Einstellungen vertreten, diese natürlich gerne kontrovers aber nicht immer zielorientiert diskutieren, ist eine Aufgabe, die wohl auch ein bestimmtes Maß an Verrücktheit erfordert. Der Lehrer, die Lehrerin als solche redet eben gerne und offene Prozesse sind ja modern, immerhin haben sie den Vorteil, daß man nicht immer Stellung beziehen muß. - Selbstironie schafft Distanz und hat durchaus heilende Wirkung. -

Nun, etwas ernsthafter betrachtet, kann ich sagen, daß ich häufig Ungeduld, Frust und Überforderung empfinde, wenn es um pädagogische Diskussionen in unserem Team geht. Die Palette reicht von so schlichten Dingen wie Stammakten führen, Stundenplangestaltung, Unterricht dokumentieren, bis hin zu brisanten Themen wie Einhaltung von Schulregeln, das Aussprechen von Sanktionen oder gar Kritik am LehrerInnenverhalten.

Alles Dinge, für die ich mich in besonderer Weise verantwortlich fühle, weil sie zu meinem Aufgabenbereich gehören, mir aber auch eine eindeutige Haltung dazu am Herzen liegt.

Auseinandersetzungen zu den o.g. Themen sind für mich manchmal schwer durchzuhalten, schon gar nicht, wenn kein Ergebnis in Sicht ist.

Das Miteinander in unserem Team wird bestimmt durch einen harmonischen Umgang untereinander. Das führt nicht unbedingt dazu, daß für alles tragfähige Entscheidungen getroffen werden können, sondern ist manchmal eher Hemmschuh, um konfliktfähige Auseinandersetzungen auszutragen, weil manches nicht ausgesprochen wird, der Harmonie wegen.

Mein Anteil daran ist, daß es mir in diesem Rahmen manchmal schwerfällt, Anforderungen zu stellen und ich auch ein harmonieliebender Mensch bin. Hinzu kommt meine persönliche Verbundenheit mit einigen MitarbeiterInnen, die mir manchmal im Wege steht, beharrlich aufzutreten, der Sache wegen.

Was mich damals bewogen hat, die pädagogische Leitung anzunehmen, war meine starke Verbundenheit mit der Schule und mein Interesse an neuen Aufgaben. Sicher spielte auch mein Wunsch eine Rolle, einwirken zu können und Veränderungen in Gang zu bringen in die Richtung, wie ich mir eine Freie Schule vorstelle. Was die innovative Seite dieser Arbeit angeht, ist sicher vieles auf der Strecke geblieben, was ich manchmal sehr bedaure. Das hängt zum einen damit zusammen, daß wenig Zeit bleibt, neue Visionen von Schule zu entwickeln, weil das sog. "Tagesgeschäft" soviel Zeit raubt. Zum anderen laufen pädagogische Diskussionen in unserem Team manchmal zäh und wir sind nicht gerade sehr entscheidungsfreudig.

Vielleicht liegt das auch gelegentlich daran, daß wir Entscheidungen treffen wollen, für die wir noch keine lebbare Alternative gefunden haben.

Rückblickend habe ich lange Zeit gebraucht, um mich als pädagogische Leitung zu behaupten. Das lag weniger an der fehlenden Akzeptanz durch meine MitstreiterInnen, sondern eher an den Strukturen, in die dieser Job eingebettet ist. Es gibt in unserem Selbstverwaltungsmodell eine ganze Liste von Aufgaben und zu entscheidende Angelegenheiten, die der pädagogischen Leitung zukommen. D.h. es ist eine teilweise hierarchische Struktur vorgegeben, die aber bei der Verabschiedung des Selbstverwaltungsmodells lediglich auf dem Papier existierte und von uns noch nicht gelebt war. Arbeitsteilig zu arbeiten oder Entscheidungen anderer Gremien zu akzeptieren ist ein langer Weg für uns alle, der noch nicht beendet ist.

Da sind immer noch die vielen Fallen, in die wir hineinlaufen, wie z.B., daß wir uns nicht an unsere eigenen Beschlüsse halten, viele Dinge x-mal diskutieren, was sehr viel Zeit raubt oder bestimmte Entscheidungen nicht gewissenhaft prüfen, sondern faule Kompromisse daraus machen u.v.m.

Ersteres hat die Konsequenz, daß Kontrolle notwendig wird, was ich manchmal ziemlich nervig finde. Letzteres führt dazu, daß unerledigte Dinge die pädagogische Leitung macht und so Verantwortung über weite Strecken abgeschoben wird. Sicher ist das auch verständlich, weil alle LehrerInnen genug mit der Arbeit in ihren Stammgruppen zu tun haben. Doch trotzdem lastet oft der Eindruck auf mir, für viel zuviel zuständig zu sein. In solchen Zeiten habe ich manchmal einen unendlichen Zorn auf meine KollegInnen gemischt mit einer gehörigen Portion Trauer. Nach dem Motto "Ich mach das schon" trete ich dann den Rückzug in die Arbeit an. Das ist keine gute Grundlage für eine angenehme Schulstruktur, mal abgesehen davon, daß es mich selbst mürbe macht.

Mein zunehmender Mut führt mehr und mehr dazu, daß ich mich in dieser Rolle wohler fühle als vor einiger Zeit, wo ich jeden Job lieber gemacht hätte als diesen. Ich muß dazu sagen, auch die Unterstützung einiger MitarbeiterInnen hat ihr übriges dazu getan.

Worte wie "Kontrolle" und "Macht" haben für mich mittlerweile nicht nur eine negative Bedeutung. Natürlich gehe ich lieber mit meinen KollegInnen

Bier trinken, als sie zum 5ten-mal daran zu erinnern, gefälligst die SchülerInnenakten sorgfältig zu führen. Ich denke, es gelingt mir zunehmend besser, diese Dinge voneinander zu trennen.

Daß sich etwas bewegt, meine Sichtweite der Dinge in einigen Bereichen klarer wird, meine Grenzen und Kompetenzen sich erweitern, ist sicher ein Grund dafür, warum ich die pädagogische Leitung an der Freien Schule Bochum nicht schon längst hingeschmissen habe, trotz aller Arbeit, Ärger und Wut, die manchmal dabei sind.

Außerdem habe ich noch viele Wünsche und Ziele für meine Arbeit an der Freien Schule Bochum.

Ich denke, daß es zunehmend notwendiger wird, im Team "die Dinge beim Namen zu nennen" und unser eigenes Selbstverständnis von Erziehung, Bildung und alles was dazu gehört zu formulieren. So können wir Gemeinsamkeiten schaffen.

Zusätzlich gibt es viele Erlebnisse im Zusammensein mit den SchülerInnen, die ich sehr schätze. Da ist die Nähe zu den Kindern und Jugendlichen, die es mir ermöglicht, mich in vielerlei Hinsicht einzubringen, ohne hinter meiner Rolle als Lehrerin zu erstarren.

Die Lebendigkeit, Freude und Akzeptanz die ich spüre, wenn ich in meiner Stammgruppe bin, die vielen Gelegenheiten, die sich mir bieten, den SchülerInnen ein anderes Lernen zu ermöglichen als ich es erlebt habe, wie z B. der Wochenplan, die Projektzeit, Projektarbeiten, Stammgruppenfahrten, gemeinsame Feste feiern, Gesprächsrunden, Zeit haben für die oder den Einzelnen u.v.m.

Burkhard Lammert

Mehr Chancen für alle SchülerInnen

Für viele Kinder und Jugendliche sind die Jahre ihrer Schulzeit nicht die schönsten und glücklichsten ihres Lebens. Auch wenn in unserem hochzivilisierten und demokratischen Rechtsstaat Bundesrepublik die meisten Kinder nicht unter Hunger, Armut, den Auswirkungen von Kinderarbeit, den Grausamkeiten diktatorischer Regierungen, Folter, Krankheit und anderen Entbehrungen und Beeinträchtigungen leiden wie Millionen von Kindern überall auf der Welt - die SchülerInnen bei uns erleben eine Kindheit und Jugend, die für die meisten nicht nur einfach und glücklich ist. Familiäre Probleme und Schwierigkeiten, körperliche und seelische Verletzungen, Verhaltensunsicherheiten und -auffälligkeiten, Ängste und Zwänge, Benachteiligungen und Behinderungen - dies sind Kennzeichen, die auch den Lebensalltag deutscher SchülerInnen prägen. Dazu bieten wir ihnen in unserer Gesellschaft Verunsicherungen im sozialen Gefüge, Zukunftssorgen in wirtschaftlicher und beruflicher Hinsicht, immer neue Anforderungen und Belastungen in Fragen der Umwelt, der Medien, des sozialen Friedens und der Gerechtigkeit.

Viele junge Menschen auch bei uns in Deutschland haben nicht erfahren, was Glück, Zuneigung oder Liebe ist. Und viele andere bezahlen immer wieder einen hohen Preis dafür. Auch Kindesmißbrauch ist in der BRD nicht neu, die Diskussion darüber tritt jetzt langsam aus der gesellschaftlichen Tabuzone heraus. Wir brauchen nicht über Zahlen und Statistiken zu streiten, jeder sog. "Einzelfall" ist erschütternd und alarmierend genug. Dies alles ist Bestandteil der sozialen Wirklichkeit für die meisten Kinder und Jugendlichen. Die Anfälligkeit junger Leute für Verführungen jeglicher Art, Drogen, Sekten, Aussteiger ..., ist hausgemacht und nur ein Zeichen für die Suche nach Geborgenheit.

Dennoch haben alle Kinder und Jugendlichen ihre Wünsche und Träume, ihre Hoffnungen und Geschichten, ihre Phantasien und Kräfte. Als Schule können und dürfen wir die Augen vor dieser Wirklichkeit nicht verschließen, wir müssen die ganze Lebenswelt unserer SchülerInnen ernst nehmen und in den pädagogischen Alltag einbeziehen.

Eine Alternativschule ist (k)eine Insel

Die Freie Schule Bochum ist eine kleine Gesamtschule mit Primarstufe und unterrichtet z. Zt. ca. 160 Kinder und Jugendliche. Das Spektrum der SchülerInnen ist bunt gemischt, die Schule erreicht alle sozialen Schichten, verschiedene Glaubensrichtungen, Familien und Alleinerziehende, "Reiche" und "Arme", Bevorzugte und Benachteiligte. Daran kann glücklicherweise auch der Umstand nichts ändern, daß die Eltern durch monatliches Schulgeld einkommensabhängig ihren Beitrag für andere Schulchancen und -erfahrungen ihrer Kinder leisten müssen.

Die soziale Wirklichkeit der Kinder und Jugendlichen in unserer Gesellschaft ist damit auch an unserer Schule durch unsere SchülerInnen ausreichend vertreten. Die Freie Schule Bochum ist somit *keine* Insel - sie wird mit den gleichen Sorgen und Nöten konfrontiert wie jede andere "normale" Schule auch.

Allerdings besteht durch unsere Größe und die sich daraus ergebenden kleinen, überschaubaren Lerngruppen und Stammgruppen (Klassen) eine Nähe und Vertrautheit mit den SchülerInnen, die viele der o.g. Hintergründe deutlicher und manchmal offener zutage treten läßt als in anderen Schulen. Hier fühlen wir uns als LehrerInnen besonders gefordert diesen Teil der Lebenswirklichkeit unserer SchülerInnen ernstzunehmen und aufzugreifen.

Doch genau an dieser Stelle erleben wir mit uns selbst die größten Schwierigkeiten: die eigene Ausbildung als LehrerIn ist kaum eine Hilfe für solche Situationen, der Raum für die Bearbeitung individueller Schwierigkeiten bleibt trotz Freiräumen sehr begrenzt, der (eigene und fremde) Anspruch an Lernerfolg und Bildung der Kinder und Jugendlichen schränkt uns in unserem Handlungsspielraum ein.

Manche solcher Problemsituationen könnten wir mit den Mechanismen von Auslese und Sanktion aus Regelschulsystemen scheinbar schneller und besser lösen. Doch an der Freien Schule Bochum gibt es kein Sitzenbleiben, keine Leistungsbeurteilung durch Zensuren bis zum Ende des 8. Jahrgangs, kein schnell funktionierendes, quasi automatisches Regelwerk mit Schulstrafen und Verweisen.

Wir setzen dagegen auf die Geborgenheit der Gruppen und die Nähe der Erwachsenen zu den SchülerInnen und deren Vertrautheit untereinander. Sie helfen dabei, auffälliges Verhalten und Lernschwierigkeiten, Konflikte und Probleme umfassender zu betrachten und auch in ihren verursachenden Bezugsfeldern wie Familie, Gruppen und Schule verstehen zu lernen. Damit können wir Entwicklungen auffangen, die sonst oft zwangsläufig (neben den eigentlichen Problemen) zu Schulangst und Schulversagen führen. Die Kinder und Jugendlichen können sich angenommen und ernstgenommen fühlen mit ihrer Situation.

Damit ist die Freie Schule Bochum für ihre SchülerInnen oft *eine* Insel, auf der sie ausruhen, zu sich selbst finden, neue Kraft schöpfen und sich mit Unterstützung der Schule wieder auf den Weg machen können.

Eine solche Arbeit erfordert Menschen, die mehr sein wollen und müssen als LehrerInnen, die Lernen und Wissen vermitteln können.

LehrerInnen können nicht alles richtig machen

Natürlich gibt es keine LehrerInnen, die solchen komplexen Anforderungen im Schulalltag ständig und völlig gerecht werden können. Nicht Übermenschen sind gefragt, sondern Erwachsene mit ihren persönlichen Stärken und ihren menschlichen Schwächen, die hinter den Verhaltensweisen der SchülerInnen auch deren persönliche und soziale Wirklichkeit zu erkennen suchen.

Die Freie Schule Bochum kann sich heute ebensowenig wie jede andere Schule nur auf ihren Bildungsauftrag berufen, sie muß sich auch ihrem Erziehungsauftrag stellen und die Auswirkungen der sozialen Probleme unserer Gesellschaft auffangen und bearbeiten.

Wir LehrerInnen können und wollen dies nicht allein tun. Für viele Anforderungen sind wir nicht kompetent genug, für Lösungen und Hilfsangebote über den Lebensraum der Schule hinaus sind andere Partner gefragt. Deshalb arbeitet die Schule eng mit Beratungsstellen, therapeutischen Einrichtungen und Jugendämtern, aber auch mit den Eltern unserer SchülerInnen zusammen.

Damit die Kinder und Jugendlichen aber nicht von der Schule an andere Fachinstitutionen verwiesen werden, ist ein hohes Maß an Sensibilität bei der Bearbeitung solcher Schwierigkeiten und ein partnerschaftlicher Umgang mit den SchülerInnen notwendig. LehrerIn an der Freien Schule zu sein, heißt auch sich als BeraterIn zu verstehen und anzubieten in (fast) allen Lebensfragen von jungen Menschen. Oftmals führt dies in der Praxis zu Situationen wo ich mich als Lehrer zwischen allen Stühlen wiederfinde. Die Wünsche und Anforderungen von MitschülerInnen und LehrerInnen, Eltern und Kindern sind so unterschiedlich, daß eine Vermittlung dazwischen unlösbar erscheint.

Meist hilft mir in solchen Situationen, die regelmäßig und häufig vorkommen, wenn wir nahe bei den wirklichen Sorgen unserer SchülerInnen sind, die Rückbesinnung auf Grundwahrheiten: solange wir die seelischen Bedingungen der Kinder und Jugendlichen mißachten, beschneiden wir Lernmöglichkeiten und verhindern Lernfortschritte. Sobald wir Ängste und Blockaden ernstnehmen, sie aufzubrechen versuchen - was oft ein sehr langer und mühsamer Prozeß ist - , wenn wir Mut machen und auch die kleinsten Anzeichen von Anstrengung, Bemühen, Leistungswillen und Fortschreiten ernstnehmen und unterstützen, dann schaffen wir neuen Raum für weitergehende Lernmöglichkeiten und Erfahrungen.

In diesen Prozessen können wir LehrerInnen nicht alles richtig, es auch nicht jedem recht machen. Meine Entscheidung, Einzelne aufzufangen und zu unterstützen, hat immer auch tendenziell die Vernachlässigung anderer oder der Gruppe zur Folge. Doch ist es nicht überlegenswert, ob es nicht das kleinere Unrecht sein kann, dem "Schwächeren" zu seinem "Recht" zu verhelfen, ihn zu stützen, ihn wieder in die Gruppe einzubeziehen? Dabei dürfen und müssen die "Stärkeren" nicht zu kurz kommen.

Soziales Lernen vollzieht sich auch und gerade in solchen Auseinandersetzungen, im Ausgleich unterschiedlicher Interessen, in der Konfliktbearbeitung in der Gruppe, im Einstehen und sich Zeit und Raum nehmen für die SchülerInnen, die auch in unserem System von Schule nicht, oder besser: anders funktionieren.

SchülerInnen müssen nicht funktionieren

Jede(r) SchülerIn hat andere Voraussetzungen und Möglichkeiten, seinen Weg durch die Schule zu gehen. Jede(r) hat andere Bedürfnisse und Chancen, diese zu artikulieren. Es gibt keine Lernform und Arbeitsmethoden, die für alle gleich gut und richtig sein können.

Deshalb müssen und können die Kinder und Jugendlichen nicht "funktionieren" nach dem Bild eines zu erwartenden oder erwarteten Lern- und Sozialverhaltens. Sie müssen an unserer Schule die Chance bekommen, die Gründe und Ursachen für ihre Situation und ihr Verhalten zu erkennen und daran zu arbeiten. Und dies nicht nur einmal, sondern immer wieder auf's Neue. Ihre Lernzeit an der Schule dauert 10 Jahre und nicht jede(r) SchülerIn lernt das gleiche zur selben Zeit.

Woanders könnten sie diese Chancen finden, wenn nicht in der Schule? Jede(r) hat das Recht, seine Bedürfnisse einzubringen und damit Berücksichtigung zu finden.

"Schulzeit ist Lebenszeit", sie ist ein "Stück Leben, das es zu gestalten gilt", so steht es auch in der Denkschrift "Zukunft der Bildung - Schule der Zukunft" der Kommission des Ministerpräsidenten von NRW. Und Schule ist zugleich auch der Lebensraum für die SchülerInnen vom 6. bis 16. Lebensjahr. Lernen, Arbeiten und Leben muß aus der Sicht unserer SchülerInnen in einem erlebbaren Zusammenhang stehen.

Viele Gedanken und Vorschläge, die sich in der oben zitierten Denkschrift wiederfinden, sind uns aus der Arbeit an unserer Alternativschule bekannt. Wir sind (seit Jahren) auf dem Wege bei der Erprobung alternativer Unterrichts- und Lernformen, bei der Gestaltung des Lebensraumes Schule, bei der Entwicklung einer Lernkultur als eigenverantwortlicher Umgang mit den Angeboten und Möglichkeiten der Schule.

Wir sind auf dem Weg ...

aber noch lange nicht am Ziel. Die Arbeit an der Freien Schule ist ein sich ständig weiterentwickelnder Prozeß und wird es auch bleiben - der Weg ist das Ziel.

Dabei bleiben die Kinder und Jugendlichen die Subjekte in unserer Arbeit auf diesem Weg. Indem wir all ihre Meinungen, Interessen und Fähigkeiten ebenso ernst nehmen wie ihre Stärken und Schwächen, sozialen und persönlichen Lebensbedingungen, können wir die Förderung ihrer Persönlichkeit und ihren Schulerfolg am ehesten unterstützen.

In der täglichen Praxis des Schulalltags kann das z.B. bedeuten:

- einzelnen SchülerInnen andere Lern- und Arbeitsräume zu eröffnen als der Gruppe;
- auch in der Schule mehr Zeit zu geben für die Bearbeitung und Klärung persönlicher Dinge;
- die Umsetzung von vereinbarten Gruppennormen und -regeln situations- und prozeßorientiert auszugestalten;
- den Anforderungsdruck von Lernsituationen individuell zu variieren;
- zum Ende der 10 noch ein Jahr "dranzuhängen", um mehr Zeit und Raum für individuell längere Lernprozesse zu haben;
- Pläne und Programme zu streichen, um mehr auf Personen und Prozesse eingehen zu können.

Maßstab für solche Entscheidungen im Schulalltag muß dabei das Ernstnehmen der subjektiven Wirklichkeit aller SchülerInnen sein. Dazu gehört ein ehrlicher Umgang mit ihrer Lebenswelt und ihren Problemen, die oftmals ja nur ein Spiegelbild unserer Erwachsenengesellschaft sind.

Die Freie Schule Bochum versucht, die Kinder und Jugendlichen beim Umgang mit diesen Problemen und deren Lösungen zu unterstützen. Sie schafft humanere Lern- und Arbeitsbedingungen im Schulalltag, indem sie gemeinsam mit den SchülerInnen nach Verfahrensweisen und Wegen sucht.

Rainer Winkel hat in einem Aufsatz 1983 über die Notwendigkeit einer neuen Pädagogik von "Nischen der Zärtlichkeit" gesprochen, in denen wir uns wohler fühlen können. (Rainer Winkel, Braucht eine neue Generation eine neue Pädagogik? in: Schwarz auf Weiß, Dortmund, Nr.2/ 1983)

Die Freie Schule Bochum schafft solche Nischen der Zärtlichkeit - wir sollten sie auch in Zukunft kontinuierlich und beharrlich weiter ausbauen.

Dagmar Rogall

Miteinander leben - Eindrücke und Gedanken während meines Praktikums in der Freien Schule Bochum

Im Schuljahr 95/96 habe ich in der Zeit zwischen Oster- und Sommerferien ein Praktikum in der Stammgruppe 3/4 durchgeführt. Was mich faszinierte, seit ich die Schule das erstemal betrat, war die besondere Atmosphäre.

Bevor ich mein Praktikum nach den Osterferien beginne, möchte mich der Stamm erst kennenlernen, so schaue ich vor den Ferien schon einmal für einen Tag bei der 3/4 vorbei. Um 8.30 komme ich mit dem Bus an der Station Friedrich-Harkort-Straße an. Einige Kinder spielen auf dem Schulhof, im Eingangsbereich des Treppenhauses herrscht Hochbetrieb: Erwachsene und Kinder sind damit beschäftigt, das Frühstück zu verteilen. Ich frage nach der Stammgruppe von Fitti und Katja, und ein Schüler zeigt mir den entsprechenden Raum. Drinnen begegne ich Katja, die gerade von Kindern umringt ist. Der Tisch für's Frühstück ist schon gedeckt. Im Nebenraum ist Fitti gerade damit beschäftigt, das Aquarium sauberzumachen. Einige Schüler haben sich um einen Pappkarton geschart. Sie geben vorsichtig ein Meerschweinchen herum. Auch ich darf es in die Hand nehmen und das Fell streicheln.

Es ist schwierig, eine Atmosphäre treffend zu beschreiben. Vielleicht geben die Begriffe Entspanntheit und Lebendigkeit meinen ersten Eindruck am besten wieder.

Bei der Betrachtung des Pädagogischen Konzepts der Schule findet sich auf dem Einband als Leitspruch "Leben und Lernen mit Kindern". Während meiner Zeit in der 3/4 wird für mich immer wieder erfahrbar, daß hier großer Wert auf das Miteinander-Leben gelegt wird. Der Alltag ist nicht in erster Linie um Unterricht und Lernen arrangiert, Unterricht und Lernen sind vielmehr in das Schulleben eingebettet.

Grundvoraussetzung für ein Schulleben, wie ich es hier kennengelernt habe, ist ein verändertes Rollenverständnis aller Personen, die an Schule teilhaben. Hier fühle ich mich auch als Praktikantin gut aufgehoben. Die besonderen Rahmenbedingungen, die das pädagogische Konzept der Alternativschule Bochum vorsieht, eröffnen außerdem ganz andere Möglichkeiten als sie an anderen Schulen gegeben sind. Schüler und Lehrer haben hier viel mehr Raum, sich selbst und ihre Vorstellungen einzubringen und zu verwirklichen. In diesem Rahmen konnte ich mich auch als Praktikantin sehr wohlfühlen. Ich könnte viele Aspekte nennen, die aus meiner Sicht das Bemühen um ein Zusammenleben in der Schulgemeinschaft ausmachen. Im folgenden möchte ich mich aber in erster Linie auf das Miteinander in der Stammgruppe beziehen. An diesem Ausschnitt wird - wie ich glaube - einiges deutlich, was übertragen auch für die Schulgemeinschaft in ihrer Gesamtheit gilt.

Leben in der selbstgestalteten Umgebung

Einen wesentlichen Einfluß auf die Atmosphäre hat ohne Frage das Umfeld, in dem Schule gehalten wird. Nimmt man die Räumlichkeiten in den Blick, so erhält man nicht nur Aufschlüsse über den atmosphärischen Hintergrund. Es ergeben sich hierbei schon Hinweise auf das Miteinander innerhalb der Stammgruppe.

Als ich den Raum der Stammgruppe betrete, kann ich zunächst gar nicht alles überblicken. Hier gibt es viel zu entdecken. Die Stammgruppe hat zwei Räume zur Verfügung. An dem ersten und großen Raum fällt die Zweiteilung auf. In der vorderen Hälfte befinden sich Schülerpulte, die überwiegend zu Vierergruppen zusammengestellt sind. Der Schreibtisch für Fitti und Katja steht an der Seite und ist mit Material beladen. An der rechten Wand ist ein großes, offenes Regal angebracht. Neben den Lernkarteien befinden sich dort Bücher, Spiele und "Kleinkram", außerdem Kindersitze für Ausflüge mit dem Bulli. An der Fensterseite befinden sich weitere Regale mit viel Anregungsmaterial, Ablagen für die Wochenpläne, außerdem Pflanzen und - ein Telefon!

Der hintere Teil des Raumes ist durch ein weiteres offenes Regal vom vorderen abgetrennt. Dort finden sich drei Tische mit Lacktischdecken, Kühlschrank und Waschbecken. Besonders stolz sind die Kinder auf ihre Bude, die "lecker-lecker-happa-happa" genannt wird. Die Stammgruppe hat sie gemeinsam gezimmert und verziert. Einmal in der Woche werden hier Süßigkeiten feilgeboten.

Bemerkenswert ist auch die Hochetage im Raum, auf der alle Kinder Platz finden. Dort oben ist alles Nötige vorhanden, um es sich richtig gemütlich zu machen: Kissen, Matratzen und ein Sofa.

Im kleinen Raum gibt es ebenfalls allerhand zu entdecken. Dort findet sich ein großes Waschbecken mit Zahnputzbechern und -bürsten. Außerdem haben Schüler und Lehrer im vorderen Teil mit einem bemalten, geschwungenen Bettlaken einen Sternenhimmel kreiert. An der Wand ist mit bunten Farben ein Ozean mit Fischen und anderem Meeresgetier aufgemalt. Jedes Kind hat in diesem Zimmer eine eigene Kiste mit Material. Auch in diesem Raum finden sich Schülerpulte, die für eine Gruppe von etwa 12 Kindern zusammengestellt sind. Von dort aus ist freier Blick auf die Tafel gegeben. Im Regal am Fenster steht den Schülern ein Kassettenrekorder zur freien Verfügung. Gemeinsam versorgen Erwachsene und Kinder der Stammgruppe das Aquarium und das Terrarium mit den zwei Mäusen.

Wohnlichkeit und Originalität der Räumlichkeit zeigen, daß großer Wert auf das Umfeld gelegt wird. Schüler und Lehrer der 3/4 haben hier gemeinsam ihre Ideen verwirklicht und ihren ganz eigenen Stammgruppenraum geschaffen. Hier ist Platz für verschiedenste Bedürfnisse: Gemeinsames Essen, Kuscheln oder Sich-Balgen, Entspannen im Sofa... Falls es jemand vermissen sollte: Auch Unterricht läßt sich hier flexibel gestalten.

Das Telefon weist darauf hin: Hier sind auch Kontakte nach außen gefragt. Der Klassenraum ist nicht isoliert.

Miteinander Alltag gestalten

Das, was für die Gestaltung der Räumlichkeiten gilt, ist auch bezeichnend für die Planung des Schullebens. Hier ist immer wieder die Kreativität von Kindern und Erwachsenen gefragt.

Bei der Beschreibung des Umfeldes ergaben sich bereits viele Hinweise auf das Miteinander in der Stammgruppe. Schwieriger ist es, die zwischenmenschlichen Beziehungen direkt zu charakterisieren.

Die Atmosphäre in der Stammgruppe ist von Vertrauen und gegenseitigem Interesse geprägt. Erst vor diesem Hintergrund können auch Konflikte ausgetragen und Probleme bewältigt werden.

Nicht nur unter den Schülern bilden sich enge Kontakte, auch zwischen Stammgruppenlehrern und Kindern besteht ein vertrautes Verhältnis.

Die intensive Beziehung zwischen Fitti und Katja und den Kindern ihrer Stammgruppe sind einerseits sicherlich Resultat eines besonderen Rollenverständnisses. Ein so enges Verhältnis ist andererseits erst möglich, wenn ein zahlenmäßig ausgewogenes Verhältnis zwischen Kindern und Erwachsenen besteht. Katja und Fitti betreuen gemeinsam 24 Kinder.

An welcher Schule werden schon Lehrer bei ihrem Spitznamen genannt, oder wo wagt es ein Kind, seinen Lehrer in den Bauch zu knuffen und dabei "Dickerchen" zu nennen? Wann hört man schon davon, daß eine Lehrerin zur Ballettaufführung einer Schülerin kommt?

Das gemeinsame Erleben des Alltags wird nicht zuletzt durch die Organisation als Ganztagsschule gewährleistet.

Die Mahlzeiten und gemeinsam verbrachte Freizeit bieten Schülern und Lehrern Raum, sich kennenzulernen und aufeinander einzulassen.

Aus meiner Sicht ist die Morgenrunde, die im Stamm 3/4 jeden Morgen stattfindet, zentraler Bestandteil des Zusammenlebens. Sie bietet nicht nur Raum, über Erlebnisse zu erzählen und Unterrichtsangelegenheiten zu klären;

hier werden auch offen Konflikte und zwischenmenschliche Probleme ausgetragen. Die Morgenrunde steht in gemeinsamer Verantwortung von Schülern und Lehrern.

Die unbedingt notwendige Gesprächsführung übernehmen selbstverständlich auch die Kinder. Die Schüler, die die Gesprächsführung haben, können sich jeweils von einem anderen Kind unterstützen lassen. Dieses achtet dann auf die Einhaltung der Spielregeln. Wenn jemand dreimal gestört hat, muß er bzw. sie die Hochetage verlassen und ein Arbeitsblatt ausfüllen. Dies gilt ebenfalls für die Erwachsenen! - Obwohl ich nie erlebt habe, daß Fitti von der Hochetage geflogen wäre...

Nach dem Frühstück ist erst einmal ein wenig Zeit zum Fußballspielen, Toben, Küchendienst. Die Hochetage ist bis zur Morgenrunde tabu. Es ist 10.00 Uhr, und Katja trommelt die Schüler zusammen. Die Fußballfreaks nutzen mal wieder jede freie Minute, um auf dem Fußballfeld hinter dem Schulgebäude zu pöhlen. Nach und nach klettern alle Stammesangehörigen auf die Hochetage (Straßenschuhe bleiben unten!). Bald sind auf den Matratzen und Kissen alle Plätze und Kissen verteilt. Es fehlen nur noch Katja und Fitti. Aber den beiden werden garantiert auch noch Plätze freigehalten. Bevor die morgendliche Besprechung beginnen kann, gibt's erst eine saftige Kissenschlacht. Inzwischen tauchen auch die Köpfe von Katja und Fitti auf. Pia hat Gesprächsführung, die Morgenrunde kann beginnen.

Die Morgenrunde ist grundsätzlich für alle Themen und Inhalte offen. Meist erzählen die Kinder zu Beginn von den Erlebnissen vom Vortag. Wenn etwas besonders Interessantes oder Ungewöhnliches passiert ist, fragen die anderen oder erzählen von ähnlichen Erfahrungen. Neben außerschulischen Erlebnissen werden vor allem Anliegen, die direkt die Stammgruppe oder die Schule betreffen, besprochen.

Montags werden regelmäßig die abgegebenen Wochenpläne durchgesprochen.

Katja und Fitti beklagen zu Beginn der Woche, daß einige Schüler ihre Wochenpläne nicht erfüllen. Gemeinsam wird nach einer Lösung gesucht. Nach längerer Diskussion hat Max eine Idee: Das Wochenende ist einfach zu lang. Es fällt dann so schwer, sich immer neu auf die Aufgaben zu konzentrieren. Die Schule sollte auch Samstags geöffnet haben...

Auch sehr persönliche Probleme werden in der Morgenrunde ausgesprochen. Ich staune über den Mut eines Jungen, der in dieser Runde offen ein Problem mit seinen Freunden aus der Stammgruppe anspricht. Das schwierige Gespräch in der Morgenrunde gelingt.

Ich finde es beachtlich, daß es den Kindern gelingt, in dieser großen Runde solche Gespräche zu führen. Das setzt schon ein hohes Maß an Rücksichtnahme und Aufeinander-Eingehen-Können voraus. Natürlich gab es auch einige

Runden, die recht destruktiv verliefen, aber das haben auch die Kinder als unbefriedigend empfunden.

Zwei Dinge bezüglich der Morgenrunde möchte ich noch einmal hervorheben. Zum einen bietet dieses regelmäßige Treffen Raum, die Schulwoche zu organisieren. Zum anderen finden dort aber auch alltägliche Anliegen ihren Platz. Sehr ernst werden zwischenmenschliche Probleme und ihre Lösungen genommen.

Miteinander erleben

Für ein lebendiges Miteinander sind nicht nur die Gestaltung des Schulalltags und die Auseinandersetzung mit allen Beteiligten notwendig. Gerade hier habe ich erlebt, daß es wichtig ist, neben den alltäglichen Erlebnissen Höhepunkte zu schaffen, die die Gruppe verbinden. Während der Wochen, in denen ich dabei sein durfte, gab es viele Highlights: Ausflug zu einer Bauausstellung, Projekttage, Schulübernachten, ein Eltern-Kinder-Lehrer-Wochenende und Zelten bei Fitti. Dabei hat mich immer wieder überrascht, wie spontan und flexibel Aktionen geplant und durchgeführt wurden.

Eigentlich war für die Projekttage zum Thema "Fahrrad" eine Radtour mit Übernachtung bei Fitti eingeplant. Die geplante Aktion fiel leider im wörtlichen Sinne "ins Wasser". In der Morgenrunde kündigt Fitti an, daß die Übernachtung wohl ausfallen werde. Diese wollen die Kinder sich allerdings nicht ganz entgehen lassen. So wird der Vorschlag von Luzy, endlich mal wieder in der Schule zu übernachten, begeistert aufgenommen. Gemeinsam stellen die Kinder ein Programm für den Abend auf. Pizza-Essen und Videos sind angesagt. Aber bis zum Nachmittag steht erst noch eine Radtour (30km!) an.

Nach einer Verschnaufpause in der Schule ziehen einige Kinder mit Fitti in eine Videothek, um das Abendprogramm zusammenzustellen. Jetzt muß nur noch die Pizza organisiert und ein betriebsbereites Videogerät gefunden werden. Beim Anschließen des Apparates ist Karsten als Kenner gefragt.

Mit der Pizza im Magen und von der Radtour müde, machen es sich alle auf ihren Schlafsäcken gemütlich. Die erste Kassette wird eingelegt. Viel mehr kann ich von diesem Abend nicht erzählen, denn als erste schlief natürlich die Praktikantin ein...

Angelika Parreidt

Tagesablauf in einer Grundschulklasse

8.30 Uhr. Schulanfang. Es klingelt nicht. Trotzdem wissen alle, was los ist. Beim Betreten des Raumes berichtet der KüDi (=Küchendienst) stolz, daß alle Tische gedeckt sind. Für ca. 20 Personen stehen Brot, Butter u. Margarine, Marmelade, Nutella, Käse und Wurst bereit.

Frühstück (8.30 - 9.00 Uhr):

Die meisten Kinder sind schon da. Nur die „Fußballfans" verbessern noch ihre Torchancen auf dem Fußballfeld des Schulhofs. Sie haben bereits zu Hause gefrühstückt. Jetzt strömt alles in den Frühstücksraum. Hier wechseln sich Bissen ins Nutellabrötchen und Berichte über die neuesten Neuigkeiten (z. B. Wer hat wo übernachtet?!) ab.

Morgenrunde (9.00 - 9.30 Uhr):

Nachdem der Kü-Di die Tische abgedeckt und abgewischt hat, treffen sich alle Kinder mit den Stammlehrern zur Morgenrunde im Kuschelzimmer. Die Kinder helfen bei der Auflistung von fehlenden SchülerInnen. Täglich hat ein anderes Kind die Gesprächsleitung. Hierbei wird streng darauf geachtet, daß keiner einfach in die Runde ruft oder stört und, dass nur diejenigen reden, die sich vorher gemeldet haben und zum Reden aufgefordert wurden. Die Aussagen der Kinder reichen von der Mitteilung „Ich fahre in den Ferien nach Spanien." bis zu „Mein Opa war im Krieg in Rußland." „Was ist Krieg?". Zum Schluß wird über die Einteilung für diesen Tag gesprochen. Dabei geht es darum, wer heute Unterricht hat, wer z. B. in die Holzwerkstatt geht oder wer an der Garten-AG oder am Schwimmen teilnehmen will.

1. Arbeitszeit (9.30 - 11.00 Uhr):

Jetzt stürzen 19 Kinder vom Kuschelzimmer zu ihrem jeweiligen Bestimmungsort (entweder in den Unterrichtsraum oder in den Stammgruppenraum). Kurze Frage: „Was sollen wir für den Unterricht mitnehmen?" und jeder weiß, was er zu tun hat.
Wer keinen Unterricht hat, begibt sich an seinen Wochenplan, den es sowohl für Sprache als auch für Mathematik gibt. Jedes Kind entscheidet frei, womit es anfangen möchte. Und schon geht es los. Die meisten Kinder gehen schnell an ihre Arbeit und erarbeiten sich die Inhalte selbständig und mit ihrer eigenen

Geschwindigkeit. Anschließend ist große Pause und die Fußballfans strömen ihrem geliebten Feld entgegen.

2. Arbeitszeit (11.30 - 13.00 Uhr):

Holzwerkstatt, Sachunterricht oder Musik (Flöten) stehen jetzt auf dem Programm. Während die Kinder bei den Arbeitsgemeinschaften am Nachmittag nach ihren Neigungen wählen können, sind diese Veranstaltungen verpflichtend. Hier lernen die Kinder z. B. in der Werkstatt mit Bohrmaschine, Säge und Feile umzugehen. Es werden Dinge des täglichen Lebens hergestellt, die sich die Kinder zum Teil selbst aussuchen oder die für das Leben in der Stammgruppe benötigt werden, wie z. B. Buntstift- und Scherenständer.

Mittagessen (13.00 - 13.30 Uhr):

Kurz vor dem Mittagessen deckt der KüDi die Tische und holt das Essen. Es gibt Gerangel an der Essensausgabe. Wir warten mit der Verteilung bis Ruhe eingekehrt ist. Jetzt wird das Essen ausgegeben und die Kinder nehmen ihre Plätze an den Tischen ein. Bei den Menus können die Kinder wählen, ob sie vegetarisch oder mit Fleisch essen wollen. Es scheint zu schmecken, denn viele Kinder nehmen nochmals nach. Später wird abgeräumt, das Geschirr bringen die Kinder wieder in die Küche und nachdem die Tische abgewaschen sind, gehen alle in die Mittagspause.

Neigungsgruppen (13.45- ca. 15.15 Uhr):

Jetzt sind die Neigungsgruppen wie Schwimmen, Vorlesen, Garten, Spielen, Experimentieren und Malen angesagt. Alle Veranstaltungen dauern etwa bis 15.15 Uhr. Inzwischen haben sich befreundete Kinder verabredet und werden gemeinsam nach Hause fahren. Zum Schluß werden die Räume aufgeräumt und gefegt. Einige Kinder werden von ihren Eltern abgeholt, andere werden von befreundeten Eltern zu Hause abgeliefert und einige fahren schon mit öffentlichen Verkehrsmitteln nach Hause. Ein langer Tag ist zu Ende.

Susanne Reick-Partenheimer/ Christina Lammert

Tagesablauf einer Sekundarstufen I - Stammgruppe

Während in der Grundschulabteilung eine relativ freie Einteilung des Schultages in Lern- und Spielzeiten möglich und gewünscht ist, werden mit zunehmendem Alter der Kinder mehr feste Unterrichtsangebote eingeführt, und der Tagesablauf der Stammgruppen in der Sekundarstufe I ist durch ein festes Stundenplanraster gegliedert.

Der Schultag einer jeden Stammgruppe an der FSB beginnt um 8.30 Uhr mit einem gemeinsamen Frühstück, das täglich von einer wechselnden SchülerInnengruppe vorbereitet wird. In allen Stammgruppen der Sek I beginnt um 9 Uhr die erste Lern- und Arbeitsphase, die drei Stunden à 40 Minuten umfaßt. Im Anschluß an diese erste Phase haben alle SchülerInnen eine gemeinsame Pause von 20 Minuten. Nach der Pause folgt um 11.30 Uhr mit einer Doppelstunde der zweite Unterrichtsblock bis zum Mittagessen um 13 Uhr.

In diese Lern- und Unterrichtszeiten fallen auch die Besprechungsstunden der Stammgruppen, in denen all die Dinge in der Gruppe besprochen werden, die für das Zusammenleben der Gruppe und den organisatorischen Ablauf des Schulalltags wichtig sind.

Wie das Frühstück, so wird auch das gemeinsame Mittagessen in den Stammgruppen durch eine Tischdienstgruppe vorbereitet. Nach dem Essen gibt es für SchülerInnen und LehrerInnen eine Mittagspause bis 13.45 Uhr.

Von montags bis mittwochs findet von 13.45 Uhr bis 15.15 Uhr Nachmittagsunterricht statt, der stammgruppenintern oder stammgruppenübergreifend organisiert sein kann. Aus einer Reihe von Angeboten zu bestimmten Lernbereichen wählen die SchülerInnen in einem ca. 3monatigen Rhythmus für jeden Nachmittag jeweils das Angebot aus, an dem sie für diesen Zeitraum verpflichtend teilnehmen möchten.

Anfang und Ende der Unterrichtszeiten werden nicht durch Klingeln angezeigt, die Verantwortung für das Einhalten der Lern- und Arbeitszeiten liegt in den Händen der Beteiligten.

Die Einteilung der Schultage in drei Lernblöcke wird regelmäßig durch Projektwochen für die ganze Schule und Ausflugstage und -wochen einzelner Stammgruppen durchbrochen. In diesen Wochen wird die sonst übliche Zeiteinteilung aufgehoben und durch gemeinsame Absprachen innerhalb der Projektgruppen ersetzt.

Da die Einteilung des Tagesablaufs in drei Lernphasen für alle Gruppen der Sekundarstufe I gleichermaßen gilt, ist ein Austausch der LehrerInnen in verschiedene Lerngruppen möglich. Während die SchülerInnen der Grundschule mehrere Jahre lang hauptsächlich mit zwei Lehrkräften zusammenarbeiten, wird das Stammlehrerprinzip mit zunehmendem Alter der SchülerInnen gelokkert, da nicht mehr alle Inhalte und Fächer von den zwei StammgruppenlehrerInnen unterrichtet werden sollen und können und darüber hinaus der Bezugskreis der SchülerInnen wachsen soll. Durch die fachlichen und personellen Vorgaben ist so im Laufe der letzten Jahre an der FSB der beschriebene Stundenplan entstanden.

Die inhaltliche und fachliche Ausgestaltung der drei Lernblöcke in Wochenplanarbeitszeiten, Projekt- und Fachunterricht erfolgt jeweils im Rahmen der Stundenplanorganisation zu Beginn eines jeden Schuljahres. Abhängig davon, wieviel Zeit die beiden StammgruppenlehrerInnen in „ihrer" Stammgruppe verbringen können, ist die Möglichkeit, flexibel mit Stunden und Fächern umzugehen. Eine starre Abfolge der Unterrichtsstunden nach dem vorgegebenen Stundenplan ist nur dann tatsächlich notwendig, wenn LehrerInnen aus anderen Gruppen zu festen Zeiten in der Gruppe Fachunterricht erteilen. Ansonsten besteht für die Stammgruppe prinzipiell die Möglichkeit, Unterrichtszeiten zu tauschen und flexibel mit den Lernphasen umzugehen. So können dringende SchülerInneninteressen berücksichtigt werden, ohne immer wieder neu grundsätzlich über die Abfolge von Lern- und Unterrichtszeiten zu verhandeln.

Wie so ein gerade theoretisch beschriebener Schultag für die Beteiligten aussieht, soll nun am Beispiel der Stammgruppe 9 beschrieben werden, und zwar sowohl aus der SchülerInnen-, wie aus der LehrerInnen-Perspektive. Den im folgenden kursiv gesetzten Text hat Christina Lammert geschrieben, eine Schülerin aus Stamm 9, den ich zusammen mit meiner Kollegin Birgit Kronsfeld betreue.

Ein ganz normaler Schultag in Stamm 9

Am Montagmorgen kam ich mit meiner Schwester und meinem Vater um 8 Uhr an der Schule an. Wir hatten Küdi. Das meiste hatten wir Freitag Nachmittag schon auf den Tisch gestellt, doch die frischen Sachen, wie Salami, Brötchen und Käse mussten wir morgens noch decken. Außerdem wollten wir vor allen anderen da sein. Die ersten kamen um ca. 8.15 Uhr in die Klasse, guckten, nahmen sich ein Brötchen und verschwanden wieder.

Doch Birgit und Susanne freuten sich sehr über die schön gedeckten Tische, und mit ihnen auch ein paar andere Schüler. Manchen war es ganz egal, ein paar wenige regten sich auf. Doch wir, meine Schwester und ich, freuten uns nur noch mehr und aus Spaß erzählten wir, dass Johanne Geburtstag hätte, woraufhin ihr mehrere gratulierten! Um 9 Uhr war das Frühstück vorbei und wir mussten auch noch abdecken.

Montagmorgen, 8.20 Uhr, die alten und neuen Deutsch-Wochenpläne in der Tasche, komme ich in den Stammgruppenraum. Die Tür zum Haus war - wie eigentlich fast immer - schon offen, denn es gibt einige Kinder, die noch früher da sind, obwohl es Frühstück ja immer erst um 8.30 Uhr gibt. Auch meine Kollegin Birgit ist schon da und kocht im Eßraum Kaffee, das habe ich schon durch das Fenster sehen können.

In Gedanken stehe ich schon am Kopierer, denn ich muß noch Arbeitsblätter für den neuen Wochenplan kopieren. Das kann ich noch vor dem Frühstück schaffen, habe ich mir überlegt, dann ist der Andrang noch nicht so groß. Ein müdes „Morgen" von drei Jungen, die sich auf dem Sofa lümmeln, Taschen abstellen, ein ganz normaler Schulbeginn. Danach einen Blick in den Eßraum - was für eine Überraschung!

Jeder Tisch ist komplett mit Tellern, Tassen und Untertassen gedeckt, Luftschlangen mit Sternchen sind auf dem Tisch dekoriert, die Tafel mit einem bunten „Guten Morgen" bemalt, auf jedem Teller liegt ein Brötchen, und Butter, Käse, Honig, Wurst und Marmelade sind auf jedem Tisch vorhanden. Der Eiswagen, den eine Schülergruppe in der letzten Projektwoche in der Holzwerkstatt gebaut hat, ist zur Essensausgabe umfunktioniert, an der sogar ein Essensplan (montags gibt es immer Nudeln) aushängt. Und Birgit zeigt mir einen Zettel, der in der Kaffeedose lag, auf dem „Wir wünschen Euch einen guten Morgen!" steht. Eine gelungene Überraschung!

So erstaunt wie ich, gucken an diesem Morgen auch alle SchülerInnen, als sie den Eßraum betreten. Die zwei Mädchen vom Küchendienst, die für diese Überraschung verantwortlich sind, freuen sich diebisch darüber. Nach der ersten Verwunderung gehen mir einige Lichter auf. Das Thema „Küdi" gab in der vergangenen Woche Anlaß zu heißen Diskussionen und ist vielen aufgrund von einigen Mißverständnissen quer hinuntergegangen; darüber werden wir in der nächsten Besprechung wohl noch einmal reden müssen. Esther und Christina scheinen die Aufregung von einigen anderen eher lustig zu finden und haben mit Ihrer Frühstücks-Überraschung die Diskussion von neuem entfacht.

Ich ändere meine Pläne und setze mich erst einmal zum Frühstück an den schön gedeckten Tisch und freue mich mit dem Küdi und Birgit über die verblüfften Gesichter der anderen, die nach und nach eintrudeln.

Nach dem Frühstück bleiben noch 15 Minuten, die ich dann endlich zum Kopieren nutze. Es wird ein bißchen hektisch - ein ganz normaler Schultag.

In der ersten Unterrichtsstunde hatten wir Deutsch. Wir bekamen die alten Wops wieder und Susanne beantwortete Fragen. Ich fing schon 'mal mit meinem neuen Wochenplan an und musste Susanne auch die eine oder andere

Frage stellen. Doch bis sie dann endlich zu mir kam, hatte ich die Frage schon fast wieder vergessen. Eine Lehrerin für 20 SchülerInnen ist eben zu wenig.

Um 9 Uhr beginnt die erste Unterrichtsstunde, in der ich mit der Stammgruppe alleine bin. Ich gebe die alten Wochenpläne zurück, verteile die neuen, beantworte Fragen zu erledigten und anstehenden Aufgaben und beginne dann die Unterrichtsstunde. Die Wiederholung der Wortarten und Verbzeiten steht auf dem Programm und die Zeit drängt. Der 40-Minuten-Takt wird meistens dann zur „Zwangsjacke", wenn ich selbst nicht mehrere Stunden hintereinander in „meiner" Stammgruppe unterrichte, sondern in andere Gruppen wechsele oder KollegInnen in Stamm 9 unterrichten. So auch heute.

Abweichend vom normalen Stundenplan stehen jetzt zwei Projektstunden auf dem Plan, in denen ein neuer Kollege aus Berlin zusammen mit 14 SchülerInnen Geschichtsspiele zur Revolution 1848 entwickelt. Ein tolles Projekt, bei dem alle sehr engagiert sind. Im fliegenden Wechsel übernimmt Peter die Spiele-Gruppe, während ich zusammen mit der übrigen Gruppe das nächste Projektthema „Afrika" vorbereite.

„Ich hab' aber keinen Bock auf Afrika!" ist die Einstimmung auf die zweite Unterrichtsstunde an diesem Tag. Aber dann kommen von den Schülern doch einige Ideen, und sie beginnen damit, eine politische Karte Afrikas in Puzzleform zu erarbeiten. Zwei Unterrichtsstunden sind viel zu kurz, ehe wir uns versehen, steht die Uhr auf 11.10 Uhr, jetzt ist erst einmal Pause.

Um 9.45 Uhr hatten wir „Geschichtsspiele" mit Peter. Unsere Idee war schon fertig, auf jeden Fall im Kopf, doch die Umsetzung fiel meiner Schwester und mir etwas schwer. Doch wenn wir einmal angefangen haben, kommen wir auch gut voran. Und schon war es Zeit für die große Pause. Wir gingen in den Garten und unterhielten uns über dies und jenes. Dann war die Pause auch schon vorbei und wir hatten Deutsch-Wochenplan. Nur die Mädchen, denn die Jungen hatten Chemie. Susanne hatte jetzt mehr Zeit für jeden einzelnen und konnte intensiver auf die Fragen eingehen. Und siehe da, nach diesen zwei Wochenplan-Stunden und der einen heute morgen hatte ich, oh welch ein Wunder, meinen Wop schon fertig, obwohl ich noch zwei ganze Wochen Zeit gehabt hätte. Aber die Verbzeiten fand ich auch wirklich nicht schwer, zumal es ja eine Wiederholung war!

Zwanzig Minuten später geht es in ruhigerem Tempo weiter. Die Jungen haben eine Doppelstunde Chemie, die Mädchen arbeiten in dieser Zeit an ihrem Wochenplan. Zeit für Gespräche zwischendurch, aber auch immer wieder Fragen, Fragen, Fragen. „Susanne, was sind noch 'mal Partikel?", „Woran erkenne ich denn ein Adverb?" „Jetzt mußt Du aber zu mir kommen!" Am einfachsten wäre es, ich würde mich vierteilen. Ein ganz normaler Schultag.

Um 12.45 Uhr fingen Esther und ich an, Teller zu holen und pünktlich um 13 Uhr stand dann auch die Lasagne auf dem Essensausgabewagen. Das hat ja gut geklappt. Den Tisch abdecken und Aufräumen war zum Glück nicht mehr unsere Aufgabe. So konnten Esther und ich zur Pizzeria gehen und uns, bei diesem schrecklichen Essen, eine Pizza holen.

Kurz vor 13 Uhr kommen die Jungen dann wieder in die Klasse gestürmt. Zeit für das Mittagessen. Wir Lehrerinnen stehen hinter dem Eiswagen, vor uns eine Schlange, die schon ungeduldig wartet. Das Essen kommt pünktlich aus der Küche, der Küdi funktioniert reibungslos und in Windeseile haben wir Lasagne und Salat verteilt. Kritik über zu viel Bechamelsauce verstummt, alle sitzen mehr oder weniger zufrieden am Tisch - es gab schon schlechteres Essen.

Nach dem Essen ist bis 13.45 Uhr Mittagspause, Zeit für Gespräche mit den KollegInnen und einen Kaffee.

In der letzten Doppelstunde wollen wir uns gemeinsam mit den SchülerInnen um Plätze für das kommende Betriebspraktikum kümmern. Wir fragen ab, wer schon definitiv einen Praktikumsplatz hat (mir kommt es vor, als wäre es schon das 50. Mal), es sind leider immer noch nicht viele. Mit allen anderen wälzen wir die Gelben Seiten, das Info-Buch des Arbeitsamtes und geben Hilfestellung vor den Telefonaten. Zwei Zusagen, ein „vielleicht“, zwei Entscheidungen für einen möglichen Praktikumsplatz und eine Absage sind die Ausbeute dieses Nachmittags.

Esther und ich fanden tatsächlich eine Praktikumsstelle in einer Kindertagesstätte, wo wir sogar zusammen unser Praktikum machen können. Als die Stunde vorbei war, holten wir nur noch schnell unsere Rucksäcke und Jacken, sagten „Bis morgen“ und gingen zur Bahn. Es war ein schöner Schultag!

Ob Marius nun in eine KfZ-Werkstatt gehen soll oder doch nicht, Till zu einer Werbeagentur und Viola eine Praktikumsstelle als Floristin in ihrem Wunschgeschäft bekommt - all das muß sich im Laufe der nächsten Tage entscheiden. Für heute ist erst einmal Schluß. Birgit, ein paar SchülerInnen und ich verlassen gemeinsam den Klassenraum und schließen die Tür zum Gebäude ab. Es war ein ganz normaler Schultag.

Zu Hause überlegten wir uns dann, wie wir die SchülerInnen und Lehrerinnen wohl nächsten Montag überraschen können.

SchülerInnen der Freien Schule Bochum

Sechs Jahre in der Freien Schule Bochum - Rückblicke am Ende der zehnten Klasse

Ulrike Bress

„Die meiste Zeit habe ich mit den anderen im Keller verbracht"

Ich bin auf die Freie Schule Bochum gekommen, weil ich auf den anderen Schulen nicht klar gekommen bin. Damals bin ich ins 5. Schuljahr gegangen, da war der Unterricht noch freiwillig, ich bin aber nie zum Unterricht gegangen. Die meiste Zeit habe ich mit den anderen im Keller verbracht. Bei Kunst und Sport habe ich aber regelmäßig mitgemacht. Der andere Unterricht ging immer ohne mich über die Bühne. Bis eines Tages der Pflichtunterricht begann. Von da an habe ich fast immer mitgemacht. Wenn die Freie Schule nicht aufgebaut worden wäre, wäre ich ganz schön abgerutscht und hätte immer weiter meine 5en geschrieben. Der Unterricht ist manchmal ganz schön anstrengend aber manchmal auch ganz nett und lustig.

Es ist ganz schön viel passiert in den 6 Jahren, die ich auf dieser Schule verbracht habe. Das alles aufzuschreiben, das wäre natürlich viel zu viel für so einen kleinen Aufsatz. Deshalb schreibe ich nur das Wichtigste. In dieser langen Zeit hatten wir sieben verschiedene Lehrer, aber die, die wir jetzt haben, sind immer noch die Besten und sie bleiben auch die Besten. Schorsch und Sabine haben ganz schön viel mit uns durchmachen müssen. Alleine schon im Unterricht, der in der ersten Zeit so anstrengend war, daß ich nachmittags nur noch ins Bett gefallen bin. Aber jetzt ist es nur noch ganz selten, daß der Unterricht so schlimm ist.

Im Augenblick muß ich mich anstrengen, daß ich meinen Realschulabschluß mit Quali bekomme. Jetzt fahren wir erst mal nach Spanien für 12 Tage. Danach habe ich frei bis zum ersten September und dann bin ich in der Ausbildung bei einem Rechtsanwalt. Ich würde lieber noch länger auf der Freien Schule Bochum bleiben.

Kim Zahnwetzer

„Überhaupt gab es immer viele Gespräche zwischen uns“

87/88

Da auf der Waldorfschule kein Platz mehr war, kam ich im Sommer 1987 auf die Freie Schule Bochum. Wir, d.h. außer mir noch 16 andere Jungen und Mädchen, waren der erste fünfte Jahrgang, der nach der Genehmigung in der Schule aufgenommen wurde.

Den ersten Tag an der FSBo fand ich ziemlich chaotisch. Aus meiner Stammgruppe kannte ich niemanden, und außerdem fand ich einige MitschülerInnen ziemlich blöd. Meine beiden Stammgruppenlehrerinnen Birgit und Bua fand ich ganz nett. Wir haben zusammen gefrühstückt, viel erzählt und getobt und sonst nichts gemacht. Trotzdem habe ich mich ganz wohl gefühlt. Ich fand es an der FSBo vom ersten Tag an schöner als in meiner Grundschule. Dort mußte ich nämlich viel lernen, und meine Lehrerinnen waren ziemlich streng.

Hier, an der FSBo, waren alle Angebote freiwillig. Weil ich auf nichts Bock hatte, und die anderen auch fast immer gespielt und getobt haben, habe ich auch nichts gemacht. Wir haben gemeinsam viele Ausflüge gemacht und auf dem Schulhof eine Ritterburg gebaut. Am meisten Spaß hat mir die Anlage unseres Schulgartens gemacht. Mit der Zeit fand ich dieses "Nichts-Lernen" ziemlich langweilig und habe mich recht unwohl gefühlt. Ich hatte aber dennoch überhaupt keine Lust, an Deutsch, Mathe oder Englisch teilzunehmen. Meine Lehrerinnen haben in dieser Zeit sehr oft mit mir geredet und mir angeraten, einige Kurse zu besuchen. Diesen Rat habe ich dann auch zumindest teilweise befolgt, und ich fühlte mich dabei viel wohler.

Trotzdem ist es mir nicht leicht gefallen, die konsequente Teilnahme an den Angeboten durchzuhalten. Es war ja nach wie vor alles freiwillig, und es hat mich niemand bestraft, wenn ich nicht gekommen bin. Also habe ich immer wieder lange Phasen nichts gemacht in den Unterrichtsfächern. Ich war dann immer unzufrieden, weil mir auch die Erfolgserlebnisse fehlten. Heute ist es z.B. so, wenn ich in Mathe eine Zwei geschrieben habe, freue ich mich tierisch und bin mir auch sicher, daß ich was kapiert habe.

88/89

Nachdem das mit dem Lernen nicht so recht klappte, überlegte ich, auf eine andere Schule zu gehen. Ich dachte, wenn nicht alles freiwillig ist, würde ich gezwungenermaßen mehr lernen. Diese Überlegung bestimmte einen großen Teil des 6. Schuljahres an der FSBo.

Also bewarb ich mich an einer Waldorfschule, von der ich aber eine Ablehnung bekam. Da ich auf keine andere Schule wollte, entschied ich mich, an der FSBo zu bleiben. Irgendwie wollte ich das mit dem Lernen in den Griff kriegen. Nachdem die Entscheidung für mich klar war, daß meine Lehrerinnen das auch gemerkt haben, denn ich bekam Lob und Anerkennung und fühlte mich in dieser Zeit auch sehr wohl an der Schule.

Während dieses Schuljahres haben wir auch unseren Mittelalterfilm gedreht. Das war toll. Das einzige Blöde war, daß ich einige Fächer nicht so gut fand und die entsprechenden LehrerInnen deshalb nicht leiden konnte. Heute weiß ich, daß ich auch manchmal Dinge tun muß, die nicht so viel Spaß machen, und daß das mit den LehrerInnen erst mal nichts zu tun hat.

89/90

Die Probleme mit den LehrerInnen zogen sich bis in das 7. Schuljahr hinein. Hinzu kamen in der Zeit auch noch Schwierigkeiten mit meinen MitschülerInnen. Es war nicht leicht, Freundschaften zu gewinnen, weil oft viele untereinander zerstritten waren.

Mit dem Lernen, nun ja, das ging so. Während der Unterrichtszeit saß ich oft mit SchülerInnen zusammen, die häufig "Scheiß" gemacht haben. Ich habe da immer kräftig mitgemischt und war natürlich oft abgelenkt. Ich mußte ziemlich viel Mühe aufwenden, um nebenher oder nach der Stunde noch mitzubekommen, was wir gerade gelernt hatten. Das klappte nur selten, und ich war dann wieder sehr unzufrieden, weil ich "von nichts wußte". Aber irgendwie habe ich wenigstens ein bißchen mitbekommen. Ab diesem Schuljahr waren auch die Vormittagsangebote verpflichtend, was ich für mich sehr gut fand.

90/91

Im darauffolgenden Schuljahr, also der 8. Stammgruppe, entschied ich mich, mich aus der "Chaotenreihe" wegzusetzen. Das war schon ein bißchen komisch, aber ich denke, sonst wäre es nie was geworden.

Auch nach Meinung der LehrerInnen hat mir das sehr gut getan. Das stimmte schon. Seitdem habe ich nicht mehr so große Konzentrationsstörungen, und im Unterricht schaffe ich mehr, so daß ich nicht soviel nachholen muß. Die LehrerInnen waren mit meinen Leistungen sehr zufrieden. Überhaupt gab es immer viele Gespräche zwischen uns und Birgit und Bua. Das fand ich gut. Obwohl es in der Schule jetzt besser klappte, war ich doch häufig gestreßt. Ich bin nämlich zu der Zeit fünfmal die Woche zum Rudertraining gegangen.

Deshalb war ich oft hundemüde, wenn ich in der Schule war. Einmal, na ja, vielleicht auch öfters, habe ich in der Mittagspause auf der Bank im Klassenraum gelegen und geschlafen. Heute gehe ich nicht mehr rudern, sondern schwimmen. Aber nicht fünfmal die Woche.

91/92

Nun mein 9. Schuljahr in der FSBo. Eines, was mir noch sehr deutlich in Erinnerung ist. Es war so ein richtiges Durchhängejahr. In der Zeit habe ich nicht mehr gerudert, fand aber auch keinen anderen Sport, den ich machen konnte. Oft habe ich mir die Zeit mit Fußball-Spielen auf dem Schulhof vertrieben. Was die Angebote und Kurse angeht, war ich ziemlich schlampig. Ich habe nur das gemacht, wozu ich wirklich Lust hatte. Häufig bin ich auch verspätet zu den Unterrichtsstunden gekommen und habe meine Aufgaben nicht erledigt. Dafür habe ich dann von meinen Eltern und meinen Lehrerinnen Gisela und Birgit einen ziemlichen "Anschiß" bekommen.

Das schönste an diesem Schuljahr waren meine beiden Praktika in einer Landschaftsgärtnerei. Das hat mir sehr gut gefallen, denn ich wollte auf keinen Fall später in einem Büro arbeiten. Von da an wußte ich, daß ich in diesem Beruf meine Lehre machen wollte. Dafür brauchte ich aber bessere Zeugnisse. Also habe ich mich angestrengt und mit Mühe und Not ein halbwegs gutes Zeugnis bekommen.

92/93

In diesem Schuljahr ging es mir ziemlich gut. Ich habe wieder mit dem Training begonnen, diesmal schwimmen, und in der Schule klappte es auch ganz gut. Ich habe ziemlich "reingeklotzt", um ein gutes Zeugnis zu bekommen.

Da waren natürlich wieder Phasen, in denen ich keine Lust hatte. Dann habe ich meine LehrerInnen immer ziemlich genervt, weil ich nachmittags keinen Unterricht machen wollte.

Einen Großteil des Schuljahres machte neben dem Lernen die Lehrstellensuche aus. Das war schon ziemlich arbeitsaufwendig und bei den Bewerbungsgesprächen auch aufregend. Gisela und Birgit haben uns alle dabei viel unterstützt.

Schließlich hat es dann geklappt. Ich habe ab dem Sommer eine Lehrstelle in einer Landschaftsgärtnerei. In diesem Schuljahr habe ich mir auch überlegt, die Fachoberschulreife zu machen. Das hieß zwar noch mehr für die Schule tun, aber dann bin ich nicht so festgelegt und kann später vielleicht Gartenbau oder etwas anderes studieren.

Zum Schluß möchte ich gerne noch loswerden, was mir an der FSBo gut und weniger gut gefallen hat. Es war schön, daß wir alle persönliche und vertraute Beziehungen zu unseren LehrerInnen hatten. Das hat sehr viel zu meinem Wohlfühlen in der Schule beigetragen, und in schwierigen Situationen fiel es mir deshalb auch nie schwer, mit den LehrerInnen zu reden. Daß die Schule nur ca. 120 SchülerInnen hat, finde ich gut, so ist es etwas familiärer. Das gemeinsame Frühstück war, auch wenn es manchmal chaotisch zuging, ein schöner Tagesbeginn. Im Laufe meiner Schulzeit sind immer mal einige aus meiner Stammgruppe von der Schule gegangen und Neue hinzugekommen. Trotzdem sind wir als Gruppe gut zusammengewachsen, und ich habe mich insgesamt dort ziemlich wohlgefühlt.

Gut fand ich auch, daß der Hauptteil meines Lernens in der Schule passierte, d.h. außer für Tests oder Projektarbeiten brauchte ich nicht zusätzlich zu Hause auch noch zu arbeiten.

An der FSBo gibt es erst ab der 9. Klasse benotete Klassenarbeiten und Zeugnisse. Das finde ich ziemlich gut. Als es dann los ging mit den Zensuren, konnte ich daran gut meine Leistungen ablesen. Die zusätzlichen Jahresbriefe fand ich für mich persönlich auch o.k., weil sie mir doch einiges über meine persönliche Entwicklung gesagt haben. Ich habe übrigens nie Angst vor benoteten Tests oder Zeugnissen gehabt.

Neben den vielen guten Dingen gibt es natürlich auch einiges, war mir nicht so gut an der FSBo gefallen hat. Ich hätte z.B. gerne Latein gemacht, aber das auch erst, seit ich weiß, daß ich es für meine Lehre brauche. Früher war ich immer gerne und viel in der Werkstatt. Aber seit die Schule mehr SchülerInnen hat, wurden unsere Werkstattzeiten auch weniger. Das fand ich schade. Ich habe auch das Gefühl, daß wir mit dem Anwachsen der Schülerzahlen nicht mehr ganz so viel mitentscheiden konnten wie zu Anfang, als wir nur 2 oder 3 Stammgruppen hatten. Für den Tagesablauf würde ich mir noch längere Pausen wünschen.

Obwohl es viele nette LehrerInnen an der Schule gibt, sind auch einige dabei, mit denen ich nicht so gut konnte. So richtig weiß ich nicht, woran ich das festmachen kann. Aber gestunken hat mir immer, daß es LehrerInnen gibt, die sich manchmal die Dinge so zurechtdrehen, wie sie es haben wollen, und dann ist man eben machtlos.

Wenn ich noch einmal entscheiden müßte, dann würde ich auf jeden Fall wieder zur Freien Schule Bochum gehen, denn ich habe dort eine schöne Zeit verbracht.

Pamela Burgdorf

„Und von wegen, das hier sind Chaoten!"

In den sechs Jahren, die ich an der Freien Schule bin, hat sich Einiges geändert. Im 5. Schuljahr durften wir den Unterricht noch selbst mitbestimmen. Es wurden verschiedene Unterrichtsstunden angeboten, wo jeder selbst entscheiden konnte, ob er daran teilnimmt oder nicht. Beim Englischunterricht waren wir zum Beispiel, wenn es hoch kam, nur 5 Schüler. Zu dieser Zeit hatten wir auch noch andere Klassenlehrer, Angelika und Ulli. Die Lehrer haben darauf gewartet, daß jeder aus der Klasse irgendwann am Unterricht teilnimmt. Das haben natürlich einige nicht gemacht. So war dies nicht unbedingt der Hauptgrund, aber ein Grund, warum es am Ende des 5. Schuljahres Pflicht wurde, am Unterricht in den Hauptfächern teilzunehmen. So nach und nach bekamen wir einen richtigen Stundenplan und es war Pflicht, an allen Fächern teilzunehmen.

Zwar ist der Unterricht nicht mehr so frei, wie er am Anfang war, als ich auf die Schule kam, aber so schlimm finde ich die Regeln gar nicht. Denn es ist hier immer noch etwas freier, als an anderen Schulen. Und ich glaube, das Verhältnis zu den Lehrern ist hier auch besser. Zuerst habe ich immer gedacht, das sind hier alles nur Chaoten und konnte es gar nicht erwarten, wenn ich endlich von der Schule weg bin. Eva und ich haben dann für drei Tage probeweise eine andere Schule besucht. Da konnte man erst mal sehen, wie gut unsere Schule eigentlich ist. Und von wegen, das hier sind Chaoten! Auf der anderen Schule waren die viel schlimmer als hier. Hier hat man auch ein viel besseres Verhältnis zu allen. Jetzt möchte ich lieber auf dieser Schule weiter bleiben.

Michael Maas

„Es ist einfach lockerer hier..." - eine Interviewstudie mit drei AbsolventInnen der Freien Schule Bochum

"Welche Erfahrungen habt ihr mit den weiterführenden Schulen gemacht? Kommen eure Kinder da zurecht? Lernen sie in der Freien Schule Bochum genug, um in der Berufswelt nicht zu scheitern? Sind eure Schüler nicht denen anderer Schulen vom Leistungsstand her hoffnungslos unterlegen?" - diese und ähnliche Fragen tauchen immer wieder auf, wenn sich Eltern, Lehrer, Studenten und andere Interessierte über die Arbeit der Freien Schule Bochum informieren. Sie sind Ausdruck berechtigter Skepsis und ernst zu nehmender Kritik und sollten nicht mit der selbstgefälligen Bemerkung, diese Fragen würden das spezifische pädagogische Profil der Freien Schule Bochum verfehlen, vom Tisch gefegt werden.

Im Sommer 1993 schloß in der Freien Schule Bochum (FSB) erstmals ein gesamter Klassenverband mit 13 SchülerInnen das 10. Schuljahr ab und wechselte über in weiterführende Schulen. Natürlich wußten diese SchülerInnen, daß sich die FSB in vielen Punkten stark von anderen Schulen unterscheidet und dementsprechend hatten sie ganz bestimmte Erwartungen, Ängste und Hoffnungen, wenn sie an das dachten, was nach der 10. Klasse in den weiterführenden Schulen bzw. in der Berufswelt auf sie zukommen würde. Um diese Erwartungen einmal ganz genau unter die Lupe zu nehmen, führte ich im Dezember 1992 mit diesen Zehntkläßlern Interviews durch, in denen ich sie unter anderem dazu befragte, inwiefern sie sich durch die FSB gut bzw. schlecht auf die Anforderungen der Berufswelt vorbereitet fühlen. Die Ergebnisse dieser Interviews lassen sich sehr knapp so zusammenfassen, daß viele dieser Zehntkläßler befürchteten, durch Wissenslücken in bestimmten Fächern vergleichsweise schlecht auf die Anforderungen weiterführender Schulen vorbereitet zu sein. Zuversichtlich waren die Befragten demgegenüber vor allem hinsichtlich der überfachlichen Kompetenz, selbständig und eigenaktiv lernen zu können. Viele sahen diese Kompetenz als etwas an, was ihre Altersgenossen in anderen Schulen nicht in demselben Maße gelernt hatten, wie sie selbst. Sie fühlten sich auch insofern gut vorbereitet, als sie in der Freien Schulen Bochum viel "Praktisches" und "Soziales" gelernt hatten.

Der vorliegenden Interviewstudie liegen nun neun problemzentrierte Interviews mit zwei Schülern und einer Schülerin aus diesem Klassenverband zugrunde, die ich einmal zum Ende ihrer Schulzeit im Frühsommer 1993, dann ein Jahr später im Mai 1994 und schließlich im Juni 1996 mit ihnen durchführte. Das erkenntnisleitende Interesse dieser weiterführenden Interviews war zum einen, anhand dreier Fallstudien der Frage auf den Grund zu gehen, ob und inwiefern sich die in den ersten Interviews geäußerten Erwartungen und Einschätzungen der SchülerInnen bestätigen würden. Zum zweiten war das Interesse auf die Frage gerichtet, wie die SchülerInnen die FSB und die in ihr erworbenen Kompetenzen aus einer zeitlichen Distanz von einem (2. Befragungszeitpunkt) bzw. drei Jahren (3. Befragungszeitpunkt) im nachhinein beurteilen würden. Eine dritte Intention der Studie lag schließlich darin, die Meinung der SchülerInnen zu einer grundlegenden konzeptionellen Neuerung in der pädagogischen Entwicklungsgeschichte der FSB zu erfassen, nämlich der im Schuljahr 89/90 vollzogenen Abschaffung des absolut gesetzten Prinzips der freiwilligen Teilnahme am Unterricht. Die befragten SchülerInnen können dabei durchaus als "Experten" für diese folgenreiche Neuerung angesehen werden, da sie diese am eigenen Leibe erfahren haben und auch aktiv an den Diskussionen beteiligt waren, die letztlich zu einer größeren Verbindlichkeit der Unterrichtsteilnahme geführt haben.

Alle Interviews, die der vorliegenden Studie zugrunde liegen, wurden in der FSB durchgeführt (von daher ist mit dem in den zitierten Interviewpassagen häufig auftauchenden *"hier"* in der Regel die FSB gemeint), auf Tonband aufgezeichnet und anschließend wortgetreu verschriftlicht. Alle im folgenden zitierten Sequenzen aus den Interviews werden durch Kursivdruck hervorgehoben. Die in Klammern gesetzte römische Ziffer am Ende jeder Sequenz gibt Aufschluß darüber, welchem der drei Interviews sie entstammt.

Die inhaltliche Ausgestaltung der Interviewleitfäden orientierte sich an einer vergleichbaren, empirischen Arbeit von Karin Kleinespel (Schule als biographische Erfahrung. Weinheim 1990). Thematisch lassen sich die Interviews grob in drei Bereiche untergliedern:

1. Schullaufbahn und Bildungsperspektive
2. Einschätzung der erworbenen Kompetenzen
3. Einschätzung der Lernumwelt FSB

Abschließend noch in aller Kürze einige Bemerkungen zu der Frage, was die vorliegende Studie zu leisten vermag und was nicht. Die Anzahl der SchülerInnen, die in der Bundesrepublik Deutschland Freie Alternativschulen besuchen, liegt bei derzeit etwa 1600. Angesichts der Tatsache, daß von diesen 1600 SchülerInnen im Rahmen dieser Arbeit nur drei interviewt wurden, wäre es natürlich vermessen, eine Antwort auf die häufig gestellte Frage geben zu wollen, ob sich AlternativschulabsolventInnen nun im weiteren Leben "bewähren" oder nicht. Abgesehen von der hervorragenden (aber noch nicht veröffentlichten) Dissertation von Ulrike Köhler über die AbsoventInnen der Glocksee-Schule liegen hierzu bislang leider keine umfassenden empirischen

Arbeiten vor. Eine große Lücke in der wissenschaftlichen Thematisierung der Alternativschulpädagogik bleibt damit weiterhin offen.[1] Vielmehr ist es eine wichtige Intention dieser Arbeit, typische Einstellungsmuster von Schülern der FSB in Bezug auf ihre berufliche Zukunft sowie das pädagogische Profil der FSB herauszuarbeiten. „Typisch“ sind diese Einstellungsmuster allerdings *nicht für sämtliche AbsolventInnen* der FSB, sondern lediglich für die AbsolventInnen des oben bezeichneten Jahrganges, die die FSB zu einem ganz bestimmten Zeitpunkt in ihrer pädagogischen Entwicklungsgeschichte kennengelernt haben. Es versteht sich von selbst, daß beispielsweise die heutigen Achtkläßler der FSB, die das ursprünglich geltende Prinzip der freiwilligen Teilnahme am Unterricht nie selbst kennengelernt haben und größtenteils die FSB schon seit der 1. Klasse besuchen, „ihre“ Schule in vielerlei Hinsicht anders beurteilen, als die drei in der vorliegenden Studie befragten SchülerInnen.

Ausdrücklich möchte ich also an dieser Stelle vor einer vorschnellen Generalisierung der Ergebnisse dieser Studie warnen. *Die zentrale Absicht der folgenden drei Fallstudien ist es, drei AbsolventInnen der FSB zu Wort kommen zu lassen* - nicht mehr, aber auch nicht weniger. In der darauf folgenden vergleichenden Zusammenfassung der Falldarstellungen wird der Versuch unternommen, wesentliche Gemeinsamkeiten in den Sichtweisen der drei befragten SchülerInnen möglichst prägnant herauszuarbeiten.

Drei Falldarstellungen

Vorab eine kurze Begründung für die Auswahl der drei InterviewpartnerInnen aus dem Spektrum des Abschlußjahrgangs 1993. Die wichtigste Grundlage für die Auswahl war für mich die schon erwähnte Befragung des gesamten Klassenverbandes im Dezember 1992, die mir erste Hinweise auf die spezifischen Merkmale und Einschätzungstrends einer Schülerin oder eines Schülers gab. Vor diesem Hintergrund entschied ich mich für Martin (bei diesem und allen folgenden Namen handelt es sich um Pseudonyme), weil seine schulischen Leistungen, zumindest in den ersten Jahren, als besonders schlecht einzustufen sind. Martin schien mir also der vielversprechendste Interviewpartner für die Frage zu sein, wie die subjektiven Befindlichkeiten eines sogenannten "Lernverweigerers" in der FSB konkret aussehen. Katja

[1] Eine *überregionale* Untersuchung über AlternativschulabsolventInnen gibt es bisher nur für die Alternativschulen in Österreich. Die Ergebnisse dieser Untersuchung sind veröffentlicht in: BUMK (Hrsg.): Kinder an Alternativschulen und an Regelschulen - Ein Vergleich. Wien 1993.

besuchte zusammen mit einer weiteren Schülerin des Klassenverbandes vor dem Eintritt in die FSB eine Waldorfschule. Von daher versprach eine Analyse ihrer Einstellungsmuster, zwei (höchst unterschiedliche) Typen einer "reformierten Schule" aus der Sicht einer betroffenen Schülerin vergleichen zu können. Gerd wiederholte ein Jahr in der FSB (aus schulorganisatorischen, nicht aus leistungsmäßigen Gründen) und war deshalb in der besonderen Position, für mehrere Jahre der älteste Schüler der FSB zu sein. Dieser Erfahrungsvorsprung gab ihm in besonderer Weise den Status eines „Experten“ für die Stärken und Schwächen der FSB.

1. Martin

Schullaufbahn und Bildungsperspektive

Martin zog im Alter von sieben Jahren mit seiner Mutter (die Eltern leben getrennt) von den USA nach Deutschland und wurde bald darauf, zunächst ohne Deutschkenntnisse, eingeschult. Er hatte dementsprechend große Schwierigkeiten, das in der Grundschule geforderte Lernpensum zu bewältigen, mußte auch einmal eine Klasse wiederholen. Martin führt die

Legasthenie, die ihm später attestiert wurde, auch auf diese Problematik zurück. Wie er dann nach der Grundschule zur FSB gekommen ist, weiß er nicht mehr so genau. Jedenfalls überließ ihm seine Mutter die Entscheidung, ob er die FSB oder eine "normale" Gesamtschule besuchen wolle. Er entschied sich für die FSB und erwarb hier im Sommer 1993 den Hauptschulabschluß. Martin beschreibt seine Bildungsperspektive im ersten Interview folgendermaßen: *"Ich gehe jetzt weiter auf Schule. Ich werde meine Fachoberschulreife nachmachen und werde erst Kinderpfleger machen und dann Kindererzieher."(I)* Ausschlaggebend für diesen Berufswunsch war wahrscheinlich ein Schulpraktikum, welches er in einem Kindergarten absolvierte. Zu den Motiven seines Berufswunsches befragt, erwidert er lakonisch, daß er einfach gerne etwas mit Kindern mache.

Zum zweiten Befragungszeitpunkt stellt sich heraus, daß Martin dieser beruflichen Perspektive inzwischen nicht mehr nachgeht. Zwar besuchte er nach seinem Abgang von der FSB eine "Kinderpfleger-Schule", brach diese allerdings schon nach drei Monaten wieder ab. Martin begründet diesen Schritt damit, daß ihm seine MitschülerInnen nicht sympathisch waren. Zwei Jahre später spricht er auch von finanziellen Problemen, die ihn dazu zwangen, die Schule abzubrechen: *"Ich bin damals geldmäßig abgestürzt. Meine Mutter fing an zu arbeiten und da gab es auf einmal keine Sozialhilfe mehr. Und da hatte ich keinen Pfennig mehr. Zu der Zeit hat der Dieter (der Vater seiner Freundin) seinen Laden aufgemacht und weil ich da anfangen konnte zu arbeiten, blieb mir eigentlich nur noch diese Wahl."(III)* Martin bot sich zu diesem Zeitpunkt also eine attraktive Alternative: der Vater seiner Freundin betreibt in Eigenregie ein kleines Unternehmen. Martin stieg ein und ist seitdem Mitarbeiter des Unternehmens, nach eigener Auskunft sogar der *"Werkstattleiter"*, der *"zweite Chef sozusagen"*. Stolz berichtet er: *"Wir haben erst im Keller angefangen, jetzt haben wir eine Riesen-Halle."(II)* Die Arbeit macht ihm Spaß, außerdem verdient er viel Geld, zumindest soviel, daß er wahrheitsgemäß sagen kann: *"Ich war ja so ziemlich der Schlechteste aus meiner Klasse, jetzt sehe ich das so, ich bin der, der am meisten verdient."(II)*

Weil er mit seiner Arbeit zufrieden ist, möchte er noch möglichst lange in dem Betrieb arbeiten und macht sich keine Gedanken über alternative Berufsperspektiven. Trotz seiner fehlenden Ausbildung hat er keine Zukunftsängste: *"Ich denke mal, meine Zukunft ist ziemlich gesichert. Wenn die Firma pleite macht, dann kann ich auch ohne Ausbildung Arbeit finden, der Dieter könnte mir dann ein gutes Zeugnis schreiben. (...) Durch den Job habe ich viele Leute kennengelernt, wo ich auch arbeiten kann. Ich würde auch jeden Scheiß-Job annehmen, deshalb würde ich auf jeden Fall einen Job kriegen. Außerdem mache ich nebenbei noch zu Hause am Computer Musik und hoffe auf einen Plattenvertrag. Ich muß mir noch Programme zusammensparen und dann werde ich das als Nebenjob machen. (...) Ob ich damit raus komme, ist noch eine andere Frage, aber ich denke mir mal, wenn du das wirklich willst, kannst du das schaffen."(III)*

Einschätzung der erworbenen Kompetenzen

Zum ersten Befragungszeitpunkt gibt Martin auf die Frage, was er meint, in der FSB gelernt zu haben, die folgende Antwort: *"Ja gelernt habe ich so bis jetzt überhaupt nicht, sagen wir mal so, weil ich nie wirklich über meine Zukunft nachgedacht habe. Aber mit dem letzten halben Jahr jetzt, merke ich selber, daß ich besser geworden bin. Also das Beste bei mir jetzt ist Arbeitslehre, Sport und Mathe, das andere ist nicht so gut."(I)* Seine guten Leistungen vor allem in Sport und Arbeitslehre begründet Martin damit, daß ihm diese Fächer Spaß machen. Zufrieden ist Martin auch mit seinen handwerklichen Fähigkeiten. Die Werkstatt in der FSB bot ihm die Möglichkeit, diese Fähigkeiten zu erproben, was er positiv einschätzt. *"In Handwerk zum Beispiel, Werkstatt oder so, ist kein Problem, (...) das ist so vorteilmäßig, auch von der Freien Schule hab ich hier so ziemlich viel gelernt."(II)* Martin profitierte also von der im pädagogischen Konzept festgeschriebenen Gleichwertigkeit des handwerklich-manuellen Lernens mit dem kognitiven Lernen. Gerade handwerkliche Tätigkeiten boten ihm die Chance, auch in der Schule seine Talente zu entfalten und sich dort nicht immer nur als "Schulversager" erleben zu müssen.

Große Probleme hat Martin mit dem Fach Deutsch, die er sich, wie bereits erwähnt, mit seiner Legasthenie und der Tatsache, daß er bis zu seinem siebten Lebensjahr nur der englischen Sprache mächtig war, erklärt. Er lastet seine Schwäche in Deutsch also nicht der FSB an, im Gegenteil vermutet er, daß seine Probleme mit dem Fach Deutsch in einer Regelschule noch größer gewesen wären., *"weil die hätten wohl nicht mitgekriegt, daß ich Legastheniker bin."(I)* Außerdem meint er, daß die Lehrer in der FSB prinzipiell hilfsbereiter sind. *"Wenn ich etwas nicht verstehe in der Arbeit, dann kommen die zu mir und sagen mir dann halt: "Ja dann überleg mal!" und "Das geht so und so.""(I)* Ein Jahr später drückt er diesen Sachverhalt noch deutlicher aus: *"Ja klar, wäre ich auf einer Regelschule gewesen damals, wäre ich, glaube ich, völlig abgekackt. (...) Weil du hättest dann Noten, Noten, Noten gekriegt und dann wäre ich nicht mitgekommen."(II)* Der Tatsache, daß Martin in einer normalen Gesamtschule möglicherweise keinen Hauptschulabschluß hätte erlangen können oder auf eine Sonderschule überwiesen wäre, scheint er sich - zumindest zum zweiten Befragungszeitpunkt - durchaus bewußt zu sein. Ein wesentlicher Vorzug der FSB lag für Martin also darin, daß die Lehrer auf seine individuellen Lernprobleme eingingen (z.B. in Deutsch) und ihn auf eine geduldige und relativ "sanfte" Art dazu brachten, sich an den schulischen Lernprozessen zu beteiligen.

Ein wichtiges Lernziel der FSB ist laut pädagogischem Konzept der Erwerb der überfachlichen Kompetenz Selbständigkeit. Auf die Frage "Lernt man wirklich Selbständigkeit hier in der FSB?" gibt Martin aber eine Antwort mit deutlich ironisierendem Unterton: *"Also ich merk wenig davon, bis auf Küchendienst oder so, da lernst du selbständig die Teller weg zu räumen, aber sonst, weiß ich nicht, Aufräumdienst, aber das konnte ich auch vorher selbständig. (...) Ja ich glaube selbständig was zu machen, das lernst du auf keiner Schule, wieso auch?"(I)* Diese Äußerungen Martins ist kennzeichnend für seine kritische Einschätzung der Qualifikationsfunktion von Schule. Die meisten schulischen Lernanforderungen sind für ihn nur insofern bedeutungsvoll, als deren Erfüllung die Voraussetzung für einen erfolgreichen Schulabschluß darstellt. Die häufig zitierte Formel, man habe in der Schule für das Leben und nicht für die Schule zu lernen, hat für Martin in der Schulrealität, also auch in der FSB, kaum Geltung. Sein Umgang damit kann man als nüchtern und pragmatisch bezeichnen: *"Ja, ich meine, wenn ich irgendwas lerne und dann was anderes anfange, dann vergeß ich das sowieso, was ich gemacht habe, aber das wäre mir egal, Hauptsache, ich habe die Noten. Noten braucht man immer, sonst wird man nichts."(I)* Martins Meinung, daß viele schulische Inhalte wenig mit der Lebensrealität zu tun haben, spiegelt sich auch darin wieder, daß er sich im zweiten Interview nicht in der Lage sieht, die Vorbereitung auf die Berufswelt durch die FSB zu beurteilen: *"Jetzt arbeite ich und hab mit Schule nichts am Hut, deswegen kann ich nicht sagen, ob das jetzt gut war oder schlecht war, was ich hier gelernt habe."(II)* Ganz ähnlich äußert er sich auch im dritten Interview: *"Ich mache jetzt eigentlich nichts, was mit Schule zu tun hat. Was ich jetzt mache, hätte ich auch ohne Schule machen können. Das einzige ist, daß man ab und zu rechnen muß, aber das ist auch alles."(III)*

Einschätzung der Lernumwelt Freie Schule Bochum

"Einfach freier wie an einer Regelschule. Hier kannst du deine Lehrer duzen, kriegst am Anfang keine Noten, Noten kriegst du erst in der Neun. (...) Ich denke mal so, wir machen mehr Ausflüge, zum Beispiel haben wir vielleicht auch gelernt, indem wir ins Kino gegangen sind und da geguckt haben und nacher dann in der Schule was geschrieben haben. Nicht "Zack, zack, zack und mach mal!" Ja wir sind da und da hingegangen und dann sollten wir in der Schule was darüber schreiben zum Beispiel. Ja, sowas in der Art. Das war

freier wie woanders, meine ich so. Ja daß du die Lehrer duzen kannst und so, das ist ja an der Regelschule eigentlich nicht so. Daß wenn du mal fünf Minuten später in die Schule kommst, nicht gleich rausgeschmissen wirst. Frühstück morgens, alle zusammen, erzählen, was wir gemacht haben, Mittagessen, alle zusammen."(II) - mit diesen Worten beschreibt Martin im Mai '94 die Frage, was die FSB seiner Meinung nach eigentlich für eine Schule sei. Die zitierte Passage enthält in gedrängter Form einige Ansichten Martins, auf die er auch in anderen Sequenzen der drei Interviews eingeht. Daß man beispielsweise von den Lehrern der FSB kaum so Sätze hört wie *"Zack, zack, zack und mach mal!"*, ist ihm besonders wichtig. Auf Regelschulen wird man - so Martin - *"mehr gehetzt"(II)*. Zwar war ihm der Unterricht auch in der FSB manchmal zu schnell, er räumt aber ein, daß dies wohl daran lag, daß er *"nie zugehört"(I)* habe. *"Ich meine, lernen mußt du hier auch, die zwingen dich auch dazu, aber irgendwie anders. In der Regelschule geht denen das zum Beispiel am Arsch vorbei, wer was schafft und wer was nicht schafft und hier wird mit denen geredet, wenn die was schaffen oder nicht schaffen, das ist schon anders hier."(I)*

Indem Martin ganz am Anfang der oben zitierten Passage auch die Tatsache erwähnt, daß *"du deine Lehrer duzen kannst"* geht er auf das spezifische soziale Klima der FSB ein. Das im pädagogischen Konzept der FSB proklamierte "Anknüpfen an familienähnliche Strukturen" findet sich insofern in seinen Aussagen wieder, als die FSB für ihn wie eine *"big family"(II)* ist, in der jeder jeden kennt, was er sehr positiv einschätzt. Bemerkenswert in diesem Zusammenhang ist auch eine Äußerung Martins über das Sozialverhalten von "Freie-Schule-Schülern", die er im Rahmen einer kurzen Erzählsequenz trifft. Er erzählt hier von einem Streetball-Contest in Bochum, an dem sich auch eine Schüler-Mannschaft der FSB beteiligte und kritisiert deren zurückhaltende Spielweise: *"Echt, wie die gespielt haben ne, ziemlich fair und und immer nach den Regeln und alles und die anderen alle, weißt du, immer drauf, drauf, drauf, so das ist typisch Freie Schule, fair und ne? Das ist typisch Freie Schule." - I: "Meinst du echt?" - "Ja, meine ich, doch, meine ich, du hättest die anderen mal sehen sollen, echt, die haben nur gefoult die ganze Zeit und die immer wie weichgekochte Eier."(II)* Martin scheint hier den von Gegnern der Alternativschulpädagogik häufig formulierten Vorwurf zu bestätigen, daß soziale und freundschaftliche Verhaltensweisen zwar an und für sich begrüßenswert seien, in der gesellschaftlichen Realität den Trägern dieser Verhaltensweisen aber des öfteren Probleme bereiten würden. "Freie-Schule-Schüler" sind "*fair*", aber gleichzeitig benehmen sie sich wie *"weichgekochte Eier"*. Fairneß ist sicherlich ein Wert, den auch Martin, zumal im Sport, positiv besetzt, andererseits ist Fairneß nicht in allen Situationen und ausnahmslos eine angemessene Verhaltensweise: wer gewinnen will oder erfolgreich sein möchte, sei es im Spiel oder im Leben, der muß fähig und willens sein, sich nicht fair zu verhalten, wenn die Umstände es erfordern.

Martin erwähnt in der anfangs zitierten Interviewsequenz eine weitere Besonderheit der FSB, das erfahrungs- und handlungsorientierteorientierte Lernen (*"mehr Ausflüge", "ins Kino gegangen und dann in der Schule was drüber geschrieben")*. Daß man sich in der FSB bemüht, handwerklich-manuelle Fähigkeiten ebenso zu fördern wie kognitive, ist ihm persönlich offenbar besonders wichtig. Seine Reaktion auf die Aufforderung, von irgendeinem Erlebnis aus seiner Schulzeit zu erzählen, ist bezeichnend hierfür: *"Ja ich könnte erzählen, daß wir die Ritterburg gebaut haben, daran kann ich mich noch gut erinnern, das hat mir Spaß gemacht, da haben wir wochenlang dran rumgebaut. Ja dann haben wir den Garten gebaut, (...) dann haben wir mal in der Werkstatt ein Segelboot gebaut. - Alles nur "gebaut", woran ich mich erinnere."(II)*

Nicht einverstanden ist Martin allerdings zu allen drei Befragungszeitpunkten mit dem Prinzip der freiwilligen Teilnahme am Unterricht, so wie es in den ersten Jahren der FSB gehandhabt wurde. Er räumt zwar ein, die große Freiheit am Anfang seiner Schulzeit in der FSB genossen zu haben, im nachhinein hält er es aber für sinnvoll, daß die verbindliche Teilnahme am Unterricht eingeführt wurde. *"Wenn du jung bist, dann weißt du nicht, was auf dich zukommt, deswegen muß ich schon sagen, daß das besser ist, für die ganze Schule."(I)* Wenn Martin zum ersten Befragungszeitpunkt vermutet, auf die Anforderungen der Weiterbildung *"stoffmäßig ziemlich schlecht"(I)* vorbereitet zu sein, dann führt er dies eben darauf zurück, daß er und seine Mitschüler nicht von Anfang an zu einer verbindlichen Teilnahme am Unterricht angehalten wurden. *"Daß wir den Stoff haben, wie die von der Regelschule in der zehnten Klasse, das glaube ich einfach nicht. Dafür sind wir einfach viel zu langsam, wir haben ziemlich spät angefangen.(...) Ich meine, wie wir gelernt haben, das wird wohl genauso gut sein wie an einer Regelschule, nur ich glaube halt, daß wir etwas weiter unten sind."(I)*

Noch schärfer formuliert Martin diese Kritik an der FSB im dritten Interview. Das größte Manko dieser Schule sieht er darin, daß sie weniger Lernstoff vermittele als andere Schulen und deshalb keine gute Vorbereitung auf die berufliche Zukunft der Schüler und Schülerinnen leiste. Im Gegensatz zu seiner im zweiten Interview geäußerten Vermutung, auf einer Regelschule wäre er "völlig abgekackt", vermutet er hier, daß er an einer Regelschule mehr gelernt hätte. *"Gut, ich meine, in meiner Jugend war das total toll, aber da habe ich auch nicht über meine Zukunft nachgedacht. Sicher war das irgendwie besser wie eine Regelschule, aber im nachhinein denke ich einfach nur, wärst du auf einer Regelschule gewesen, hättest du mehr gemacht und mehr gelernt und wenn ich jetzt hierüber nachdenke, war Freie Schule einfach nur ein Kindergarten und nicht das, was 'Schule' eigentlich heißt." (III)*

2. Katja

Schullaufbahn und Bildungsperspektive

Katja besuchte von der ersten bis zur fünften Klasse eine Waldorfschule und wechselte zur sechsten Klasse auf die FSB. Sie begründet den Schulwechsel folgendermaßen: *"Weil die Rudolf-Steiner-Schule Mist ist. Nein, wir hatten in fünf Jahren 17 verschiedene Französischlehrer, (...) weil wir die absolute Chaos-Klasse waren, 42 Leute, das war einfach Chaos und das war nichts und ich habe nichts gelernt, Rechtschreibung miserabel und dann bin ich hierhin gegangen."(I)* Auf eine Regelschule zu gehen kam nicht für sie in Frage, weil ihre Eltern dies nicht wollten und sie auch selbst Angst hatte, das in Regelschulen geforderte Lernpensum nicht bewältigen zu können. Auch war die FSB aus Schülerperspektive *"damals halt ganz toll".(I)*

Nach der zehnten Klasse besuchte Katja eine Fachoberschule für Gestaltung mit der Perspektive, dort ein Fachabitur zu machen, um dann an einer Fachhochschule Industrie- oder Modedesign zu studieren. Die Motive für diese Bildungsperspektive lagen darin, daß Zeichnen und Gestalten aus ihrer Perspektive das ist, was sie am besten kann und was ihr am meisten Spaß macht. Schon zum zweiten Befragungszeitpunkt ist sie allerdings aufgrund ihrer mangelhaften Leistungen im Fach Englisch skeptisch, ob sie dieses Ziel erreichen kann. Zwei Jahre später zeigt sich, daß diese Skepsis berechtigt war: *"Anderthalb Monate vor dem Fachabi habe ich dann dummerweise aufgehört, weil ich das wegen Englisch mangelhaft wahrscheinlich sowieso nicht geschafft hätte. Danach habe ich dann erst mal ein halbes Jahr rum gejobbt, alles mögliche gemacht, und im Oktober letzten Jahres habe ich dann eine Ausbildung als medizinisch-technische Radiologieassistentin angefangen."(III)* Schon bald mußte sie aber feststellen, daß auch diese Ausbildung nicht das Richtige für sie war: *"Mir ist dauernd schlecht geworden, wenn wir da im Röntgenraum standen und da wieder ein zermatschter Motorradfahrer angekommen ist. Einen Tag später mußten wir auch noch zu einer Obduktion in die Uni und direkt danach habe ich aufgehört."(III)*

Zum dritten Befragungszeitpunkt ist Katja gerade im Begriff, den dritten "Anlauf" zu nehmen. Sie wird in einer Apotheke eine Ausbildung als pharmazeutisch-kaufmännische Angestellte anfangen und nimmt an, dort gut aufgehoben zu sein. Ihre ursprüngliche Perspektive, einen gestalterischen Beruf zu ergreifen, scheint sie aufgegeben zu haben, ist darüber aber nach eigenem Bekunden nicht unzufrieden. *"Zuhause mache ich viel grafisch am Computer, ich mache T-Shirt-Motive von einer kleinen Firma, die meinem Freund gehört. Dadurch, daß ich jetzt sowas machen kann, bin ich auch in keinster Weise unzufrieden, daß ich sowas hauptberuflich nicht machen kann."(III)*

Einschätzung der erworbenen Kompetenzen

Auf die Frage, was ihr denn in der Freien Schule Bochum am wenigsten gefallen habe, antwortet Katja im dritten Interview, sie habe, was den Lernstoff angeht, ziemlich viel verpaßt. Vor allem ihre Schwäche im Fach Englisch, die letztlich der ausschlaggebende Grund war, daß sie ihre Ausbildung an der Fachoberschule für Gestaltung abbrach, lastet sie der Freien Schule Bochum an. Der Englisch-Unterricht sei meistens einfach zu chaotisch gewesen, um etwas lernen zu können, vor allem sei zu wenig Grammatik vermittelt worden. Ihre (nicht so schwerwiegenden) Schwächen in den Fächern Deutsch und Mathematik führt sie demgegenüber ausdrücklich nicht auf die FSB zurück. Den Einstieg im Fach Mathematik habe sie gut geschafft, nur hätte sie dann im Laufe der Zeit aus Desinteresse und Faulheit den Faden verloren. In Deutsch habe sie sich ebenfalls zu wenig angestrengt und ihre Rechtschreibschwäche lastet sie eher der Waldorfschule an, weil dort bis zur dritten Klasse kein Lesen und Schreiben gelehrt wurde.

Demgegenüber meint sie, in Kunst eine Menge gelernt zu haben, weil in der FSB, zumindest in den ersten Jahren, viel Zeit dafür da war. Ihr großes Interesse für Kunst und Gestaltung führt sie aber auch auf ihre Erfahrungen in der Waldorfschule zurück: *"Aber irgendwie wird es auch an der Waldorfschule liegen, weil da wird das mit dem Malen ja auch total geprägt. Da malt man jede Woche tausend Bilder und jeden Tag ein Tafelbild und so. Und hier, die Birgit hat mit uns einfach viel Kunst gemacht, die hat uns auch geholfen, die Mappen für die Bewerbung bei den Schulen vorzubereiten, hat uns immer gesagt: "Das könnt ihr doch mal malen oder überlegt euch doch mal das!" Ich glaube, daß das eigentlich viel an der Schule hier liegt."(I)* Auch im dritten Interview findet sie für den Kunstunterricht in der FSB noch sehr lobende Worte: *"Also zum Beispiel den Kunstunterricht, hier im Atelier, das habe ich in der Form nie wieder erlebt, selbst auf der Schule für Gestaltung nicht, wo ich danach war."(III)*

Unabhängig von ihren eigenen fachlichen Stärken und Schwächen vertritt Katja im ersten Interview noch die Ansicht, daß jeder, der die FSB mit Lernlücken verläßt, dies selber zu verschulden hat und es nicht der Schule anlasten sollte: *"Ich glaube nicht, daß wir hier nach der Freien Schule irgendwelche Lernlücken haben, außer wenn halt jemand blöd ist und das einfach nicht so kapiert. Aber ich glaube nicht, daß das an der Schule liegt. (...) Wir lernen hier das, was wir später brauchen, um unseren Abschluß zu kriegen und an den anderen Schulen mitzukommen."(I)* Indem Katja in den beiden folgenden Interviews ihre Probleme mit dem Fach Englisch auch der FSB anlastet, hat sie diese Ansicht offensichtlich relativiert.

Katja erwähnt im zweiten Interview auch ein Problem, das sie am Ende des 10. Schuljahres nicht vorhersehen konnte. Es fällt ihr manchmal schwer, in der Klasse vor so vielen Leuten zu reden, sie habe dann Angst, etwas Falsches zu sagen, in der FSB habe sie solche Ängste nicht gehabt, weil die Klassen ja viel kleiner waren. Gleichzeitig betont sie aber, daß sie solche Ängste im privaten Bereich überhaupt nicht kennt, womit sie sich auch von einigen Schulkollegen in der neuen Schule abgrenzt, die sie als "total unsicher" erlebt: *"Also wir haben da jetzt auch richtig so Schwerfälle, ja Schwerstfälle in der Klasse, die halt irgendwie so überhaupt nichts sagen. Auch, jetzt wenn man auf dem Schulhof steht, die stehen immer dabei, aber kriegen den Mund irgendwie nicht auf. Da glaub ich einfach, daß die total unsicher sind. Das habe ich überhaupt nicht."(II)*

Daß soziale Kontaktfähigkeit für Katja kein Problem darstellt, erklärt sie sich auch durch ihre Erfahrungen in der FSB. Die Atmosphäre sei hier insgesamt lockerer als in Regelschulen. *"Ich glaube, daß die Leute, die hier auf der Freien Schule sind, einfach lernen, besser mit Menschen umzugehen, daß die einfach besser miteinander umgehen können. Also das Gefühl habe ich wirklich, daß man besser auf Leute zugehen kann."(I)* Eine weitere überfachliche Kompetenz, die die FSB im Gegensatz zu anderen Schülern nach Katjas Meinung vermittelt, ist die Selbständigkeit: *"Ich denke, daß wir unheimlich selbständig sind. Das war hier so mit der letzten Klassenfahrt. Da haben die Lehrer gefragt, wo wir hin wollen und da haben wir gesagt: "Nach Frankreich!" und da haben die gesagt: "Schön, dann ruft mal ein Busunternehmen an und fragt." Das ist einfach so, das man selbständiger ist, glaube ich, daß man Sachen geregelt kriegt, die andere einfach nicht geregelt kriegen."(I)*

Die Frage, wie die FSB ihre "Klienten" auf die Anforderungen des weiteren Lebens und der Berufswelt vorbereitet, beurteilt Katja also alles in allem ambivalent. Im dritten Interview faßt sie ihre Ansichten zu dieser Frage noch einmal prägnant zusammen: *"Fürs Leben, da habe ich eine Menge gelernt und für den Beruf wahrscheinlich zu wenig, dadurch daß ich große Lücken in bestimmten Fächern habe, da ist es nicht so gut. Aber ich bin relativ selbständig, ich kann alles mögliche selbst erledigen. Ich habe zum Beispiel keine Probleme, irgendwelche Ämter anzurufen, wenn ich irgendwas wissen will und das habe ich, glaube ich, hier gelernt. Also ich kenne eine Menge*

Leute von anderen Schulen, die das nicht auf die Reihe kriegen, die in solchen Sachen völlig unselbständig sind. (...) Wir haben hier einfach gelernt, zu sagen, was wir wollen (...) und dadurch kann ich jetzt auch ganz gut meine Meinung sagen. Da habe ich keinerlei Probleme mit. Und diese Probleme haben viele andere, das kriege ich halt tagtäglich mit, daß die alle die Zähne nicht auseinanderkriegen, weil sie es nicht gelernt haben."(III)

Einschätzung der Lernumwelt Freie Schule Bochum

Kennzeichnend für die FSB im Vergleich zu anderen Schulen ist aus Katjas Sicht vor allem das soziale Klima der Schule. *"Besonders gut hat mir gefallen, daß es generell viel freundlicher ablief als in anderen Schulen. Ich habe ja nachher die Fachoberschule mitbekommen und vorher die Waldorfschule und da hatten die Schüler nicht so ein gutes Verhältnis untereinander, es waren halt alles Einzelkämpfer und das war hier nicht so."(III)* Ein wichtiger Bestandteil des sozialen Klimas der FSB liegt für Katja auch in dem freundschaftlichen Verhältnis zu den Lehrern. Man hat, so Katja, keine Angst vor den Lehrern, kann mit ihnen über private Probleme reden, die Lehrer kümmern sich intensiver um den einzelnen Schüler. Daß ein soziales Klima, wie Katja es in der FSB erlebt hat, trotz allgemein humanisierter Umgangsformen in der Schule heute immer noch keineswegs eine Selbstverständlichkeit ist, zeigen besonders deutlich ihre Erinnerungen an die "Radiologieschule", die sie schon nach drei Monaten wieder verließ: *"In der Schule, das war der blanke Horror. Die Lehrer waren super ekelig, wir hatten da eine Lehrerin, das war so eine "Frau Leutnant", würde ich mal sagen. Die hat einen angeschrien, vor allen total runtergemacht, wenn man was nicht wußte. Und gerade wenn man was nicht wußte, mußte man aufstehen und nach vorne kommen und da wurde man nochmal so richtig zu Boden gedrückt."(III)*

Abgesehen von der lockeren und freundlichen Umgangsweise in der FSB bestehen für Katja zum ersten Befragungszeitpunkt aber kaum Unterschiede zur Regelschule: *"Ich sehe da überhaupt keinen riesigen Unterschied mehr: die müssen zum Unterricht, das müssen wir auch. Wir dürfen unsere Lehrer duzen und dürfen auch mal zu spät kommen, ohne daß das jetzt gleich einen riesen Ärger gibt, aber sonst ist da gar nicht soviel anders, denke ich. Ja daß das in der Regelschule alles noch spießiger ist als hier, hier ist es einfach lockerer. Sonst sehe ich keinen großen Unterschied. Wir schreiben Arbeiten, wir müssen zum Unterricht kommen, wir müssen eigentlich pünktlich sein und im Prinzip ist das ja genau das gleiche wie an einer Regelschule."(I)* Auch was die Lerninhalte betrifft, kann Katja keine entscheidenden Unterschiede zu anderen Schulen erkennen. Sie räumt zwar ein, daß die Lehrer wahrscheinlich des öfteren unwichtige Dinge im Lehrplan überspringen, was sie positiv beurteilt, auch sei die Art und Weise des Lernens in der FSB oft intensiver (z.B. in Projektwochen), alles in allem arbeite die FSB aber nach genau demselben Lehrplan wie die Regelschule.

Für Katja hat sich die FSB im Laufe der Jahre zu einer Schule entwickelt, die sich kaum noch von anderen Schulen unterscheidet, was sie zum ersten Befragungszeitpunkt sehr bedauert. Die Einführung der verbindlichen Teilnahme am Unterricht, zu der sich die Mitarbeiter der FSB im Schuljahr 89/90 entschlossen, beurteilt sie dementsprechend kritisch. Die FSB, so Katja, ist nicht mehr das, was sie mal war. Das, wofür sie in den ersten Jahren bekannt war, nämlich das Prinzip der freiwilligen Teilnahme am Unterricht, hat sich zum großen Nachteil der Schule vollends verflüchtigt. *"Ja, das mit dem Selbstmitentscheiden, das ist hier total untergegangen, finde ich. Das ist in den Jahren den Bach runter gegangen. Früher war es ja so, daß wir uns wirklich aussuchen konnten "Wir wollen jetzt das machen!", jetzt haben wir unsere Monatsarbeiten, wo wir uns einmal im Monat etwas aussuchen können. (...) Sachen, die wirklich Spaß gemacht haben, die fallen einfach weg oder sind nur noch ganz selten und das ist, finde ich, schade. Das hat sich schon verändert. Und es ist halt alles, auch was keinen Spaß mehr macht, verpflichtend, das ist auch blöd."(I)* Im Gegensatz zu einigen ihrer Mitschüler, sieht Katja aber keineswegs ein, daß diese Entscheidung der Schule notwendig war, um die Absolventen der FSB ausreichend auf die Anforderungen der Weiterbildung und der Berufswelt vorzubereiten. Zur Begründung verweist sie auf die Tatsache, daß die ersten Absolventen der FSB auch in der Berufswelt zurecht gekommen sind, obwohl zu deren Schulzeit die verbindliche Teilnahme am Unterricht noch nicht eingeführt war. *"Die Großen, die hier jetzt schon abgegangen sind, die hatten ja auch nur freiwilligen Unterricht und die haben es auch geschafft."(I)* Zum anderen vermutet sie, daß sich die Lehrer der FSB von dem Prinzip der freiwilligen Teilnahme am Unterricht distanzierten, *"weil die eigentlich eine unheimliche Angst gehabt haben, daß die Chaoten in meiner Klasse das nicht schaffen. Da waren wirklich ein paar, die das nicht hingekriegt haben. Aber ich glaube, wenn sie älter werden, dann merken sie es irgendwann, daß sie es brauchen. So blöd kann ja keiner sein."(I)*

Bemerkenswerterweise schätzt Katja diesen Sachverhalt aus einer zeitlichen Distanz von drei Jahren im Juni 1996 ganz anders ein. Die Einführung der verbindlichen Unterrichtsteilnahme erscheint ihr im nachhinein als sinnvoll und sie meint auch, sie selbst und die meisten ihrer Mitschüler seien mit dieser Änderung einverstanden gewesen. *"Wir waren damals in einem Alter, wo wir verstehen konnten, daß es nicht geht, wenn einfach keiner zum Unterricht kommt, weil dann hätten wir alle nichts gelernt. Ich selber war damals ganz zufrieden damit, weil ich habe es gebraucht, daß der Unterricht verpflichtend ist. Ich bin vorher halt nur selten hingegangen und das hätte ich, glaube ich, auch erstmal noch weiter gemacht. Für mich war das also ganz gut, weil ich so ein bißchen auch den Druck brauche, dahin gehen zu müssen."(III)*

Sowohl zum zweiten, wie zum dritten Befragungszeitpunkt ist Katja ihre Zeit in der FSB in angenehmer Erinnerung: *"Ich weiß irgendwie, ich hatte hier einfach eine unheimlich schöne Zeit. So als ich hier war, hat es mir wirklich ganz gut gefallen und wenn ich jetzt zurück denke, denke ich auch noch, ich hatte eine schöne Zeit, wobei, ich denke auch, daß ich halt ein paar Lücken mitgebracht habe, jetzt in die neue Schule."(II) "Also ich finde, daß man sich hier als Schüler unbedingt wohlfühlen kann, also das war wirklich so, ich habe mich hier richtig wohlgefühlt, aber das hat natürlich auch seinen Preis gehabt."(III)* Das "Sich-wohlfühlen" hat Katjas Einschätzung nach also seinen Preis gehabt. Von daher kann sie auch die hypothetische Frage, ob sie ihr eigenes Kind in der FSB anmelden würde, nicht eindeutig beantworten: *"Vielleicht für die Grundschule, weil das noch so eine Zeit ist, wo man das halt noch so ein bißchen lockerer angeht, aber ich weiß nicht, ob ich es unbedingt von der Fünf bis zur Zehn hier lassen würde. Ich kann es echt schwer sagen, weil ich damit positive und negative Erfahrungen gemacht habe. (...) Ich denke, jetzt bei der Berufsfindung wäre es einfacher gewesen, wäre ich auf einer normalen Schule gewesen und jetzt so vom Gefühl her, wenn ich jetzt an das Kind denken würde, also für das Kind würde ich es schon machen, aber wenn ich an die Zukunft denke, würde ich es vielleicht nicht machen."(III)*

3. Gerd

Schullaufbahn und Bildungsperspektive

Nach seiner Grundschulzeit besuchte Gerd für ein Jahr eine Hauptschule, in der er sich nicht zurechtfinden konnte. *"Immer Ärger mit den Lehrern, Hausaufgaben nicht gemacht und all sowas."(I)* - so beschreibt er seine leidvollen Erfahrungen in dieser Schule. Eine Bekannte der Familie empfahl Gerd, einmal die FSB in Augenschein zu nehmen *"und dann habe ich mir die angeguckt und dann bin ich vor sieben Jahren hier drauf gegangen. Hat mir gut gefallen, man hatte nicht so einen Streß."(I)*

Eine genaue Bildungsperspektive hat Gerd zum ersten Befragungszeitpunkt noch nicht. Da er schon 18 Jahre alt ist (er hat zweimal in seiner Schullaufbahn ein Schuljahr wiederholt), hat er die Möglichkeit, zunächst den Zivildienst zu absolvieren und so die Entscheidung über die Berufswahl hinauszuzögern. *"Deshalb will ich erst Zivildienst machen, um noch zu gucken, nochmal zum*

BIZ zu gehen, was die so vorschlagen, was es so gibt, ich kenne ja noch nicht alles. Aber so Schule, da habe ich, glaube ich, keinen Nerv mehr drauf. Das ist jetzt das 12. Schuljahr für mich, das reicht."(I) Im zweiten Interview stellt sich heraus, daß sich einiges in seiner Bildungsperspektive verändert hat. Wider Erwarten wurde er nach der Musterung aus medizinischen Gründen vom Zivildienst freigestellt. Danach arbeitete er für etwa drei Monate als Zimmermann, in erster Linie, um Geld zu verdienen. In dieser Zeit habe er gelernt, wie anstrengend und körperlich belastend handwerkliche Arbeit sein kann. *"Auf dem Bau, da bist du total kaputt, morgens um Sieben fängst du an, abends um Vier kommst du nach Hause, aber du bist so hinüber, da habe ich meistens um halb Neun, Neun Uhr abends geschlafen."(II)* Aufgrund dieser Erfahrungen kam Gerd zu dem Entschluß, ab September '94 eine höhere Handelsschule zu besuchen, um später mal *"was Kaufmännisches"(II)* zu machen. Im dritten Interview erzählt Gerd, daß er aufgrund seiner schlechten Leistungen im Fach Englisch ein Jahr auf der höheren Handelsschule wiederholen mußte, nun aber die Versetzung in die zwölfte Klasse nicht gefährdet sei. Seine berufliche Perspektive, *"was Kaufmännisches"* zu machen hat sich inzwischen auch konkretisiert: *"Mir schwebt Sozialversichungsfachangestellter vor, das ist so Patientenbetreuung bei der Krankenkasse. Ob das klappt, ist etwas unsicher, weil die Leute bevorzugen, die den Bund oder Zivildienst schon hinter sich haben. Ich werde aber versuchen, direkt nach der Schule eine Lehrstelle zu kriegen."(III)* Seine Motive für diese Berufsperspektive begründet Gerd mit dem Wunsch, mit Menschen zu tun zu haben: *"Anderen Menschen helfen, das würde mir halt gefallen und auch die ganzen Büroarbeiten, die da so gemacht werden müssen, aber in erster Linie, mit Menschen zu tun zu haben."(III)*

Einschätzung der erworbenen Kompetenzen

Gerd unterscheidet im ersten Interview deutlich zwischen solchen Kompetenzen, die die FSB im Allgemeinen vermittelt und den von ihm persönlich erworbenen Kompetenzen. So vertritt er in fachlicher Hinsicht die Ansicht, daß man als Schüler der FSB in den Hauptfächern viel, in den Nebenfächern weniger lerne, weil letztere nicht durchgehend unterrichtet würden. Unabhängig davon erklärt er sich seine eigenen guten und schlechten Leistungen in bestimmten Fächern folgendermaßen: *"Die schlechten Leistungen, das liegt bei mir daran, wenn ich keine Lust habe, wenn mich das nicht interessiert und die guten, wenn ich es kann und wenn ich es verstehe. Meine guten Fächer sind Mathe, Deutsch, Arbeitslehre, Werkstatt und Sport und da habe ich Lust zu, das macht mir Spaß, das mache ich gerne. Die anderen sind Englisch, Physik, Geschichte, das interssiert mich alles nicht, da mache ich auch nicht so richtig mit. Also bei den anderen Fächern, da setze ich mich nicht so da rein, daß ich das unbedingt wissen muß, ich denke mal, daher kommt das bei mir."(I)*

Besonders zufrieden ist Gerd mit seinen handwerklichen Fähigkeiten. Er meint, in dieser Hinsicht in der FSB viel gelernt zu haben, also *"praktische Sachen, was man an Regelschulen, glaube ich, nicht so lernt. Wir haben ja zum Beispiel die Burg gebaut, den Garten, das Segelschiff haben wir gebaut, und ich denke mal, sowas machst du an einer Regelschule nicht. Die haben da Sägen und einen Hammer für jeden und dann muß jeder da so ein kleines Kästchen bauen und hier hast du die Werkstatt. (...) Also ich persönlich, ich weiß jetzt viel von dem, was so in der Werkstatt abläuft, ich war früher oft in der Werkstatt, mit den Werkzeugen, so Bohrmaschine, Kreissäge, Stichsäge, Preßlufthammer, da haben wir die Burg mit abgerissen."(I)* Gerd vermutet auch, daß man als Absolvent der FSB den Absolventen anderer Schulen wahrscheinlich insofern überlegen sei, als man sich besser mit anderen Menschen auseinandersetzen kann, denn genau dies mache man immer in den Besprechungen. Eine weitere überfachliche Kompetenz, die er erwähnt, ist die des "selbständigen Lernens". Auch in diesem Punkt vermutet er, seinen Altersgenossen aus anderen Schulen etwas voraus zu haben.

Die Aussagen Gerds im dritten Interview zu seinen Stärken und Schwächen im Vergleich zu seinen Mitschülern in der höheren Handelsschule bestätigen diese Vermutungen. Eine Stärke sieht er zum Beispiel darin, daß er fähig und bereit ist, in Gruppen zu arbeiten: *"Ich kann gut mit anderen zusammenarbeiten, quasi Gruppenarbeit. Das machen wir viel da* [in der höheren Handelsschule], *das geht ganz gut. Manche meiner Mitschüler haben da ziemliche Probleme mit. Wenn wir Gruppen bilden sollen mit fünf Leuten, dann merkt man das ja. Die wollen das dann nicht machen, die setzen sich dann nur dahin, gucken ihr Blatt an und sind ruhig, weil sie jetzt nichts Falsches sagen wollen oder so und das habe ich gar nicht. Ich sage dazu, was ich meine und wenn es falsch ist, habe ich Pech gehabt."(III)* Desweiteren schätzt Gerd sich selbst so ein, daß er im Vergleich zu seinen Mitschülern wenig Angst vor der Autorität und Macht der Lehrer hat. Zur Veranschaulichung beschreibt er ausführlich einen Konflikt seiner Klasse mit einem autoritär agierenden Lehrer, in dem dieser den Schülern vorschlug, sie könnten sich ja bei der Schulleiterin beschweren, wenn sie mit seinem Verhalten nicht einverstanden seien. Obgleich Gerd selbst von dem Konflikt nicht unmittelbar betroffen war, ging er zur Überraschung des Lehrers auf diesen Vorschlag ein und beschwerte sich zusammen mit einer Mitschülerin bei der Schulleiterin, worauf ein Gesprächstermin mit dem Lehrer und der Schulleiterin vereinbart wurde. Stolz berichtet Gerd, daß der Unterricht bei diesem Lehrer seitdem besser geworden sei. *"Er furzt nicht mehr rum, hat halt wirklich nicht damit gerechnet, daß jemand aufsteht und sich beschwert. (...) Und ich denke mal, das ist eine Stärke, die ich wirklich auch von der Schule hier habe, einfach das Maul aufreißen, wenn einem was nicht paßt. Es gibt genug Leute, die es nicht machen und die haben dann später daran zu knacken."(III)*

Andererseits gibt es auch Schwächen, die Gerd genauso eindeutig auf die FSB zurückführt: *"Englisch kann ich überhaupt nicht, da kriege ich eine Fünf. Das hängt mit der Schule hier zusammen, da bin ich mir hundertprozentig sicher, weil da wurde sich nicht genug hintergeklemmt."(III)* In Kombination mit einer weiteren Schwäche, nämlich seiner Angst in schriftlichen Prüfungssituationen, führten seine mangelhaften Leistungen im Fach Englisch letztlich auch dazu, daß er ein Jahr in der höheren Handelsschule wiederholen mußte: *"Noch eine Schwäche ist - mittlerweile habe ich das zwar abgebaut - aber ist das mit den Arbeiten schreiben. Da ist eine Aula und da passen sechs oder sieben Klassen rein. Da sitzt man dann und schreibt seine Arbeit und hier hat man direkt neben einem anderen gesessen, hatte die Möglichkeit, den mal kurz anzutippen: "Kannst du mal eben gucken?" Das ist da gar nicht und das habe ich am Anfang nicht auf die Reihe gekriegt, da wurde ich zittrig. Und das ist halt auch eine Schwäche, die man nur hat, wenn man von hier auf eine andere Schule geht und daran habe ich ein bißchen zu knacken gehabt.(...)* [Um versetzt zu werden], *hätte ich* [in Englisch] *mindestens eine Vier schreiben müssen und dann saß ich da, habe nur den Lehrer auf seinem Pult gesehen, durfte nichts machen. Wenn man sich nur mal so nach rechts oder links umgedreht hat, hat der Lehrer direkt gerufen. Ja und dann habe ich die Arbeit in den Sand gesetzt, war ja klar. Ich wußte gar nichts mehr, das war wie weggeblasen. Nachher habe ich mir das zu Hause angeguckt, dann war wieder alles da, dann hätte ich das alles machen können."(III)*

Einschätzung der Lernumwelt Freie Schule Bochum

Ähnlich wie Martin und Katja sieht auch Gerd in der Umgangsweise zwischen Lehrern und Schülern ein wesentliches Kennzeichen der FSB. Auf die Frage, was denn seiner Ansicht nach die FSB von anderen Schulen unterscheidet, antwortet er im ersten Interview: *"Der Umgang mit Lehrern und Schülern, es ist lockerer hier, man kann sich unterhalten, man braucht nicht da zu sitzen und den Lehrer siezen. Hier duzt man, auf der Regelschule muß man siezen. Man kann ruhig mal ein bißchen lachen, was sagen, mit dem Nebenmann reden. Wenn man keine Lust hat, sagt man: "Oh bor, ist das ätzend hier!" und dann sagt die Gertrud [eine Lehrerin] freiwillig: "Dann geh doch raus, wenn dich das nicht interessiert!", dann gehst du raus. Also es ist noch lockerer."(I)*

Eine extreme Kontrasterfahrung machte Gerd in der Hauptschule, die er vor seinem Eintritt in die FSB besuchte: *"Ich habe ja ein Jahr auf der Hauptschule mitgekriegt, wie das da abging. Wenn man da irgendwie Scheiße gebaut hat, hat der Lehrer einen vor die Tür gestellt und hat gesagt "Du hältst jetzt die ganze Stunde die Türklinke runter!" Dadurch konnte er halt sehen, daß du vor der Tür stehst und nicht auf dem Schulhof bist oder abhaust. Da mußte man dann da 45 Minuten stehen und die Klinke runterhalten und wenn die Klinke hochgegangen ist, dann ist er gucken gekommen, was du machst."(III)* Besonders wichtig an der FSB ist für Gerd auch die Tatsache, daß der Lernstoff nicht so rücksichtslos vom Lehrer durchgezogen wird, wie er es in der von ihm vorher besuchten Hauptschule erleben mußte. *"Daß dir geholfen wird, wenn du was nicht kapiert hast, daß du wirklich mit jedem darüber reden kannst, daß keiner sagt: "Du bist ja doof, du kannst das nicht!" Weil die sagen dann: "Komm, ich helf dir!""(II)*

Im Gegensatz zur Regelschule wird in der FSB ein neuer Lerninhalt häufig erst dann durch den Lehrer im Unterricht eingeführt, wenn wirklich alle Schüler den alten Lerninhalt verstanden haben; hierdurch wird das zügige Fortschreiten im Lehrplan natürlich häufig verzögert. Eine Benachteiligung der leistungsstarken Schüler kann Gerd aber in diesem Prinzip nicht erkennen: *"Nein, wir haben das ja jetzt auch in E- und G-Kurse eingeteilt. Wir machen das zwar nicht getrennt, aber wenn die einen das schon haben, dann kriegen die eine andere Aufgabe, während die anderen das dann noch machen, aber die haben dann auch was zu tun."(I)* Die Möglichkeit, bei Verständnisschwierigkeiten nachzufragen, das insgesamt langsamere Lerntempo empfindet Gerd als ein Weniger an *"Lernzwang".(I)* Weitere Vorzüge der FSB liegen - wie schon im vorigen Abschnitt angedeutet - für Gerd darin, daß der handwerklich-manuelle Bereich hier neben der Vermittlung kognitiver Fähigkeiten eine gleichwertige Rolle im Schulalltag spielt und daß man besser lernt, *"Dinge selbständig zu regeln"(II).* Gerd gibt im zweiten Interview auch ein Beispiel dafür an, was er unter "Selbständigkeit" versteht: *"Wenn jetzt zum Beispiel oben ein kaputter Stuhl steht, sagen wir mal, einer sieht den, schnappt sich den, geht in die Werkstatt und macht den fertig. Also so war das bei uns, wenn bei uns im Klassenraum irgendwo oben was kaputt war, dann haben drei Leute den Tisch genommen, sind in die Werkstatt gegangen, haben den wieder fertiggemacht und hochgestellt."(II)*

Daß das Prinzip der freiwilligen Teilnahme am Unterricht heute nicht mehr die Geltung hat, wie in den Anfangsjahren der FSB führt Gerd auf zwei Faktoren zurück: zum einen haben viele Schüler dieses Prinzip so ausgenutzt, daß sie langfristig und konsequent jede Form schulischen Lernens verweigerten, zum anderen war das Lehrerkollegium einer kontinuierlichen Fluktuation ausgesetzt, so daß heute kaum noch Lehrer aus den Gründungsjahren in der FSB unterrichten. Auch wenn Gerd eingesteht, die große Freiheit in den Gründerjahren genossen zu haben, hält er dennoch die inzwischen eingeführte Verbindlichkeit der Unterrichtsteilnahme für sinnvoll. *"Am Anfang war es noch nicht Pflicht, da war alles hier noch freiwillig. Wer wollte, konnte zum Unterricht kommen, wer keine Lust hatte, konnte wegbleiben, der ist dann auf dem Schulhof rumgerannt. Ja und ich denke mal, das war gut, daß die das eingeführt haben, weil man es dadurch halt gelernt hat und jetzt sieht man es ja auch an der Schullaufbahn, ich denke mal, wenn das weiter so geblieben wäre, wäre das jetzt nicht so, dann hätten wir hier in unserer Klasse über die Hälfte, die das nicht packen würden, weil es sind halt wirklich viele früher nicht gekommen, wo es noch nicht verpflichtend war. Na gut, am Anfang fand ich es so ganz gut, nichts zu machen, wo man gerade auf die Schule gekommen ist, so das erste Jahr, aber danach fand ich das schon besser, daß die das eingeführt haben."(I)* Kritisch bemerkt Gerd allerdings im dritten Interview, daß der Übergang von der freiwilligen zur verbindlichen Teilnahme am Unterricht in der FSB zu schnell vollzogen wurde. *"Ja in dem Alter hat man das halt noch nicht so richtig verstanden. Erst konnte man ein Jahr lang machen, was man wollte und ein Jahr später wurde dann auf einmal gesagt: "Das darfst du nicht mehr und das darfst du nicht mehr!" (...) Das fand ich halt nicht so toll, daß das so schnell ging, ich meine irgendwann mußte es so sein, aber das hätte man auch langsamer einrichten können."(III)*

Eindeutig negativ beurteilt Gerd eine andere Entwicklungstendenz, die mit der Einführung der verbindlichen Unterrichtsteilnahme zwar nicht zu verwechseln ist, aber doch eng mit dieser zusammenhängt. Gerd stellt fest, daß man als Schüler der FSB im Laufe der Jahre zunehmend vor vollendete Tatsachen gestellt wurde; die im pädagogischen Konzept proklamierte Mitbestimmung der Schüler sei in der Schulpraxis immer weniger spürbar gewesen. *"Es hieß immer, die Schüler haben überall Mitbestimmungsrechte, können überall mitbestimmen. Also die letzten zwei Jahre war das nicht mehr so. Da sind die* [Lehrer] *dann in die Besprechung gekommen, haben gesagt, das und das muß geändert werden, das müssen wir so und so machen, und da wurde keiner gefragt von uns und das fand ich eigentlich nicht so gut."(II)*

Trotz solcher Kritikpunkte im Detail hat Gerd doch zum Ende seiner Schulzeit ein sehr positives Gesamtbild von der FSB. Dies wird besonders deutlich, wenn man sich seine Reaktion auf die Frage anschaut, was ihm durch den Kopf gehe, wenn ihn jemand mit einem Vorurteil über die FSB konfrontiere, zum Beispiel dem, daß man doch als Schüler der FSB zwangsläufig verdummen müsse. *"Erst mal denke ich, daß das ein Holzkopp ist, weil der nicht weiß, was das für eine Schule ist. Die sagen nur: "Die anderen Schulen sagen, das wäre eine Sonderschule hier." und sowas und die wissen überhaupt nicht, was hier wirklich abläuft und dann kommen die mit so dummen Fragen und wenn ich den Leuten dann erkläre, wie das hier abläuft, dann, nach einer halben Stunde sagen die: "Ach, da möchte ich auch gerne hin. Warum haben meine Eltern mich da nicht hingeschickt?" - aber erst so dumme Bemerkungen."(I)*

Auch zum dritten Befragungszeitpunkt weiß Gerd zwar noch die Vorzüge der Freien Schule Bochum zu schätzen, insgesamt ist seine Meinung über diese Schule aber kritischer geworden. Er bezweifelt, ob die Schule wirklich genug Kenntnisse vermittelt, um in weiterführenden Schulen zurechtzukommen. Hätte er ein eigenes Kind, so würde er dieses deshalb wahrscheinlich auch erst mal zu einer normalen Grundschule schicken, *"damit es überhaupt erstmal so Grundkenntnisse vermittelt bekommt. Weil ich weiß halt, wie es bei mir war. Ich hatte auf nichts Bock. Ich habe gemerkt, hier brauchst du nichts machen und dann machst du auch nichts."(III)* Gerd bemerkt ausdrücklich, daß die FSB zwar genauso viel Lernangebote mache, wie andere Schulen auch. Er ist aber skeptisch, ob man als Kind tatsächlich diese Angebote wahrnimmt, wenn man nicht dazu gezwungen wird. *"Also dadurch, daß ich auch jetzt noch zur Schule gehe, merke ich halt, wie der Unterschied ist. Da ist nichts mit fröhlich sein und mal mit dem Lehrer Scherze machen und wenn man mal keine Lust hat, ist gut. Da gehts knallhart mit Arbeiten, Tests und das Buch des Lehrers ist voll mit Noten. Und wenn das Kind dann nicht klar kommen würde, dann würde ich überlegen, es doch noch hier auf diese Schule zu schicken. Weil ich sehe es ja an mir, daß es was gebracht hat. Man kennt zwar diese Vorurteile von manchen Leuten: "Freie Schule Bochum - ach Gott, der hat nichts im Kopf!", aber ich selber weiß an mir, daß es nicht stimmt."(III)*

Vergleichende Interpretation

Auch wenn aufgrund der geringen Zahl der befragten Schüler in der vorliegenden Feldstudie, wie oben bereits erwähnt, nur sehr bedingt allgemeingültige Aufschlüsse über das pädagogische Profil und die Selbsteinschätzungen von Absolventen der FSB zu erwarten sind, möchte ich doch versuchen, die drei Falldarstellungen abschließend in aller Kürze einer vergleichenden Interpretation zu unterziehen.

Worin liegt aus der Perspektive der befragten Absolventen die besondere pädagogische Prägung der FSB?

Als das wohl auffälligste Ergebnis dieser Interviewstudie muß hervorgehoben werden, mit welcher Einmütigkeit alle drei Interviewpartner das *soziale Klima,* insbesondere die freundschaftliche und vertrauensvolle Beziehung zu den Lehrkräften als das wichtigste Merkmal der FSB erleben. Diese Tatsache kann mit der geringen Größe und dem günstigen Schüler-Lehrer-Verhältnis (ca. 12:1) der Schule allein nicht erklärt werden. Das pädagogische Selbstverständnis der Lehrer (welches sich für die Schüler am offenkundigsten darin ausdrückt, daß man die Lehrer duzen darf), sowie die konzeptionellen und organisatorischen Rahmenbedingungen der FSB sind dabei ebenso mitzudenken. Aus der Sicht der befragten Absolventen lassen sich somit das im pädagogischen Konzept deklarierte "Anknüpfen an familienähnliche Strukturen", sowie der inhaltliche Schwerpunkt des "sozialen Lernens" als in der Praxis weitgehend realisiert bezeichnen. An mehreren Stellen finden sich zwar auch andere Punkte des pädagogischen Konzeptes der FSB in den Äußerungen der Befragten wieder - z.B. der Punkt "Andere Formen der Beurteilung" in Martins Aussage, man bekomme in der FSB erst ab der Neun Noten und sei deshalb *"weniger gehetzt"* - offensichtlich erleben sie das spezifische Sozialklima der FSB aber als die größte Besonderheit dieser Schule.

Auffällig ist weiterhin, wie häufig die Befragten zwischen der Schule unterscheiden, wie sie "früher" war und der, wie sie "heute" ist. Anhand zahlreicher Aspekte legen sie dar, wie sich die FSB während der sechs Jahre, in der sie die Schule besuchten, grundlegend verändert hat. Erklärlich wird dies vor dem Hintergrund, daß gerade der Jahrgang, dem die Befragten zugehören, im Vergleich zu den älteren und jüngeren Jahrgängen, die FSB in zwei höchst unterschiedlichen Phasen kennengelernt hat, vereinfacht könnte man sagen: die Phase vor der "Wende" im Schuljahr 89/90, als das Prinzip der absolut freiwilligen Teilnahme am Unterricht abgeschafft wurde, und die Phase danach.

Wie beurteilen sie die im Schuljahr 89/90 vollzogene Einführung der verbindlichen Teilnahme am Unterricht?

Während Katja am Ende ihrer Schulzeit im Mai '93 noch die Abschaffung der Freiwilligkeit des Lernens kritisiert, sind sich die Befragten drei Jahre nach ihrem Abgang von der FSB einig, daß die im Schuljahr 89/90 vollzogene Einführung der verbindlichen Teilnahme am Unterricht notwendig und zu diesem Zeitpunkt längst überfällig war. Sie beklagen das geringe Maß an Strukturiertheit im Tagesablauf während der ersten Jahre und die mangelnde Kontinuität in der Zusammensetzung der Lerngruppen. Vor allem kritisieren sie das Prinzip der freiwilligen Teilnahme am Unterricht aber mit der Begründung, man lerne dabei zu wenig. Lernangebote seien zwar in ausreichender Anzahl da gewesen, man habe sich aber als Schüler ohne den

Druck der Lehrer nur selten dazu überwinden können, diese auch wahrzunehmen. Deshalb habe man letztlich bis zur Einführung des "Pflichtunterrichtes" nur wenig gelernt. Zur Veranschaulichung dieser Argumentation seien hier noch einmal zwei Sequenzen aus dem dritten Interview mit Katja zitiert:

"Man hatte eigentlich alle Möglichkeiten offen stehen, sofern man wollte. Man mußte nur selber die Initiative ergreifen und sagen: "Da möchte ich jetzt noch was machen und das interessiert mich noch!" Aber die Möglichkeit war auf jeden Fall da."(III)

"Ich habe es gebraucht, daß der Unterricht verpflichtend ist. Ich bin vorher halt nur selten hingegangen und das hätte ich, glaube ich, auch erstmal noch weiter gemacht. Für mich war das also ganz gut, weil ich so ein bißchen auch den Druck brauche, dahin gehen zu müssen."(III)

Wie sehen die subjektiven Befindlichkeiten der Befragten im Hinblick auf ihre Berufs- und Bildungsperspektiven aus?

Was den Erwerb überfachlicher Kompetenzen betrifft, ist die Einschätzung der FSB durch die drei Befragten überaus positiv. Besonders betont werden die Kompetenzen der Selbständigkeit und Kritikfähigkeit, der Teamfähigkeit und Kooperationsbereitschaft, des "Offen-auf-andere-Leute-zugehens" und des "Sich-mit-anderen-auseinandersetzen-könnens". Ausdrücklich führen die Befragten diese Kompetenzen auf ihre Erfahrungen in der FSB zurück und nehmen an, diesbezüglich den Absolventen anderer Schulen einiges voraus zu haben. Für Gerd und Martin spielen die erworbenen handwerklichen und für Katja die erworbenen künstlerischen Fähigkeiten ebenfalls eine wichtige Rolle. Die Bedeutung dieser überfachlichen Kompetenzen für ein erfolgreiches Bestehen der Anforderungen weiterführender Schulen wird von den Befragten aber eher als gering eingeschätzt. Was in weiterführenden Schulen zählt, sind aus deren Sicht in erster Linie bestimmte Wissensbestände, die hier vorausgesetzt und abgefragt werden. Angesichts der Tatsache, daß Katja aufgrund ihrer mangelhaften Leistungen im Fach Englisch ihre Ausbildung an der Fachoberschule für Gestaltung abbrechen mußte und Gerd aufgrund der gleichen Schwäche ein Jahr in der höheren Handelsschule wiederholen mußte, ist diese Einschätzung leicht nachvollziehbar und offensichtlich zutreffend. Beide lasten ihre Schwäche ausdrücklich der FSB an. Die Vermittlung fachlicher Kompetenzen durch die FSB wird dementsprechend kritisch beurteilt. Von allen drei Befragten wird diese Kritik im dritten Interview schärfer formuliert als im ersten oder zweiten. Obgleich sie äußern, sich in der FSB sehr wohl gefühlt zu haben, sind sie aufgrund des ihrer Einschätzung nach vergleichsweise geringen Leistungsdruckes skeptisch, ob sie ihr eigenes Kind in der Schule anmelden würden. Zusammenfassen ließen sich die Befindlichkeiten und Einschätzungen der drei befragten Absolventen vielleicht mit der Formel, daß sie sich auf ihre *schulische* Lebensrealität vergleichsweise schlecht und auf ihre *außerschulische* Lebensrealität vergleichweise gut durch die FSB vorbereitet fühlen.

Ein abschließender Kommentar

Ein vorrangiges Bildungsziel der FSB besteht darin, daß die Kinder und Jugendlichen, die diese Schule besuchen, sich zu kritikfähigen und mündigen Bürgern entwickeln, die bereit und fähig sind, für sich und andere Verantwortung zu übernehmen. Bemißt man die Ergebnisse der vorliegenden Untersuchung an diesem Selbstanspruch, so lassen sie sich als eine erfreuliche Bestätigung für den Erfolg der FSB auffassen. Bemißt man aber die Ergebnisse an dem zweiten Selbstanspruch der FSB, ihren Absolventen im weiterführenden Schulwesen und in der Berufswelt die gleichen Chancen einzuräumen, wie den Absolventen anderer Schulen, so steht die FSB in einem weniger guten Lichte da. Mancher Leser mag in den Ergebnissen dieser Studie sogar einen „weiteren Beweis" für das Scheitern der Alternativschulpädagogik sehen. Dieser Leser sollte aber bedenken, daß alle drei Befragten in die FSB kamen, weil sie in anderen Schulen nicht zurechtgekommen waren. Zudem lassen sich die oben beschriebenen Wissenslücken der Befragten unzweideutig auf den Umstand zurückführen, daß Martin, Katja und Gerd den eigenen Aussagen nach bis zur Einführung der verbindlichen Teilnahme am Unterricht nur vergleichsweise selten die Unterrichtsangebote der Schule wahrnahmen. Wenngleich sie mit diesem Verhalten keine Ausnahme waren, muß doch festgehalten werden, daß einige SchülerInnen auch schon regelmäßig am Unterricht teilnahmen, als dies noch nicht verpflichtend war. Vor allem hat die FSB aber aus den Erfahrungen der ersten Jahre gelernt und mit der Einführung der verbindlichen Teilnahme am Unterricht entsprechende Konsequenzen gezogen. Schließlich und endlich: Wenngleich die Bildungswege von Martin, Katja und Gerd nicht gerade das sind, was man gemeinhin unter "geradlinig" versteht, so wäre es doch völlig unangemessen, diese als "gescheitert" zu interpretieren. Alle drei haben zum letzten Befragungszeitpunkt eine klare Berufsperspektive entwickelt und beschreiten realitätsgerechte Wege, um ihre Ziele zu verwirklichen.

"In dieser Minute..." - ein Gedicht aus Stamm 1/2

In dieser Minute, die jetzt ist,
und die du nachher vergißt,
verteilt Sabine in Stamm 1/2 Zettel für Kinder,
die ein Gedicht schreiben wollen.
Und in Stamm 3/4 macht Katja Mathe-Unterricht.
Die 5/6er arbeiten an ihrem Sprache-Wochenplan,
und die Blätter der großen Linde rascheln.
Die 7er sitzen auf ihrem Sofa, quatschen und schreiben.
Unten im Klo pinkelt Marvin.
Im Schulgarten bewegen sich die Blumen im Wind,
und im Lehrerzimmer kopiert Birgit.
Die 8er machen gerade Pause und spielen Fußball.
Der 9/10er-Raum ist leer - die Kinder sind auf Klassenfahrt in Italien.
Durch den Flur trägt Freya eine Torte und Svea ruft laut nach Lara.
Und im Büro spielt Peter am Computer.
Laura baut in der Holzwerkstatt Designermöbel,
und auf dem Schulhof spielen Stefan und Irinel Basketball.
In der Küche schält Tanmar Kartoffeln für das Mittagessen.
Und hier bei uns, da bist nun du und zappelst selbst immerzu.
Und wenn du das nicht tätest, wäre die Welt jetzt stiller als bisher.

Frei nach Eva Rechlin

Teil III

Was heißt schon „alternativ"? -

Einblicke in eine andere Schulwirklichkeit

Jutta Kraus

Konkflikte und deren Lösung durch das Freie Spiel - ein Beispiel aus der Freien Schule Offenburg[1]

Das Freie Kinderspiel gehört zu den Eckpfeilern unserer Pädagogik. Wir konnten von Anfang an bereits bei den kleinen Kindern in der Kindertagesstätte beobachten, wie es sich den Entwicklungsphasen der Kinder entsprechend veränderte. Die jahrelange Erfahrung aus dieser Zeit brachte mir die unerschütterliche Einsicht, daß die Kinder sich ihre Umgebung spielerisch aneignen und daß sie, sofern sie in diesem Prozeß nicht ständig gestört werden, ihre Kräfte entfalten können.

Im Spiel entdecken und erforschen die Kinder die Realität und experimentieren mit ihr. Sie stecken einen für sie überschaubaren Rahmen und erproben ihre Fähigkeiten und Fertigkeiten, um diese dann zu erweitern.

Die nach wie vor weitläufig verbreitete Auffassung, daß Spiel und Arbeit zwei völlig voneinander getrennte Bereiche seien, erscheint mir inzwischen völlig unhaltbar. Wenn Kinder eine "Klack-Klack-Bahn" aufbauen und sich stundenlang bemühen, daß tatsächlich alle Bausteine in richtiger Reihenfolge umfallen, dabei völlig in sich selbst versunken sind und die Umwelt um sich herum kaum noch wahrnehmen, so ist dabei zwischen Spiel und Arbeit nicht mehr zu unterscheiden.

Als Michel wochenlang am Betonmischer stand und Wasser und Sand mischte, um damit seine Burgen im Sandkasten bauen zu können, so war das für ihn Arbeit. Genauso äußerte er sich auch wiederholt, als seine Eltern ihn um 16 Uhr abholen wollten: "Ich kann jetzt nicht weg, ich muß arbeiten."

Es liegt an uns Erwachsenen, die dem Spiel innewohnende Logik zu erkennen und diese ernst zu nehmen.

"Spiel, wie ich es auffasse, reicht weit tiefer als Lernen; es geht über den Verstand hinaus, erhellt die Kammern der Einbildungskraft, beschleunigt das Denken und bringt alles in Bewegung. Die Buchgelehrsamkeit kann bei aller Gründlichkeit doch oberflächlich bleiben, wenn man keine Wirklichkeit dahinter fühlt. 'Kein Eindruck ohne Ausdruck' ist ein uralter Grundsatz, aber auch heute noch bedeutet Lernen oft Wissen ohne große Rücksicht auf das Fühlen und unter völliger Vernachlässigung des Handelns, Gelehrsamkeit kann äußerlich bleiben wie ein übergestreiftes Gewand...

---

[1] Der folgende Artikel ist Teil der wissenschaftlichen Hausarbeit „Ästhetik des Lernens", die Jutta Kraus an der pädagogischen Hochschule Heidelberg verfaßt hat.

Aber unter Spiel verstehe ich etwas tun, was man kennt, und zwar mit dem Herzen. Im Leben wie beim Lernen kann man nur dann etwas ganz aufnehmen, wenn man sich ganz in das Studienobjekt hineinversetzt und dort aktiv lebt." (Caldwell Cook; 1917, S. 16)

Es gab vielfältige Freie Spiele, die die Kinder in all den Jahren entwickelten. Immer wieder traten Themen wie Dinosaurier, Ritter, Indianer, Kaufladen, Familie, Barby, Krankenhaus, Doktor, Rockerbande... auf.

Zu beobachten war, daß die Jungen meist draußen spielten und sich die Mädchen viel öfter in den Räumen aufhielten. Natürlich gab es Spiele, bei denen Jungen und Mädchen gemeinsam spielten, es gab jedoch genauso strikte geschlechtsspezifische Trennungen. Diese Trennungen waren sofort aufgehoben, wenn wir uns außerhalb des Schneckenhauses befanden. Dann turnten auch die Mädchen auf Bäumen herum und bauten Staudämme am Bach und die Jungen spielten mit bei den Familienspielen, die sonst eigentlich von den Mädchen ausgingen. Im Spiel wurden wichtige Themen aus dem direkten und indirekten Erfahrungsbereich der Kinder bearbeitet. Warum die Freien Alternativschulen dem Spiel so viel Bedeutung beimessen, haben die MitarbeiterInnen der Glocksee-Schule in Hannover eindrucksvoll beschrieben:

"So, wie die Idee der Pädagogik sich nicht nur glückenden Erfahrungen verdankt, sondern auch dem Leiden an gesellschaftlicher Sinnlosigkeit, so wird auch in jedem Spiel Trauerarbeit geleistet: spielerisch phantastisch wird eigene Unterlegenheit in Selbstbestimmung verwandelt. Das Spiel beruht auf Setzungen der Phantasie, Kinder identifizieren sich im Spiel mit Guten und Bösen, mit Jägern und Gejagten, mit Supermännern und Winzlingen. Auf der selbstbewußten Identifikation beruht die menschlichste Fähigkeit des Menschen, die Einfühlung in den anderen. Ohne diese Grundfähigkeit gibt es keine Sympathie, keine Liebe und kein Mitleiden. Die Interessen z.B. für Haie, Piranhas, Dinosaurier oder Vampire sind nie nur - manchmal nicht einmal vornehmlich - kognitiv. Sie thematisieren zugleich (oft unbewußt) existentielle Probleme mit, etwa Aspekte von Stärke, Gefahr oder Vergänglichkeit.

Die Bearbeitung dieser vitalen Interessen von Kindern in der Schule, die häufig "nebenbei" das Erlernen und Ausprobieren der Kulturtechniken mitbewirkt, darf die kognitiven Informationserweiterungen nicht verselbständigen, sondern muß insgesamt die Vielfalt der einfließenden Motive lebendig erhalten, um sie auf ein reiferes Bearbeitungs- und Erlebnisniveau zu heben...

Mit dieser pädagogischen Grundhaltung einer Respektierung kindlicher Ausdrucksformen wird auch die Verbindung von Erfühltem und Erdachtem, der Phantasie und des logischen Denkens erhalten und weiterentwickelt. Das kindliche Grundbedürfnis, gemocht und respektiert zu werden, reift auf dieser Basis und setzt mehr und mehr die Fähigkeit frei, andere zu mögen und zu respektieren. Auf diese Weise, vor allem, konkretisiert sich 'Friedenspädagogik'." (Dietmar Rose 1990, S. 19)

Ein Beispiel aus dem Schneckenhaus

Es war im Frühling 1990, als die Konflikte zwischen den Jungen und den Mädchen immer mehr zunahmen.

Johannes war der An-Führer der Jungs, und er hatte keinen wirklichen, d.h. altersgemäß entsprechenden Partner, mit dem er sich hätte messen können.

Der Streit um die täglichen Pflichten, das heißt Tischdecken und Abräumen, wurde immer heftiger und nervte alle fürchterlich. Die Kindergruppe war oft in eine Jungen- und eine Mädchengruppe geteilt, was sich derart gestaltete, daß die Mädchen in den Räumen waren und sich die Jungs auf dem Hof aufhielten.

Nachdem ich angekündigt hatte, daß ich nicht weiterhin alleine für das Geschirr zuständig sein wollte, wie sich das wieder eingeschlichen hatte, fanden die Mädchen in einer Kinderbesprechung folgende Regelung mit, der sich alle einverstanden erklärten:

Das Geschirr sollte jeweils einen Tag von den Erwachsenen, von den Mädchen und von den Jungs versorgt werden.

Sabine und Lea hängten Listen für die Wochentage aus, und bis auf die Tage, an denen die Jungs dran waren, klappte es bestens. Die jedoch verschwanden sofort nach dem Essen und fanden 1001 Ausreden, um nicht helfen zu müssen.

In diese Zeit fiel das folgende Erlebnis:
Dienstag ist Markttag, und so beschlossen wir beim Frühstück, einkaufen zu gehen. Alle, d.h. zehn Kinder von 6 bis 9 Jahren gingen mit. Auf dem Weg zum Markt entdeckte Johannes an einer Hauswand Hakenkreuze. Völlig entrüstet machte er die anderen Kinder darauf aufmerksam und erklärte, daß dies Zeichen von Hitler seien, der Krieg angefangen und viele Menschen umgebracht habe. Es entstanden heiße Diskussionen zwischen einzelnen Kindern, die ihre Kenntnisse austauschten. In der Schule hatten wir bisher nie über das Thema gesprochen.

Kurz vor dem Markt bogen die Jungs, die inzwischen ein ganzes Stück vor uns liefen, in Richtung Buchladen, den wir oft besucht hatten, ab. Als wir Nachzügler eintrafen, hatte Johannes ein Buch auf seinem Schoß, das er den anderen vorlas und dazu Erklärungen abgab: Es war das Buch "Rosa Weiss" von Roberto Innocenti, die Geschichte eines kleinen deutschen Mädchens, das einem jüdischen Jungen, dessen Verschleppung in ein KZ sie erlebt hatte, zu helfen versucht, indem sie ihm heimlich Essen bringt, bis sie am Ende selbst erschossen wird. Die sehr realistischen Bilder im Buch zeigten das ganze

Elend und die düstere Not der damaligen Zeit. Ich kannte das Buch vorher nicht und hätte es den Kindern nicht ohne Vorbereitung in die Hand gegeben.

Doch inzwischen saßen alle Kinder wie gebannt um Johannes herum, hörten einem neunjährigen Jungen zu, der anhand dieses Kinderbuches und seines eigenen Wissens einen Teil unserer Geschichte aus der Vergangenheit holte.

Da stand ich also, reichlich hilflos, da heillos überfordert mit der Widersprüchlichkeit meines Erwachsenendenkens. Doch das sollte erst der Anfang sein.

Als die Kinder das Buch in aller Ernsthaftigkeit fertiggelesen hatten, gingen wir zum Markt und anschließend zurück in die Schule. Die ganze Zeit über waren die Kinder in bewegte Gespräche über den Krieg vertieft.

Zurück im "Schneckenhaus" versorgte ich zuerst die Einkäufe in der Küche. Die Mädchen spielten drinnen, die Jungen draußen im Hof. Ich ging hinaus und beobachtete den Aufbau ihres Spiels: Da wurde ein Gebäude mit mehreren Einfahrten und Zugängen gebaut. Timo hatte Tüten aus dem Materialraum angeschleift, aus denen er alte Radioteile, Wecker und Leiterplatten entnahm. Diese baute er in einer Ecke des Gebäudes auf, während er mir erklärte, daß dies "Hitlers Parteizentrale" und er der Funker sei. Meinen in diesem Moment völlig verdutzten Gesichtsausdruck zum Anlaß nehmend kam Christoph, ein Soldat seines Zeichens, auf dem Dreirad angeprescht, klopfte mir beruhigend auf den Rücken und meinte in fürsorglichem Ton: "Jutta, du brauchst keine Angst zu haben, wir spielen ja nur."

Und ich - sollte ich das Spiel abbrechen, Erklärungen abgeben? Ich entschied mich zunächst fürs Tischdecken, es war Essenszeit. Als alle im Zimmer waren, herrschte ein ziemliches Durcheinander. An ein ruhiges Mittagessen war verläufig nicht zu denken. Die Jungs erklärten den Mädchen, sie hätten eine neue Bande mit einem Führer - natürlich Johannes - in der Rolle des Hitlers. Der gäbe die Kommandos und sie seien seine Soldaten. Die Mädchen erklärten daraufhin, sie hätten auch eine neue Bande, die "Pony-Bande". In ihrer Bande gebe es doch keine Anführerin, alle dürften gleich mitbestimmen. AnführerInnnen fänden sie doof. Es war Lea, die das Wort ergriffen hatte. Timo überlegte einen Moment, erwiderte dann mit leicht trotzigem Unterton: "Wir haben einen Führer, der gehört zu unserem Spiel, das ist wichtig."

Ich stellte dann die Frage, wie sich die Kinder es vorstellen, bei gemeinsamen Aktivitäten miteinander umzugehen, wie beispielsweise beim Essen. Welche Regeln sollten gelten?

Nachdenkliches Schweigen in der Runde.

Christoph fand eine Lösung, indem er vorschlug, wir sollten uns Regeln überlegen, mit denen alle einverstanden sein könnten. Ich sollte die Regeln samt

Abstimmungsergebnis aufschreiben und aufhängen. Hier das Ergebnis der weiteren Diskussion:

Schulregeln vom 23.4.90:
11 Menschen sind anwesend

• Wir werfen keine Steine mehr	9:2
• Wir bedrohen uns nicht	11
• Wir teilen uns die Arbeit in Gruppen	11
• Wenn wir allein sein wollen, dann laßt uns in Ruhe	11
• Wenn eine/r was nicht kann, dann helfen die anderen	11

Regel 1 wurde von Christoph vorgeschlagen, sein Bruder Johannes sagte zunächst, er wüßte nicht, ob er sich daran halten könne. Nachdem die Mädchen in einem Schwall der Entrüstung über ihn hergefallen waren und er zum x-ten Male gehört hatte, wie gefährlich Steineschmeißen sei, sagte er, er brauche zwei Tage Bedenkzeit. Die wurden ihm von allen Seiten zugestanden.

Nach zwei Tagen - ohne Steineschmeißen - kam er tatsächlich morgens und verkündete, er sei einverstanden.

Der zweite Zweifler war Nils, der sich seinem damaligen Vorbild Johannes entsprechend, ablehnend äußerte. Nachdem ihm die Kinder die Situation aufgedeckt hatten, schloß auch er sich an.

So hatte sich also das Chaos gelegt, wir konnten in Ruhe essen und die Jungs übernahmen wortlos den Abräumdienst.

Nach dem Essen ging im Hof das Parteizentrale-Spiel weiter. Die Mädchen wollten mit mir noch einige Fragen klären. Auf dem Sofa aneinandergekuschelt, erzählten sie von ihren Opas im Krieg, sprachen über Rosa und ihren Mut, dem Jungen zu helfen und waren alle überzeugt, daß sie das auch getan hätten.

Das Gespräch kam auf ihre Mitschülerin Judith, die als Baby von ihren Eltern aus Vietnam geholt worden war.

Auf das Drängen der Kinder hin kaufte ich einige Tage später das Buch von Rosa Weiss, es beschäftigte die Kinder sehr. Viele Gespräche drehten sich um das Problem An-Führer.

Auf einem Spaziergang fragte Timo Johannes, ob es nicht langweilig sei, immer den Führer zu spielen. Johannes verneinte entschieden. Timo, dem das Gespräch offensichtlich sehr am Herzen lag, fuhr jedoch fort, es gäbe doch Sachen, bei denen nicht immer nur einer entscheiden könnte, manchmal wüßte einer alleine gar nicht genug, um alleine zu entscheiden. Johannes fühlte sich sichtlich in die Ecke gedrängt, doch merkte er wohl, daß dies nicht Timos Absicht war, vielmehr wollte der das Problem, das ihm sehr ernst war, zu lösen versuchen.

In der Folgezeit wurde Johannes sehr nachdenklich und dabei sehr anschmiegsam. Er kam oft zu mir und erzählte, auf dem Sofa an mich gekuschelt oder beim Spaziergang meine Hand haltend, von türkischen Kindern, die bei seinem Opa wohnten. Keiner außer ihm und seinem Bruder wollte mit ihnen spielen, das sei doch ganz gemein. Ein anderes Mal sagte er, er finde es total doof, ein Junge zu sein, er wäre viel lieber ein Mädchen, denn die müßten nicht immer stark sein. Außerdem würde es gar nicht stimmen, daß die schwächer und dümmer seien als die Jungs, das wüßte er ganz genau.

In diesen Momenten veränderte sich die Kindergruppe und auch einzelne Kinder zusehends. Die Regeln, die die Kinder aufgestellt hatten, wurden fast ausnahmslos eingehalten. Die eingefahrenen Rangordnungen weichten Stück um Stück auf, andere Formen des Miteinanders wurden ausprobiert.

Wir alle sind in dieser Zeit ein wenig reifer geworden und ich bin sicher, daß Kinder, die solche Erfahrungsprozesse ausleben können, mit hoher Wahrscheinlichkeit sowohl "FührerInnen" und totalitären Machenschaften, als auch Rollen- und Geschlechtsstigmatisierungen etwas entgegenhalten können und werden.

Henrik Ebenbeck

Zwei Texte zur Freien Schule Leipzig[1]

Das andere Lernen an der Freien Schule Leipzig

Lernen die Kinder denn an Eurer Schule genug? Was lernen die Kinder in eurer Schule? Immer wenn diese Fragen an uns gestellt werden, wird der Blick recht schnell auf vorzeigbare Ergebnisse gerichtet. Mir erscheint aber eine andere Frage viel spannender und wichtiger (interessanterweise wird diese Frage kaum an uns gestellt): *Wie lernen die Kinder?*

An die Art von Lernen, die meine Schulzeit bestimmt hat, kann ich mich noch bestens erinnern. Zum Beispiel die berühmte Frage aus dem Deutschunterricht: Was wollte uns der Dichter damit sagen?

Der Dichter wollte uns immer genau das sagen, was in der Stundenvorbereitung des Lehrers stand. Im Grunde ging es beinahe immer nur um die eine Frage: Welche Antwort will der Lehrer hören, worauf will er hinaus? Wer bei diesem Ratespiel fit war, war ein guter Schüler.

Dies und die Erfahrungen, die ich als Vater mit meinen Kindern gemacht habe, haben mich zu ganz anderen Ansätzen geführt. Die Arbeit mit meiner Klasse habe ich mit folgenden Grundüberzeugungen begonnen:

- Lernen kann jeder nur selbst; niemand kann etwas für einen anderen lernen.
- Kinder wollen lernen.
- Lernprozesse verlaufen am besten, wenn man jedem Kind genügend Zeit läßt, ihm ein anregendes Umfeld zur Verfügung stellt und es ansonsten möglichst nicht stört.

Meine bisherigen Erfahrungen in der Klasse haben mich in dieser Grundüberzeugung bestärkt.

Für Außenstehende ist es ohne ständig repräsentierbare Leistungskontrollen, an denen man den Stand der Kinder scheinbar ablesen kann, oft schwer, solch versteckte Entwicklungswege nachzuvollziehen und von den Eltern verlangt es ein hohes Maß an Vertrauen in ihre Kinder und meine Arbeit. Ich möchte mit einem Beispiel versuchen, eine Vorstellung zu vermitteln, wie Kinder bei uns lernen.

Eine Aufgabe aus Simons Wochenplan war die Bearbeitung eines Rechenhäuschens. Kurz nach Beginn des Schuljahres habe ich das Rechenhäuschen

[1] Die beiden folgenden Texte von Henrik Ebenbeck wurden zuerst in der 5. Ausgabe (1995) des „Lindenblattes“, der Schulzeitung der Freien Schule Leipzig, veröffentlicht.

eingeführt und den Kindern ist das Prinzip bekannt: Im "Dachgeschoß" wohnt eine Zahl, in den freien "Wohnungen" dürfen nur Zahlen einziehen, deren Ergebnis diese Zahl ergibt. Die Kinder finden die passenden Aufgaben meist selbständig unter Zuhilfenahme von Bausteinen, Kastanien, Zählstäbchen oder ihren Fingern. Simon sucht die Aufgaben vorzugsweise ohne Hilfsmittel.

Als alle Wohnungen in seinem Häuschen belegt waren, zeigte er mir das Arbeitsblatt. Nach einer kurzen Durchsicht war klar: nicht eine der Aufgaben ergab die im Dachgeschoß wohnende 20. Eine mögliche Reaktion (ich habe die vielen, kleinen, roten f's hinter meinen Aufgaben noch deutlich vor Augen) wäre: "Tut mir leid Simon, die Aufgaben sind alle falsch, versuch's noch einmal." Das habe ich mir verkniffen. Stattdessen habe ich ihn gefragt: "Wie bist du darauf gekommen?" Und dann erklärte mir Simon, daß die Aufgabe ganz leicht gewesen sei, weil er bemerkt habe, daß man bei der vorderen Zahl immer eins wegnehmen könne und bei der hinteren eins dazutun müsse und dann komme immer das gleiche heraus. Da war mir schlagartig klar, daß Simon auf eine elegante Lösung gestoßen war. Er hatte herausgefunden, daß die Summe stets konstant bleibt, wenn man den ersten Summanden um eins vermindert und gleichzeitig den zweiten um eins erhöht. Ein Fehler steckte lediglich in seiner ersten Aufgabe, die er als Basis für seine weitere Rechnung benutzt hatte. Ich schlug ihm deshalb vor, nur die 20 aus dem Dachgeschoß ausziehen zu lassen und stattdessen dort die 19 einzusetzen.

Nicht immer sind die Überlegungen der Kinder oder ihre Lösungswege so leicht zu erkennen, wie im vorliegenden Beispiel und sicher bin ich oft nicht sensibel genug, sie wirklich nachzuvollziehen. Aber ich bemühe mich jedenfalls um diese Perspektive. Es geht mir eben nicht in erster Linie um die von mir vorgegebene Aufgabe, auf die ich eine bereits feststehende Antwort erwarte. Wichtiger ist mir die Freude der Kinder am Fragen, am Ausprobieren, am Suchen. Darin möchte ich sie bestärken und ermutigen.

Der König der Löwen - oder: Die wahre Schule ist das Kino

Wenige Wochen, nachdem der Film "König der Löwen" im Kino angelaufen war, hatte er deutliche Spuren bei den Kindern unserer Schule hinterlassen. In der ersten Klasse, die ich direkt dazu befragt habe, hatte nur eins der Kinder den Film (noch) nicht gesehen. Dafür waren andere schon zwei oder gar dreimal im Kino gewesen. Ich bin sicher, daß das auch in anderen Klassen so war. Immer wieder hörte man irgendwo im Haus Songs aus dem Film und ein bestimmendes Thema für das Spiel der kleineren Kinder waren für mehrere Wochen die Abenteuer von Simba und Nala. Kein Wochenplan-Thema, kein

Fest und keine Projektwoche hat die Kinder derartig nachhaltig beeindruckt, wie der "König der Löwen".

Eigentlich nicht verwunderlich, denn mißt man den Film und seine Vermarktung am Anspruch des motivierenden Lernens, das alle Sinne anspricht, kann man nur Höchstnoten vergeben.

Zurückgelehnt im weichen Kinosessel, womöglich noch mit einem Becher Popcorn auf dem Schoß, bekommt man ein faszinierendes Schauspiel für Augen und Ohren geboten. Aber mit dem Preis einer Kinokarte ist die Kaufkraft der Taschengeld-Empfänger lange noch nicht ausgeschöpft. Für zuhause gibt es die Story als Buch und den Soundtrack als CD bis man sämtliche Songs mitsingen kann. Und Sticker, Sticker, Sticker, selbstverständlich mit dem passenden Stickeralbum dazu. Wer lieber etwas handfestes zum Spielen möchte, greift zu Simba und seinen Freunden als beweglichen Plastikfiguren. Oder wer es gerne kuschelig will, nimmt den süßen Plüsch-Simba mit ins Bett. Dafür muß man allerdings mehrere Monatsraten Taschengeld investieren. Aber es gibt ja für jeden Geldbeutel etwas: König der Löwen auf dem Haarreifen, auf Bleistiften, als Poster, als T-Shirt und und und... Ich bin mir sicher, daß es irgendwo auch Simba-Kekse oder einen Murfasa-Snack gibt. Es ist nahezu unmöglich, solch einer medialen Breitseite zu entgehen. Wahrscheinlich wird sich kaum jemand am Inhalt des Films und der Art der Darstellung reiben. Dazu ist das öffentliche Empfinden durch eine viel brutalere Dauer-TV-Berieselung schon zu unsensibel geworden. Ein Schaudern überkommt mich aber, wenn ich mir vor Augen führe, wie es die Filmindustrie schafft, Zehntausenden von Kindern das gleiche Gesprächsthema, den gleichen Spielinhalt flächendeckend aufzudrücken.

Selbstverständlich habe ich den Film auch gesehen. Schließlich wollte ich nicht verständnislos daneben stehen, wenn meine Kinder sich unterhalten. Und wie sollte ich sonst rauskriegen, wer Ed, Shenzi und Banzai sind?

Michael Maas

Beurteilung und Entwicklungsbeschreibung in der Freien Schule Bochum - Warum Jahresbriefe statt Zensuren?

"Der Geist ist nicht eine Scheune, die man füllt, sondern eine Flamme, die man nährt. Diese Flamme hat eine stärkere Lebenskraft als die Anhäufung von abrufbarem, gehortetem Wissen, das man bei Bedarf aus der Gedächtnisschublade zieht. Ein lebendiger, kreativer Mensch hockt nicht auf einer Fertigkeitensammlung, sondern beherrscht die Struktur des kreativen Prozesses."
(M.Caiati: Freispiel - Freies Lernen. München 1984, 8)

Im Sinne dieses Zitates versucht die Freie Schule Bochum nicht nur gehortetes Wissen und abrufbare Fertigkeiten bei den Kindern und Jugendlichen zu sehen und zu beurteilen, sondern legt Wert auf den gesamten Lernprozeß. Ein schulischer Leistungsbegriff, der sich einseitig an dem Produkt und weniger an dem Prozeß der erbrachten Leistung orientiert und diese als eine quantifizierbare Größe auffasst, die sich in Form mathematischer Symbole ausdrücken läßt, ist unserer Auffassung nach ebenso verengt wie bildungsfeindlich. Deshalb gibt es an der Freien Schule Bochum außer bei Schulwechsel und für die Abschlüsse keine Zensuren. Das war vor 15 Jahren so und hat sich bis heute nicht verändert. Die bisherigen Erfahrungen der Freien Schule Bochum - wie auch die Erfahrungen zahlreicher anderer Reformschulen, wie z.B. der Waldorfschulen - bestätigen unserer Auffassung nach einmal mehr, daß Zensuren in der Schule keineswegs, wie oft behauptet, ein "notwendiges" Übel sind, sondern ein vermeidbares.

Die Fragwürdigkeit der Notengebung ist oft genug thematisiert worden. Die Tatsache, daß Zensuren aber nichtsdestotrotz in den meisten Schulen nach wie vor die gängigste Form der Leistungsbeurteilung darstellen, mag es rechtfertigen, unsere Kritik an Zensuren an dieser Stelle noch einmal kurz zu erläutern.

Fragwürdig ist für uns zunächst die immer wieder gepriesene "Objektivität" und "Rationalität" dieser Form der Leistungsbeurteilung. Zensuren, mündliche und schriftliche Prüfungen, Versetzung in die nächste Klasse, Aufnahmeprüfungen für weiterführende Schulen und anderes mehr stellen in der Regelschule ein System von Leistungskontrollen dar, welches eine möglichst exakte Beurteilung der Schülerleistung gewährleisten soll. Tatsächlich erweckt die Darstellung von Leistung in mathematischen Symbolen auf den ersten

Blick auch den Anschein hoher Objektivität. Bei näherem Hinsehen erweist sich dieser Eindruck jedoch als trügerisch, denn die Zuordung einer konkreten, oft sehr komplexen und von den unterschiedlichsten Faktoren abhängigen Leistung zu einer quantitativ bestimmbaren Größe ist relativ willkürlich, weil zwischen diesen beiden Faktoren keine inhaltliche Gemeinsamkeit besteht. Zahlreiche empirische Untersuchungen haben dementsprechend ergeben, daß zwischen den Zensuren eines Schülers und seinem späteren "Berufserfolg" nur sehr bedingt eine Korrelation besteht.

Es kommt hinzu - und dies ist für uns der im Grunde noch entscheidendere Kritikpunkt - daß bei der Notengebung allzu häufig das Sachinteresse der Schüler an den Gegenständen, mit denen sie sich auseinandersetzen, durch ein ausschließliches Interesse an guten Zensuren und dem Wunsch, "besser" zu sein als die Mitschüler, überlagert wird. Im Wettbewerb um gute Zensuren werden Lernleistungen so nicht mehr in gemeinsamer Anstrengung, sondern in gegenseitiger Konkurrenz erbracht. Negative Folgen hat dieser Konkurrenzkampf vor allem für leistungsschwache Schüler, denn das ständige Bewußtsein, höhere Leistungen erbringen zu müssen, erzeugt bei diesen Schülern häufig chronische Versagensängste und Minderwertigkeitsgefühle.

Unseres Erachtens gibt es auch überhaupt keinen lernpsychologischen oder pädagogischen Grund dafür, daß Kinder nur in den beiden ersten Jahrgangsstufen keine Zensuren erhalten. Durch den Verzicht auf Zensuren bis zur 9. Klasse stehen die SchülerInnen in unserer Schule weniger unter Leistungsdruck und können sich besser auf die Lerninhalte und die Zusammenarbeit konzentrieren.

Selbstverständlich sollen die Absolventen der Freien Schule Bochum im Berufsleben und in weiterführenden Schulen die gleichen Chancen haben, wie auch die Absolventen anderer Schulen und nicht ins soziale Abseits gestellt werden. Aus diesem Grunde erhalten die Jugendlichen in unserer Schule ab der 9. Klasse auch ein Ziffernzeugnis, mit dem sie sich für Beruf und Weiterbildung bewerben können. Bei dem Übergang zu einer weiterführenden Schule ist es wichtig, daß die SchülerInnen die sonst übliche Benotung kennengelernt haben und mit Prüfungssituationen umgehen können. Besonders in den Abschlußklassen werden deshalb in Absprache mit den SchülerInnen auch schriftliche und mündliche Prüfungen durchgeführt.

Eine in manchen Reformschulen schon seit Jahrzehnten praktizierte Alternative zu den Zensuren sind *Lern- und Entwicklungsberichte,* in welchen die Lernfortschritte und -defizite, die persönliche Entwicklung und das Leben in der Gruppe jedes einzelnen Kindes individuell beschrieben werden. Diese Lern- und Entwicklungsberichte erhalten die SchülerInnen in der Freien Schule Bochum jeweils zum Ende eines Schuljahres und sie haben die Form eines an sie persönlich gerichteten Briefes. Wir nennen sie deshalb in unserer Schule "Jahresbriefe".

Diese Jahresbriefe sind für die Schüler von hoher Bedeutung, weil sie zum einen eine positive Rückmeldung über erfolgreich gemeisterte Lernprozesse geben und als Entscheidungshilfen für folgende Lernschritte dienen können und zum anderen eine größere Klarheit über die eigene soziale Rolle in der Gruppe sowie persönliche Entwicklungsmöglichkeiten verschaffen können. Ein wesentlicher Vorzug der Jahresbriefe gegenüber der quantifzierenden Notengebung liegt unserer Einschätzung nach vor allem darin, daß sie die Ich-Entwicklung der Schüler fördern, indem sie diese in verkraftbarer Weise mit ihren Schwächen und Defiziten konfrontieren und somit zu einer kritischen Selbstreflexion anregen. Jahresbriefe können durchaus sehr kritisch verfaßt sein, ohne ihren ermutigenden Charakter zu verlieren. Und indem sie die Lernfortschritte des einzelnen Schülers auch da bestätigen und anerkennen, wo sie sich im Vergleich zu dem Leistungsniveau der Gesamtgruppe sehr bescheiden ausnehmen mögen, können sie gerade das Selbstwertgefühl leistungsschwacher Schüler stärken.

Eine entscheidende Besonderheit der Jahresbriefe gegenüber den Zensuren liegt also darin, daß sie nicht so sehr die Leistungen eines Kindes mit denen der anderen Kinder vergleichen, sondern vielmehr mit den Leistungen und Entwicklungsschritten, die das Kind selbst im vergangenen Jahr gemacht hat. Dies heißt nun aber nicht, daß die Freie Schule Bochum den Kindern und Jugendlichen das Recht verwehrt, sich leistungsmäßig auch an anderen zu messen, zumal unseren Erfahrungen nach die SchülerInnen selbst ein Interesse daran haben. Wichtig aber ist es, daß dieses Leistungsmessen nicht auf Kosten anderer stattfindet. Es ist ein erheblicher Unterschied, ob Kinder und Jugendliche sich im Vergleich mit anderen leistungsmäßig bestätigt sehen oder ob Leistungsvergleich und Leistungsmessen den Schulalltag prägen.

Wichtig und bedeutungsvoll sind die Jahresbriefe aber auch für die Eltern und LehrerInnen. In prägnanter Form können die Eltern hier nachlesen, was in der Stammgruppe ihres Kindes im Laufe des letzten Jahres unternommen und bearbeitet wurde. Mit einem besonders großen Interesse lesen die Eltern in den Jahresbriefen aber meist den persönlichen Teil ihres Kindes, denn vieles, was zwar schon in Telefongesprächen oder auf den regelmäßig stattfindenden Elternabenden und Elternsprechtagen über ihr Kind gesagt wurde, ist nun schriftlich festgehalten und wird dadurch mit einem spürbaren Ernst versehen. Für die LehrerInnen ist das Verfassen der Jahresbriefe ein Prozeß, der immer auch zu einer kritischen Selbstreflexion über die eigene pädagogische Arbeit des vergangenen Jahres anregt. Vieles, was als diffuse Vorstellung über einzelne Schüler schon vorhanden war, wird durch die schriftliche Fixierung klarer und somit auch transparenter. So kann es beispielsweise vorkommen, daß einem Lehrer erst beim Schreiben der Jahresbriefe deutlich wird, daß er einem bestimmten Schüler im vergangenen Schuljahr zu wenig Aufmerksamkeit geschenkt hat.

Den Jahresbriefen kommt in unserer Schule also eine große Bedeutung zu. Dies bedeutet nun aber keinesfalls, daß sie die einzige Form der Leistungsbeurteilung und -beschreibung in der Freien Schule Bochum darstellen. Ein mindestens ebenso großes Gewicht haben persönliche Gespräche mit den Schülern über deren Lernleistungen und Verhaltensweisen, die teilweise aus aktuellem Anlaß unmittelbar im Anschluß an einzelne Unterrichtsstunden stattfinden, teilweise aber auch institutionalisierte Formen annehmen. Genauso wie in den Jahresbriefen geht es in diesen Gesprächen aber nicht in erster Linie darum, zu "urteilen", sondern vielmehr darum, zu erklären, zu ermutigen oder auch zu warnen. Die Gespräche bieten - anders als die Jahresbriefe - den Schülern die Möglichkeit, auf die jeweiligen Einschätzungen der Lehrer unmittelbar zu antworten, so daß ein wechselseitiger Dialog zwischen Lehrer und Schüler entstehen kann. Es kommt hinzu, daß mündliche Gespräche deutlicher als schriftliche Berichte auch den emotionalen Gehalt der jeweiligen Aussagen über einzelne Leistungen oder Entwicklungsschritte transportieren können. Eine pädagogisch sinnvolle Form der Leistungsbeurteilung und -beschreibung ist deshalb aus unserer Sicht nur durch das Zusammenwirken beider Elemente denkbar: mündliche Gespräche *und* Jahresbriefe.

Dokument: Ein Jahresbrief an Sandra, Stamm 2

Allgemeiner Teil:

"Liebe Rasselbande, liebe Sandra!

Unser zweites Jahr an der Freien Schule Bochum ist um. Wißt ihr noch, was alles passiert ist?

Wißt Ihr noch, was wir alles erlebt und gelernt haben? Paßt einmal auf! Hier kommt's!

Wir haben Feste gefeiert:

- Geburtstage, mit Frühstück im Klassenraum, mit selbstgebackenem Kuchen, mit Liedern und Kerzen
- das Sommerfest, mit vielen Spielen, Flohmarkt, Kuchen und Ponyreiten,
- Sankt Martin, dafür haben wir mit Stamm 1 Laternen gebastelt, Lieder geübt, gebacken, einen Umzug mit den Eltern gemacht und in der Schule geschlafen,
- der Weihnachtsbazar, alle haben bei den Vorbereitungen geholfen, gebastelt, geschmückt, geflötet, gewerkt und verkauft

- Karneval, dazu haben wir zusammen mit Stamm 1 viele tolle Ideen, Kunststücke und Zaubereien ausgedacht, geprobt und in einer Super-Vorstellung vorgeführt: Zirkus Wackelpudding
- die Kinderhochzeit, Lena war die Braut, Dennis war der Bräutigam, alle haben mitgefeiert.

Wir waren unterwegs:
- zum Wasserspielplatz, da wurden viele Hosen naß
- zum Planetarium, das war spannend und etwas unheimlich
- zum Clown Paco, dort war es witzig und sehr heiß
- zum Naturkundemuseum, das war interessant und aufregend. Anschließend gab es bei Norbert was zu futtern, zu spielen und sogar einen Schatz zu entdecken
- zum Tierpark, denn da ist es immer wieder schön, besonders, wenn ein Tigerbaby dabei ist
- zur Stadtbücherei, denn schließlich brauchtet Ihr Lesefutter
- zur Deckenhöhle und zum Felsenmeer, das war so toll, daß eine Geschichte darüber ins neue Schul-Info soll
- und immer wieder zu dem Grummer Teichen, mit und ohne Picknick
- und natürlich jede Woche zum Schwimmen, mit viel Plantschen, Toben, Springen, Tauchen und neuen Schwimmabzeichen
- zum guten Schluß waren wir mit Stamm 1 im Falkenheim Bürenbruch, darauf hatten wir schon lange gewartet

Aber die meiste Zeit haben wir gemeinsam in der Schule verbracht.
Naja, und da war natürlich auch immer etwas los:
Rolf hat mit euch getöpfert.
Marlies hat einen Flötenkurs gemacht.
Doris hat einen Nähkurs gemacht.
Eine Umweltgruppe ist entstanden und soll weitergehen.

Wir haben eine Hochetage gebaut, die schließlich sogar eine Tür mit Schloß bekommen hat.
In der Küche wurde gekocht, gebacken und genascht.
Feuerbohnen wurden gesät, beobachtet und gemessen.

In der Werkstatt wurden Kisten, Autos, Rampen, Bumerangs, Schwerter, Marionetten, Boote, Funkgeräte und Geheimnisse gebaut.

Es gab einen Klassenflohmarkt und eine Schatzsuche, eine Post, eine Bücherei und viele Büros, die Bande, einen Steineverkauf und einen Hindernisweg, Erdkunde, Theater, Gartenbau und noch viel mehr.

Ganz wichtig waren auch Gespräche über Liebe, Lust und Zärtlichkeit. Wir haben Bücher angeschaut und gelesen, und erzählt, wie wir uns fühlen.

In der Turnhalle habt Ihr viele neue Bewegungen geübt, Spiele, Bockspringen, Flugrollen gelernt und gemerkt, was eure Körper können.

Manches war auch schwierig:
Um die Morgenrunde gab es immer wieder Streit und Diskussionen, manchmal waren wir alle total genervt.

Aber schließlich haben wir es geschafft, uns auf 9 Uhr zu einigen. Ihr Kinder leitet selbst das Gespräch und meistens klappt das schon ganz gut. Manchmal dauert sie noch etwas zu lange. Daran sind aber auch die Erwachsenen schuld.

Der Wochenplan und die stille Stunde sind inzwischen gar nicht mehr so schwierig. Ihr habt alle gemerkt, gaß es auch viel Spaß machen kann, lesen, schreiben und rechnen zu lernen. Oft gab es Zeiten mit Lernfieber.

Auch unsere Regeln mußten wir immer wieder besprechen. Ihr habt euch lange dagegen gewehrt. Schließlich hatten wir sogar eine Kinder-Eltern-Lehrer-Konferenz. Jetzt sind wir uns aber einig, daß für unser Zusammensein in der Schule Regeln nötig sind und daß nicht jeder machen kann, was er will. Wir alle bemühen uns, die Regeln einzuhalten und helfen uns gegenseitig dabei.

Am besten gelingt uns das mit der Regel, freundlich zueinander zu sein. Denn die schlimmen Streitereien fanden Kinder und Erwachsene schrecklich.

Wir haben gelacht, geweint, gestritten, vertragen, geredet, getobt, geschmust, gekloppt, geküsst, gespielt, gelesen, getröstet und noch viel mehr. Sicherlich habe ich noch ganz viel vergessen und Ihr habt ja noch ganz viel Geheimnisse, von denen die Erwachsenen nichts wissen.

Hättet ihr gedacht, daß in einem Jahr soviel passiert? Und das war ja nur das, was für uns alle wichtig war. Jeder hatte ja auch noch viele Erlebnisse, Enttäuschungen und Erfolge für sich ganz allein!"

PersönlicherTeil:

„Mit Dir, liebe Sandra, hat das Jahr besonders viel Spaß gemacht.

Du hattest überhaupt keine Mühe, unsere Regeln einzuhalten. Oft hast du sogar anderen Kindern dabei geholfen.

Die Gesprächsleitung in der Morgenrunde gelingt dir sehr gut. Du achtest darauf, daß niemand zu kurz kommt. Deine Wochenplanarbeit erledigst du zügig und sehr selbständig. Oft suchst Du Dir noch neue, zusätzliche Aufgaben aus. Weil du genau weißt, was Du tun möchtest, kannst Du das schon ganz allein.

Deine Schreiblust hat die anderen Kinder oft angesteckt. Jetzt kannst du schon prima mit dem Füller schreiben und bemühst Dich, alle Wörter richtig zu schreiben. Beim Rechnen hast Du Dir oft sehr schwierige Aufgaben ausgesucht. Trotzdem hast du sie sorgfältig gelöst.

Du weißt genau, was du schon kannst und hast oft eigene Vorschläge für Deine Arbeit. Deshalb hast Du auch gerne bei der Erstellung neuer Wochenpläne geholfen und neue Ideen mitgebracht.

Hast Du Lust, Deien Wochenpläne demnächst selbst auszudenken?
An vielen Angeboten hast du eifrig teilgenommen und voller Begeisterung mitgearbeitet. Dabei warst du sehr rücksichtsvoll und hilfsbereit. Deshalb gelingt es Dir gut, mit anderen Kindern zusammenzuarbeiten. Weil Du gut erklären kannst, was Du schon weißt, konnten andere viel von Dir lernen.

Auch beim Spielen kannst Du Dich gut mit vielen Kindern einigen. Viel Spaß hattest Du bei Büro- und Postspielen. Sogar eine Bücherei hast du eingerichtet. Wegen Deiner guten Laune und Deiner Freundlichkeit hast du viele, dicke Freundschaften geschlossen.

Eine Zeit lang hattest du allerdings häufig Streit mit Lena. Meistens wußtest Du selbst nicht genau, wie es dazu gekommen war und warst sehr unglücklich. Die anderen Kinder fandest Du dann sehr ungerecht.

Erinnerst Du Dich noch, wie wir zusammen darüber geredet haben? Ihr dachtet beide, Ihr könntet Euch nicht mehr leiden. Aber das stimmte gar nicht! Eigentlich wolltet Ihr doch Freundinnen sein!

Na, und allmählich wurde es auch wieder besser und jetzt versteht Ihr Euch. Da fällt einem schon ein ganz schöner Stein vom Herzen, nicht wahr?

Manch einer Deiner Freunde hat eine recht wilde Art, Dir zu zeigen, daß er Dich gern hat. Dann rücken sie Dir oft zu sehr auf den Leib und es wird Dir zuviel.

Sag ihnen doch laut und deutlich, daß du 'mal eine Pause brauchst, das verstehen sie bestimmt. Dann wird nicht mehr so oft Ernst aus einer Spaßkloppe. Bestimmt fällt Dir auch ein, was ihr außer toben noch zusammen machen könntet.

Hoffentlich hast Du bald 'mal wieder Lust, uns etwas vorzuflöten. Vielleicht kannst Du mir sogar die Flötentöne beibringen? Das wäre toll!

Weißt Du, worüber ich auch oft staune? Du kannst ganz prima das, was Du neu gelernt hast, für neue Ideen nutzen. Beim Nähen wurde das besonders deutlich.

Es ist sehr schön für uns alle, immer wieder zu merken, wie gut man sich auf Dich verlassen kann!

Das waren jetzt die wichtigsten Dinge, die ich mit Dir in diesem Jahr erlebt habe. Da fehlt bestimmt auch noch ganz viel. Aber ich will ja einen Brief schreiben und kein dickes Buch!

Ich meine, es war ein gutes Jahr mit Dir und dem Stamm 2.
Ich freue mich schon auf das nächste Schuljahr mit Stamm 3 und bin sehr gespannt, was dann alles passiert. Leider ist Peter dann nicht mehr dabei.

Ich weiß schon jetzt, daß wir eine Menge Spaß miteinander haben werden, daß es viel zu lernen und zu erleben geben wird.

Bis dahin wünsche ich Dir und uns allen schöne Ferien und daß alle mopsfidel wieder zur Schule kommen."

Wolfgang Mützelfeld

"Wenn Fische keine Säugetiere sind, dann höre ich nicht mehr zu" - Die Arbeit in der "Sprachwerkstatt" der Freien Schule Prinzhöfte

Den Begriff "Sprachwerkstatt" habe ich in der "Freien Schule PrinzHöfte" gewählt, um die besondere Bedeutung des sprachlichen Bereiches hervorzuheben. Unter Sprache verstehe ich alle Vorgänge, in denen Bedeutung gegeben wird. Dieses gilt für Zeichen (Buchstaben) und Laute ebenso wie für Gesten, Mimik und Handlungen.

Mensch sein heißt in der Sprache leben; dies ist eine Aussage systemischer Erkenntnis. Wie richtig diese Aussage ist, wird zum Beispiel deutlich, wenn wir selbst in der höchsten Aufregung des Streites sagen: "Darüber müssen wir aber noch einmal reden."

Deshalb nimmt die Entwicklung des sprachlichen Bereichs eine zentrale Rolle ein. An dieser Stelle will ich nicht Maturanas Aussagen über den Zusammenhang von Sprache, Emotion und Handlung erklären, aber sagen, daß diese die Grundlagen für meine Arbeit in der Sprachwerkstatt darstellen.[1]

Der achtsame Umgang mit der Sprachentwicklung im oben genannten Sinn von Sprache ist leitend für mich. Der Begriff des "Freien Ausdrucks", wie er für die Freinetpädagogik bezeichnend ist, steht ebenfalls für diese Bedeutung. Rein technisch enthält die Sprachwerkstatt alles, was dazu benötigt wird, Bedeutungsgehalt darzustellen und zu vermitteln. Hier finden sich die Materialien für Schattentheater ebenso wie eine Druckerei, das Textverarbeitungsprogramm ebenso wie das Tonbandgerät, die Materialkiste für "Jeux dramatiques" ebenso wie Papier, Stifte und Farben, der Tageslichtprojektor genauso wie die Schreibmaschine.

Weil der Mensch ein Wesen ist, das in der Sprache lebt, ist ein Umgang mit der Sprache erforderlich, der sie mit positiven Qualitätsmerkmalen verbindet. Denn erst Sprache befähigt Menschen dazu , Unterschiede zu erkennen, Differenzen auszutragen und Verständigung herbeizuführen. *„Wir haben nur die eine Welt, die wir gemeinsam erzeugen, ob wir uns mögen oder nicht." (Maturana)*

Sprache und Achtsamkeit sind in diesem Zusammenhang wichtige Mittel, die Friedfertigkeit beim Erzeugen der gemeinsamen Welt zu fördern. Das sind

---

[1] Vgl. Humberto Maturana, Ontologie des Konversierens, in: K. Kratky / S. Wallner, Grundprinzipien der Selbstorganisation, Darmstadt 1990, S. 140 ff.

Orientierungen, die auch curricular zu anderen Sichtweisen auf Lernen und Lernprozesse führen, weil sie in einem Menschenbild gründen, das radikal human ist.

Die materiellen Bedingungen der Sprachwerkstatt sind zwar wichtig, doch nicht das entscheidende Merkmal. Wesentlicher sind der "Raum" und die Haltung der LehrerInnen. Mit "Raum" ist im weitesten Sinn all das gemeint, was die Entwicklung des sprachlichen Bereiches ermöglicht. Da sind die Zeiträume genauso wichtig wie die Vielfalt der Ausdrucksmöglichkeiten, aber ganz besonderes der "emotionale Raum", der all dieses umkleidet. Hier liegt am Anfang die Bedeutung des Lehrpersonals. Es gibt die Maßstäbe ab, nach denen sich die Kinder am Anfang richten.

Zu Beginn eines jeden Tages gibt es die "Morgenversammlung". Hier ist der Platz zu erzählen, zu kritisieren und sich gemeinsam Gedanken über den kommenden Tag zu machen. Hier findet die erste Auseinandersetzung der Kinder mit sich selbst und den anderen statt. Der Widerspruch zwischen den eigenen langen Erzählungen und der Bereitschaft oder der Fähigkeit zuzuhören ist ein Erfahrungsbereich, der immer wieder gelöst werden muß. Aus den Erzählungen erwachsen aber auch die Bereiche, mit denen sie beschäftigt sind, bzw. mit denen sie sich beschäftigen wollen.

Ebenso springen plötzlich Themen in den Mittelpunkt, die sofort alle ansprechen und lebhafte Gespräche hervorrufen.

So zum Beispiel als eines Morgens gleich zu Beginn der Strom wegen Bauarbeiten für eine Stunde ausfällt. Nachdem wir Teelichter aus dem Seminarhaus organisiert hatten, beginnt die Morgenversammlung. Jedes Kind hat auf einem Unterteller ein brennendes Teelicht vor sich stehen und die Flammen nehmen die volle Aufmerksamkeit in Anspruch. Es wird über Brennen und Verbrennen gesprochen, bis Sabrina plötzlich sagt: "Ich habe eine Frage, die gehört aber gar nicht dazu! Woher kommt das Ei?"

"Vom Huhn!", antworten zwei Kinder etwas verwundert über diese Frage.

"Nein, das meine ich nicht", und mit anderer Betonung in der Stimme wiederholt sie die Frage: "Woher kommt das Ei?"

Mit völligem Unverständnis kommt postwendend: "Vom Huhn natürlich!"

"Nein, das meine ich nicht", kommt es fast verzweifelt zurück.

"Was meinst du denn?"

"Ich meine das erste Ei, woher kam das?"

"Welches erste?"

"Na, das erste Ei überhaupt, oder das erste Huhn, irgendwann muß es doch das erste gegeben haben", versucht Sabrina ihre Frage verständlich zu machen.

Max schaltet sich ein: "Da gab es kein erstes Huhn, das hat sich entwickelt. Alle Lebewesen haben sich entwickelt."

Großes Unverständnis macht sich breit. Ich frage Johanna, die neben mir sitzt, ob sie das versteht, was Max sagt. Sie versteht es nicht und ich ermutige sie, Max zu fragen. Der beginnt eine neue Erklärung, die Säugetiere hätten sich aus Tieren entwickelt, die aus dem Meer stammen.

Ich frage: "Wissen alle, was Säugetiere sind?"

"Nein", kommt es aus vielen Mündern. Woraufhin ich alle auffordere, immer gleich nachzufragen, wenn irgendwer etwas sagt, was sie nicht verstehen.

"Also, was sind Säugetiere?"

Daraufhin Glenn: "Fische sind Säugetiere!"

Das ruft Max wieder auf den Plan:" Das stimmt nicht, Fische sind keine Säugetiere."

"Doch", schreit Glenn ganz erbost, "das hat mein Vater gesagt und der hat das in einem Buch gelesen".

Max läßt sich nicht beirren und mit aller Bestimmtheit setzt er an: "Fische sind keine Säugetiere, weil..." "Nein", fährt Glenn völlig aufgeregt dazwischen, "wenn Fische keine Säugetiere sind, dann höre ich nicht mehr zu!" und steckt sich Finger in die Ohren. "Mein Vater hat das gesagt!"

Ich versuche zu helfen und andere Kinder auch. "Es könnte doch sein, daß das in dem Buch falsch steht oder du hast es nicht richtig verstanden." Als Glenn merkt, daß wir ihm helfen wollen, wendet er sich uns wieder zu und wir kehren zu der Frage zurück.

"Was sind Säugetiere? Max, gib doch ein Beispiel." "Hunde", sagt er.

"Bremsen", meint Leona," weil die Blut saugen."

Woraufhin Max erklärt, daß nur die Tiere Säugetiere sind, bei denen die Jungen von ihren Müttern gesäugt werden. Es werden weitere Säugetiere genannt.

Pferde, Schweine, Katzen, Mäuse.

"Und Bremsen", setzt Leona die Aufzählung fort, "die saugen doch auch."

"Bremsen haben doch keine Brust", fällt ein anderes Kind ein.

Leona läßt nicht ab von ihren Bremsen, auch Mücken und Bienen sind ihrer Meinung nach Säugetiere.

"Dann sind Kolibris aber auch Säugetiere", kommt es von Annika.

Nachdem ich erkläre, daß es nur eine Vereinbarung ist, die irgendwann einmal getroffen wurde, wer zu den Säugetieren gehören soll, ist Leona zufrieden und schlägt vor, wir könnten eine neue Vereinbarung treffen. Worauf noch einmal eine Aufzählung von saugenden Tieren erfolgt, die mit der Nennung des Menschen abrupt endet.

"Menschen sind doch keine Tiere" , meint Annika, worauf alle ihr zustimmen, sich aber einigen, daß die Menschen etwas Ähnlichkeit mit den Tieren haben, wie beim Säugen der Jungen.

Plötzlich geht das Licht an und beendet diese "Sprachwerkstatt".
"Wenn Fische keine Säugetiere sind, dann höre ich nicht mehr zu" ist der Kernsatz dieser Sprachwerkstatt. Wenn man das bonmothafte dieser Aussage hinter sich läßt , stößt man zum Wesentlichen vor.

An dieser Aussage und dem Zusammenhang, aus dem sie stammt und der Situation, in der sie gemacht worden ist, wird sehr schön deutlich, was gemeint ist mit der systemischen Aussage, *jede rationale Äußerung fußt in einer Emotion.* Es geht nicht darum, ob Fische Säugetiere sind oder nicht. Es geht um etwas viel wichtigeres, weil existentielles.

Durch Maxen´s Widerspruch wird für Glenn gleichzeitig sein Verhältnis zu seinem Vater und daß dieser ihm nichts falsches sagt, bezweifelt. Das kann er nicht hinnehmen. Es ist für ihn so wichtig, daß er sich weigert weiter zuzuhören, wenn das, was sein Vater ihm sagt, nicht stimmen soll. Hier wird etwas existentiell wichtiges in Zweifel gezogen, etwas was für alle Menschen wichtig war, die emotionale Beziehung zu den Eltern. Diese Emotion ist verwoben mit Handlungen und Inhalten. Deshalb werden manchmal unerwartete Emotionen aufgerufen und scheinbar paradoxe Zusammenhänge hergestellt.

Aus Beobachtersicht besteht erst einmal kein Zusammenhang zwischen dem Zuhören und der Tatsache, ob Fische Säugetiere sind oder nicht. Im Gegenteil, würden wir wohl sagen, daß zuhören die Bedingung für die Klärung ist, ob nun Säugetier oder nicht. Aber genau hier befinden wir uns am Scheideweg. Wenn wir darauf bestehen, so fordern wir zur Trennung von Emotion und rationaler Aussage auf. Das hat eine lange Tradition, und wer kennt nicht die Aufforderung, doch bitte sachlich zu bleiben. Diejenigen, die dazu auffordern, sind in der moralisch besseren Position und es hat sich tief in unseren Beurteilungshorizont eingegraben, daß die Trennung zwischen Emotion und Sache etwas prinzipiell richtiges und in jedem Fall die bessere Handlungsweise ist.

Dem widerspreche ich, und am Beispiel von Glenn wird für mich deutlich, welche Erfahrungen diese Art der Sicht prägen. Wenn wir nicht nach dem inneren Sinn einer solchen Aussage fragen, dann bleibt sie bestenfalls ein Scherz. Schlechtestenfalls wird hier die Trennung zwischen Emotion und rationaler Aussage verlangt und damit das eingeleitet, was aus systemischer Sicht gar nicht möglich ist.

Da die Aufforderung zu dieser Trennung aber im Regelfall von den Menschen kommt, mit denen unser Leben auf besondere Art verknüpft ist (Eltern, LehrerInnen), geraten wir in eine Falle. Auf der einen Seite haben wir die negativen Emotionen, wenn wir Emotion und "Sache" nicht voneinander trennen und auf der anderen Seite den Versuch etwas zu trennen, das sich nicht trennen läßt. Egal wie man sich in diesem Konflikt entscheidet, es kommt eine negativ-emotionale Verknüpfung heraus. Um der einen Seite zu entgehen, muß ich etwas tun was nicht geht. Ich muß also eine Konstruktion schaffen, die so aussieht wie das Geforderte, nämlich die scheinbare Trennung zwischen Emotion und Sache. Es werden Verhaltensweisen herauskommen, die dieser qualitativen Konstruktion genügen. Hier nur einige Stichworte zu diesem Thema:

- Ausweichen; Situationen vermeiden, die Emotionen erzeugen
- So tun als ob
- sachlich reden und die Emotion durch die Knopflöcher dunsten lassen
- Kampf mit Worten, der angeblich um einer Sache willen ausgetragen wird
- Zynismus u.ä.

Die Aussage "wenn Fische keine Säugetiere sind, dann höre ich nicht mehr zu" hat ihre Wurzel in der Eigendynamik dieses Menschen; in der "Ökologie des Geistes". Wenn wir das nicht erkennen, wenn wir nicht nach dem "Eigensinn" suchen, werden unsere Reaktionen immer unangemessen sein. Nicht immer ist die Eigendynamik so offensichtlich wie in dieser Situation. Es ist aber immer wichtig nach Lösungen zu suchen, die dem betroffenen Menschen die Möglichkeit geben wieder zuzuhören.

Glenns emotionale "Grundwahrheit", mein Vater lügt mich nicht an, muß unangetastet bleiben, bzw. wiederhergestellt werden. Denn erst wenn unser innerer Zusammenhang akzeptiert wird, können wir wieder zuhören, vernehmen, was andere sagen. *Vernunft kommt eben von vernehmen, von zuhören.* So schaffen wir die Voraussetzung für ein gemeinsames Verständnis.

Es geht also in erster Linie nicht um die Feststellung, welche Aussage richtig oder falsch ist. Sie ist immer das Ergebnis eines gemeinsamen Prozesses. Da ist es auch erst einmal völlig unwichtig, ob irgendwann schon einmal die Säugetier-Definition festgelegt worden ist. Diese Definition muß als das deutlich werden, was sie ist, eine Vereinbarung und keine Wahrheit.
An dieser Vereinbarung waren die Kinder nicht beteiligt.

Bei Leona erleben wir genau das emotional-rationale Geflecht, das zur Ablehnung führt. Sie sieht die Welt im Moment durch die "Nein-Brille", warum auch immer. Was man ihr auch anbietet, stößt auf ein "Nein", es sei denn, es hat mit Pferden zu tun.

Sie will an der Vereinbarung beteiligt sein und sie nicht entgegen ihrer Gedanken übernehmen. Auch hier ist es in erster Linie wichtig, was Kinder ausdrücken und nicht, ob Bremsen zu den Säugetieren gehören.

Achtsamer Umgang mit *ihrem Ausdruck,* ob wie bei Glenn mit seinen dankenswert offenen Emotionen oder wie bei Leona, wo nichts ohne ihr ausdrückliches Einverständnis geht, aber auch wie bei Annika, die darauf besteht, daß Menschen keine Säugetiere sind, weil sie - Annika - kein Tier ist.

Jede rationale Äußerung fußt in einer Emotion. Das wissen wir alle in unserem tiefen Inneren und viele unserer täglichen Handlungen zeigen es uns, wenn wir sie in diesem Licht betrachten.

P.S.: Drei Stunden nach dieser "Sprachwerkstatt" folgendes Ereignis: Drei Kinder unterhalten sich über die Einnahme, die sie mit der "Murmelzertrümmerungsanlage" auf dem Schulfest gemacht haben. Glenn jammert los, er habe nichts von dem Geld abbekommen. Ich erkläre ihm, daß die drei das Geld nur aufbewahren und sage mehr nebenbei: "Erst hinhören und fragen und dann jammern." Worauf er antwortet: "Und nicht umgekehrt, da spart man sich das Jammern."

Ein erfrischender Satz! Und schön zu erleben, welche Facetten die Menschen haben.

"Meine Klasse schickt mir bestimmt ein Fax."

röchelt Paula bei ihrer Einlieferung ins Kinderkrankenhaus. Ein schwerer Asthmaanfall war die Ursache. "Habt ihr in der Schule ein Faxgerät?", fragt der Arzt ungläubig zurück und Paula klärt ihn über die Schule auf, in die sie geht.

Diese Nachricht erreicht die Lehrerin. In der Morgenversammlung des nächsten Tages ist Svenjas Krankheit Thema. Die Lehrerin erzählt den Kindern von dem Gespräch zwischen Paula und dem Arzt. Schnell beschließen sie, ihr ein Fax ins Krankenhaus zu schicken.

Jedes Kind malt und schreibt eine Seite, während die Lehrerin mit dem Krankenhaus die "Modalitäten" abstimmt, damit dieses Fax auch weitergereicht wird. Der Arzt ist begeistert. Was könnte den Anfall besser bekämpfen als das Gefühl von anderen Menschen liebevoll bedacht zu werden.

Nachdem die Seiten bei ihr angekommen sind und von der Krankenschwester vorgelesen werden, nimmt sie sich Papier und Stift und schreibt zurück. Sie hat keine Lauttabelle dabei, aber trotzdem verfaßt sie einen mehrseitige Antwort.

Die Vorgeschichte hierzu begann fünf Tage vorher. Die Lehrerin hatte den Kindern freitags versprochen ihnen am Montag ein Fax zu schicken. Wir versammelten uns im Büro der Firma "AGUA GmbH", die ihre Außenstelle im Zentrum Prinzhöfte hat, und sehen zu, wie sich langsam das Papier aus dem Gerät schiebt. Die meisten Kinder sehen das erste Mal ein Fax ankommen. Fragen schließen sich an: "Wie kommt das Papier durch die Leitung?", "Warum geht das so schnell?" Die Lehrerin bringt das Sendeprotokoll mit in die Schule und erklärt, was dort alles aufgezeichnet ist.

"Meine Klasse schickt mir bestimmt ein Fax". - Dieser Satz zeigt vieles. Nach fünf Wochen Schule ist sie sich "ihrer" Zugehörigkeit sicher. Positive emotionale Anbindung an die anderen Kinder und an den Lernort werden deutlich. Schule ist eben nicht nur der Raum, der unmittelbar der Nutzung der Kinder zugänglich ist, sondern auch der gesamte Zusammenhang, in dem sich die Schule in Prinzhöfte befindet. So empfindet sie es und deshalb gehört das Faxgerät der Firma "AGUA" auch zur Schule, nämlich zu dem Erfahrungsraum, der den Kindern zugänglich ist. "Die Einbindung in reale Lebensverhältnisse" ist ein wichtiger konzeptioneller Punkt der "Freien Schule Prinzhöfte", der auch an diesem Beispiel deutlich wird.

Darüber hinaus zeigt diese Situation, was mit der Methode "Lesen durch Schreiben" möglich ist. Schreibenlernen wird unmittelbar mit dem verknüpft, was ich mitteilen will, was mir wichtig ist.

Der in den ersten Wochen fürwahr mühevolle Vorgang, mit der Lauttabelle zu schreiben, wird positiv vernetzt. Situativ bedingt löst sich Paula von der Lauttabelle und schreibt mehr als in der gesamten Zeit vorher.

"Die Schlachtrösser des Mittelalters "war der erste (!) "Text", den sie vor fünf Wochen schrieb.

Unwillkürlich habe ich mich gefragt, wie sie dazu kommt, und wenn man sich dazu noch die Erscheinung dieses Kindes vorstellt, wirkt dieser Text noch grotesker. Die Erscheinung wird wohl am Besten durch folgende Szene charakterisiert: Am zweiten Schultag fragt Sabrina in der Morgenversammlung, was Paula denn hier wolle, die gehöre doch wohl eindeutig in den Kindergarten und nicht in die Schule. "Die Schlachtrösser des Mittelalters" stehen im diametralen Verhältnis zu der Erscheinung dieses Kindes.

Es ist völlig unwichtig ob ich verstehe, warum sie das schreiben will und es ist ebenso unwesentlich, ob ich es für sinnvoll halte, mit derartig schwierigen Wörtern zu beginnen. Auch hier geht es nur um den achtsamen Umgang mit dem Ausdruck dieses Kindes. *Kinder sind keine unfertigen Erwachsenen, sondern in jeder Phase ihres Lebens eigenständige Persönlichkeiten* und das manifestiert sich eben auch in den "Schlachtrössern des Mittelalters".

Diese Begebenheit zeigt auch, daß Lernprozesse in ihren individuellen Ausprägungen nicht planbar sind. Oder andersherum, wenn man sie glaubt planen zu können, kommt genau das, was hier geschehen ist nicht oder selten heraus. Es verlangt allerdings von den Menschen, die die Lernprozesse der Kinder begleiten, sensiblen Umgang mit dem Ausdruck der Kinder und die Gelassenheit und Fähigkeit, die Situationen abzuwarten, die den Prozessen Richtung und Eigendynamik geben. Das Erlernen von Techniken, wie er z.B. in dem Begriff "Kulturtechnik" steckt, ist dann prozeßbegleitendes Ergebnis und nicht prozeßbestimmendes Ziel.

Frank Mehler

Drei Kolumnen zur Glocksee-Pädagogik[1]

1. "Ist diese Schule für Euer Kind denn nun wirklich das Richtige?" (1991)

Es ist mal wieder passiert: Beim "Auf Wiedersehen" - Sagen hat David seinem Opa zum Abschied nur die linke Hand gereicht, obwohl der Opa doch gerade beim Abschied soviel Wert auf die Rechte legt. Mit großer Sorge hat die Oma von Maria festgestellt, daß Maria in der zweiten Klasse immer noch nicht lesen kann. Und der Opa von Bert, der schon als Kind so gerne Kopfrechnen mochte, kann sich nicht dafür begeistern, wie toll sein Enkel den Taschenrechner bedienen kann, das Große 1x1 aber nur äußerst lückenhaft beherrscht. Die Oma von Lisa ist immer noch entsetzt, wenn Lisa manchmal, wenn sie sich ärgert, "Kacke, verdammte!" brüllt. Ja und immer, wenn die Großeltern derartige Erziehungsdefizite konstatieren, wird von ihnen die Frage aufgeworfen, "Ist diese Schule für Euer Kind denn nun wirklich das Richtige?" Natürlich wollen sie eigentlich fragen, ob diese Schule für ihr Enkelkind die "richtige" sei. Mit der Frage nach der "richtigen Schule" sind wohl schon fast alle Glocksee-Eltern irgendwann einmal konfrontiert worden, wenn ihr Kind irgendetwas noch nicht kann, was es aber nach der pädagogischen Überzeugung der Großeltern schon längst können sollte, oder wenn das Kind durch den Gebrauch von Schimpfwörtern oder sonstiges Verhaltensabweichungen öffentlich auffällt, wobei die Öffentlichkeit schon durch Frau Suhrbier von nebenan repräsentiert werden kann.

Natürlich wird die Frage nach der "richtigen" Schule nicht nur von Großeltern gestellt. Nein, auch andere Verwandte, Nachbarn, Arbeitskollegen und sogar gute Freunde aus der Alternativ-Szene - aber meist solche ohne Kinder - können uns plötzlich diese Frage stellen. Vor zehn Jahren hätten auch noch Genossen aus der dogmatischen Linken diese Frage stellen können und uns auf die nahe gelegene Grundschule im traditionellen Arbeiterviertel hinweisen können. Aber derartige Genossen gibt es ja nur noch selten.

Natürlich stellen wir uns diese Frage auch manchmal selbst, "Ist diese Schule für mein Kind die richtige?" Wir fragen uns dies meistens allein und leise, manchmal auch zu zweit und etwas lauter. Auch wir stellen uns diese

[1] Die folgenden Kolumnen zur Glocksee-Pädagogik von Frank Mehler wurden zuerst in drei Nummern des Glocksee-Info´s veröffentlicht.

Frage natürlich hauptsächlich dann, wenn wir befürchten, daß irgend etwas beim eigenen Kind nicht klappt, sei es nun im Bereich der kognitiven oder sozialen Leistungen.

Kehren wir aber zur Beantwortung der manchmal vorsichtig, manchmal insistierend gestellten Frage der Großeltern zurück. Oft versuchen wir diese Frage, mit Hinweisen auf die "besonderen Fähigkeiten" der Glocksee-Schüler im Vergleich zu anderen Schülern zu beantworten, wie z.B.:

- sich schon mit acht Jahren im Labyrinth der hannoverschen U-Bahn gut auszukennen,
- alle Programme der privaten Fernsehsender auswendig aufsagen zu können,
- schon mit zehn Jahren so selbständig zu sein, daß die Eltern von der Last der Erziehung befreit sind,
- der alleinerziehenden Mutter bei der Vermittlung eines akzeptablen Lebenspartners helfen zu können
- oder eben darauf hinzuweisen, daß die Glocksee-Kinder besondere soziale Kompetenzen entwickelt hätten und nach Abschluß der Klasse 10 doch alle ganz gut klar gekommen seien. Es soll auch schon Kinder an der Schule gegeben haben, die am ersten Schultag lesen gelernt haben.

Die Hinweise auf die besonderen Fähigkeiten der Glocksee-Schüler wirken ja oft ein bißchen hilflos, können sie doch die pädagogischen Zweifel der anderen und die Selbstzweifel nur schwer völlig beseitigen. Immer dort, wo in dieser Gesellschaft etwas anders gemacht wird, werden eher Fragen nach der Berechtigung und Richtigkeit des Experiments gestellt.

Wer Lust hat mit den eigenen Eltern mal wieder etwas intensiver zu diskutieren, so wie früher, der kann natürlich eine polemische Gegenfrage stellen: "War Eure Schule denn für Euch die richtige?" Aber Vorsicht, hier ist man schnell beim Thema "deutsche Vergangenheitsbewältigung", und so manche Weihnachtsfeier wird dann auf Ostern verschoben!

Man kann die Frage nach der "richtigen Schule" aber auch viel vorsichtiger beantworten, indem man die eigenen Zweifel zugibt und vielleicht darüber redet, ob sich David, Maria, Bert und Lisa auf der Glocksee-Schule wohlfühlen und gern in ihre Schule gehen? Das ist nicht bei allen Kindern so, denn Eltern mit Kindern an Regelschulen berichten durchaus von der alltäglichen Schulunlust ihrer Kinder - manchmal schon nach einem halben Jahr Schulzeit.

Ob diese Schule für mein oder Euer Kind die "richtige" ist, läßt sich wohl nur bedingt grundsätzlich sondern - wie in der Pädagogik so oft - nur von Fall zu Fall entscheiden.

Ist die Glocksee-Lehrerin immer eine gute Lehrerin? (1992)

Mir wird bisweilen vorgeworfen, die Lehrerinnen der Schule kämen in meinen Kolumnen zu gut weg. Dieser Vorwurf speiste sich aus der Vermutung, daß durch die nichteheliche Lebensgemeinschaft mit einer Glocksee- Lehrerin eine gewisse Befangenheit meinerseits existierte. Da meine Partnerin jetzt nur noch eine ehemalige Glocksee-Lehrerin ist, möchte ich dieses Mal alles Versäumte nachholen.

Es soll natürlich in dieser Kolumne nicht nur um die Lehrerinnen an der Schule gehen, sondern auch um die Lehrer. Ich wollte bloß nicht gleich in der Überschrift das große "I" verwenden, das ja auf die Zweigeschlechtlichkeit und Emanzipation - auch im Lehrerinnenberuf - verweisen soll. Auch wenn das große "I" der Emanzipation dient, mag ich es aus ästhetischen Gründen nicht (faule Ausrede!). Das große "I" in der Überschrift erinnert gleich an ein Schulverwaltungsblatt, das von einer grünen Staatssekretärin geprüft worden ist. Wenn also im folgenden von Lehrerinnen die Rede ist, sind die männlichen Kollegen der Schule auch gemeint. Sollte es sich um geschlechtsspezifische Aussagen handeln, wird dies im Text ausdrücklich vermerkt.

Hier taucht schon das nächste Problem auf: Kann man sich über Lehrerinnen und Lehrer überhaupt geschlechtsneutral äußern? "Mann schon, Frau nie!", tönt es aus dem Frauenministerium.

Vielleicht sollte man sich im Augenblick über Glocksee-Lehrinnen überhaupt nicht kritisch äußern, denn einige wollen die Schule ja ohnehin schon freiwillig verlassen, so daß Fragen nach der Güte des Lehrkörpers noch mehr vertreiben könnten. Ich habe hier bewußt nicht den Begriff "Lehrerinnenkörper" verwendet, um unbewußte Assoziationen zum Triebleben zu vermeiden.

Apropos Triebleben: Wie macht ein guter Lehrer guten Sexualkundeunterricht? Einem Lehrer, der sich mit Schülern in einer Projektwoche über ihr Triebleben auseinandersetzte, wurde von einem aufgeklärten Vater in einem veröffentlichten Brief mitgeteilt, daß er kein guter Lehrer sei, weil ihm das Triebleben der Schüler außer Kontrolle geraten sei. Dies könne man in einigen Gerichtsurteilen nachlesen, und ein Sex-Experte aus H. hätte auch gesagt, daß man aufpassen müsse, wenn das Triebleben durcheinander gerate. Andererseits kommt beim Sexualkundeunterricht das Triebleben leicht ein bißchen durcheinander. Vielleicht ist dieser Lehrer doch ein besserer Lehrer, als so mancher dachte? Was ist nun aber mit den Lehrerinnen?

Die Glocksee-Lehrerin an sich ist eine gute Lehrerin, zumindest hält sie sich für eine gute Lehrerin. Manchmal weiß sie aber selbst nicht so genau, warum sie eigentlich eine so gute Lehrerin ist. Sie kann dies oft nur damit begründen, daß sie an einer so guten Alternativschule arbeitet. Vor allem betont sie immer, daß sie eine gute Lehrerin sein will. Sie diskutiert darüber auch gerne auf

Konferenzen und privaten Zusammenkünften. Das ist schon deshalb erwähnenswert, weil es an anderen Schulen auch viele Lehrerinnen geben soll, die nicht mal mehr gute Lehrerinnen sein wollen.

Aber natürlich darf man so allgemein über die Glocksee-Lehrerin gar nicht schreiben, denn es gibt ja auch an der Glockseeschule verschiedene Lehrerinnenfraktionen:

In der Schule gibt es einen inneren Zirkel mit vielen konzentrischen Kreisen. Der innere Zirkel ist das heimliche Machtzentrum der Schule. Hier werden die wichtigen Entscheidungen getroffen, die dann auf Konferenzen verabschiedet werden. Hier findet man schon deshalb gute Lehrerinnen, weil die meisten des inneren Zirkels schon so lange Zeit an der Schule durchgehalten haben. Mitarbeiterinnen aus den konzentrischen Kreisen schimpfen oft sehr über den inneren Zirkel, sind aber auch manchmal ganz froh darüber, daß sie nicht so viel Verantwortung tragen müssen und bleiben dann doch lieber Satelliten.

In diesem Kreissystem lassen sich nun wieder unterschiedliche Persönlichkeitstypen unterscheiden:

Die Ewig - Antiautoritäre: Sie bezieht sich immer wieder gerne auf Erlebnisse in den Gründerjahren - die "schöne, wilde Zeit". Im Unterricht soll sie sich nicht so antiautoritär verhalten, wie sie dies in vielen Gesprächen immer wieder behauptet. Wir sind hier bei einem zentralen Punkt der (Glocksee-) Pädagogik angelangt: dem Verhältnis von Anspruch und Wirklichkeit!

Die Besorgte: Sie streitet sich häufig mit der Antiautoritären. Sie hat immer Angst, daß den Kindern, der Schule, den Eltern oder ihr selbst etwas Schlimmes passieren könnte, deshalb macht sie sich immer wieder gern Gedanken über unterschiedliche Schutzmaßnahmen.

Der Flüchtling (die Flüchtling geht nun wirklich nicht, obwohl es ja viele weibliche Flüchtlinge geben soll.): Ihn gibt es natürlich auch an anderen Schulen. Er würde sich am liebsten aus allen Streitereien in der Schule heraushalten, was ihm nicht immer gelingt. Er zieht sich schon früh ins Privatleben zurück. Im Unterricht soll er oft gar nicht so schlecht sein, weil er durch sein Fluchtverhalten durch die internen Streitereien nicht so belastet sein soll.

Dieses grobe Raster kann natürlich nur einen oberflächlichen Einblick liefern. Leider merke ich erst jetzt, daß zuerst die Frage beantwortet werden muß: Was ist eigentlich eine gute Lehrerin? Um die Beantwortung dieser Frage haben sich schon unterschiedliche Pädagogen bemüht. Ich habe mich dieses Mal um eine Antwort herumgedrückt.

Insgesamt hat sich auch in der Glockseeschule das Aufgabenspektrum der guten Lehrerin in den letzten Jahren erheblich erweitert. Immer häufiger muß sie Sozial- und Kulturarbeit leisten, ja selbst in der Erwachsenenbildung ist sie tätig. Sie muß z.B. Eltern durch Telefonanrufe daran erinnern, daß diese am nächsten Tag mit dem Kochen in der Klasse ihres Kindes dran sind.

Vielleicht ist die Glocksee-Lehrerin doch eine bessere Lehrerin, als so mancher Vater oder manche Mutter denkt?

Mal im Vertrauen, sind Sie manchmal auch wütend auf Ihre Kinder oder Schüler? (1996)

Es lag dieses Mal nicht soviel an - für die Kolumne! Deshalb möchte ich die Gelegenheit nutzen, und mich zu einem Thema äußern, über das in der Pädagogik wenig geschrieben und auch nur selten gesprochen wird. In der Glocksee-Pädagogik wird es auch kaum erwähnt, denn die Glocksee-Lehrerin ist so und so nie wütend auf ihre Schüler. Um allen Spekulationen vorzubeugen, sei es hier gleich vorweg angemerkt, es gibt keinen aktuellen Vorfall in der Glockseeschule, auf den sich meine Überlegungen beziehen. Wie gesagt, Lehrerinnen und Lehrer der Glockseeschule sind ja nie wütend auf ihre Schüler!

Ich bin auf dieses heikle Thema auch nur gestoßen, weil ich an einer Tagung über "Liebe und Haß in der Pädagogik Bruno Bettelheims" teilgenommen habe. Also ich hatte schon manchmal darüber nachgedacht und mit Freunden und Kollegen auch ab und zu mal darüber gesprochen, daß man manchmal auf Kinder und Jugendliche, mit denen man Tag für Tag arbeiten muß, auch ganz schön wütend werden kann. In einer Zeit, in der aufgeregt über Kindesmißhandlung diskutiert wird, setzt sich derjenige, der sich zu negativen Gefühlen gegenüber Kindern und Jugendlichen äußert und diese nicht sofort verurteilt schnell dem Verdacht aus, ein ganz übler Bursche zu sein.

Aber kennen Sie das nicht auch, Sie haben sich alles schön überlegt für den Unterricht oder eine andere pädagogische Veranstaltung, und dann machen die Kids einfach alles kaputt durch ihre blöden Kommentare und Faxen. Gut, nun kann sich der aufgeklärte Pädagoge überlegen, warum das so ist. Bloß immer hilft das auch nicht. Irgendwie steigt der Ärger auf. Sozialisationstheoretische Erklärungsansätze können die Adrenalinzufuhr nicht mehr stoppen. Und dann brüllt man z.B. los. Das sind natürlich keine pädagogischen Sternstunden. Wohlgemerkt, ich finde so ein pädagogisches Verhalten nicht erstrebenswert, glaube aber, daß es im pädagogischen Alltag immer mal wieder vorkommt.

In der pädagogischen Fachliteratur wird über die Wut des Erziehers über seinen Zögling nur selten etwas geschrieben, denn über die Liebe läßt sich in der Pädagogik leichter etwas schreiben als über den Haß. Nur selten finden wir wie in Makarenkos "Pädagogischem Poem" einen Bericht, in dem Makarenko zugibt, wie er in einer schwierigen Situation die Fassung verliert und einen von ihm betreuten kriminellen Jugendlichen schlägt. "Outings" dieser Art finden sich aber in der pädagogischen Literatur selten. Schon beim Schreiben dieses Satzes habe ich die Befürchtung, daß er umgedeutet wird zur Aufforderung, in der Pädagogik wieder die Gewalt als Erziehungsmittel einzusetzen. Darum geht es mir wirklich nicht. Vielmehr geht es mir darum, auf Situationen aufmerksam zu machen, in denen Erzieher sich zu Reaktionen hinreißen lassen, die sie so nicht geplant hatten und in ihren Vorstellungen über Erziehung so auch nicht eingeplant hatten. Situationen dieser Art sind den meisten Pädagogen heute eher unangenehm. Deshalb werden sie auch nur selten erörtert, aber sie ereignen sich dennoch. Ihre Verleugnung kann zur pädagogischen Katastrophe führen. Dies wissen wir bisher aus den Berichten über Pflegearbeit schwerstbehinderter und alter Menschen.

So dramatisch äußert sich die Wut über Kinder und Jugendliche in der Regelschule fast nie. Gerade in der Regelschule äußert sich diese Wut viel subtiler, wenn es z.B. um Zensuren und Zeugnisse geht. Als sich die Schüler zur Eröffnung einer Prüfung brav aufstellen, zischt die junge Kollegin ihrem Kollegen leise zu, "Zwei Jahre habe ich manchmal vor euch gezittert, heute seid ihr dran mit Zittern!" Ob die "Vier minus" zur "Fünf" wird, hängt wohl auch nicht immer von dem objektiv meßbaren Leistungsstand des Schülers ab, sondern kann auch abhängig sein, von der Höhe des noch angestauten Ärgers im Innern des Pädagogen.

Vielleicht habe ich mich ja dieses Mal zu einem Thema geäußert, das es nur an der Regelschule gibt. Ich glaube das aber nicht. In den kleinen Geschichten aus dem pädagogischen Alltag der Glockseeschule weiß ich, daß sich auch hier Lehrerinnen und Lehrer über Schüler ärgern können, die gemein zu anderen Schülern sind, die Absprachen nicht einhalten, die schändlich mit den Gegenständen in der Schule umgehen. Natürlich wäre es gut, wenn man darauf immer pädagogisch angemessen reagieren könnte. Vor zwanzig Jahren soll ja dazu mal jemand gesagt haben, "Ich glaube, ich werde gleich unheimlich aggressiv!" und ballte die Faust in der Tasche. Nun gibt es in der Glockseeschule erst in der zehnten Klasse Zensuren. Wo bleiben die Lehrerinnen und Lehrer dann eigentlich so lange mit ihrem Ärger?

Teil IV

Anhang

Manfred Borchert

Wie gründet man eine Freie Alternativschule?

Die Gründung einer Freien Alternativschule ist keine leichte Aufgabe. Mittlerweile haben aber 36 Gründungsgruppen diese Aufgabe erfolgreich bewältigt. Für alle weiteren Initiativen folgen hier einige Informationen, Ratschläge und Tips, die für die Gründung einer FAS nützlich sein können.

1. Schritt: MitmacherInnen finden

In der Gründung und im Betrieb einer Freien Alternativschule liegt eine große Chance: Erziehungsvorstellungen von Eltern und die pädagogischen/didaktischen Einstellungen von LehrerInnen können miteinander in Einklang gebracht werden. Diese Übereinstimmung ist eine der wichtigsten Voraussetzungen für die Zufriedenheit der Eltern, LehrerInnen und Kinder mit *ihrer* Schule.

Im Alleingang ist die Gründung einer FAS kaum zu bewältigen. Das Unternehmen kann am ehesten gelingen, wenn wenigstens eine Handvoll Menschen den festen Willen hat, mehrere Jahre lang sehr viel Zeit, Idealismus und auch einiges Geld für dieses Ziel zu opfern. MitmacherInnen kann man über Veranstaltungen, Presseveröffentlichungen oder Handzettel finden, die in Kindergärten, bei Kinderärzten, bei Theateraufführungen für Kinder, in Supermärkten usw. verteilt werden. Sinnvoll ist es, diese Handzettel in die Sprachen der ethnischen Minderheiten übersetzen zu lassen, die es am Ort gibt, damit man auch deren Kinder und Eltern in die Schule integrieren kann, soweit sie deren pädagogisches Konzept mittragen.

Es empfiehlt sich, in diesen Erstinformationen die staatliche Schule nicht negativ darzustellen, sondern positiv zu beschreiben, was man selber will. So kann man verhindern, daß man reformwillige MitarbeiterInnen in Schulaufsichtsbehörden oder ParteivertreterInnen gegen sich aufbringt. Wird nämlich deren Arbeit herabgewürdigt, können daraus Kränkungen und Verärgerungen entstehen, die sich beim Genehmigungsverfahren negativ auswirken.

2. Schritt: Reformschulen kennenlernen

Bevor man sich an die Arbeit macht, ein eigenes pädagogisches Konzept zu entwickeln, sollte man auf jeden Fall bereits existierende Schulen besonderer pädagogischer Prägung besuchen und zumindest einführende Bücher über die verschiedenen Pädagogiken gelesen haben. Zu den wichtigsten reformpädagogischen Reformströmungen in Deutschland gehören die staatlichen Freinet- und Jenaplan-Schulen, die staatlichen Nachbarschaftsschulen, die Montessori-Schulen (in freier oder staatlicher Trägerschaft), die Waldorfschulen (nur in freier Trägerschaft) und nicht zuletzt die Freien Alternativschulen, die meist in freier Trägerschaft, in Ausnahmefällen aber auch in staatlicher Trägerschaft betrieben werden. Von jeder dieser Schulrichtungen sollten man mehrere Schulen besuchen, weil es zwischen Schulen derselben Reformströmung teilweise erhebliche Unterschiede gibt.

3. Schritt: das pädagogische Konzept entwickeln

Voll von Eindrücken kann die Gruppe nun genauer klären, welche Art von Schule sie denn eigentlich gründen will und wie das Konzept für diese Schule aussehen soll. In dem Konzept sollte möglichst genau beschrieben werden,

- welche Pädagogik der Schulgründung zugrunde liegt,
- mit welchen Methoden in den einzelnen Lernbereichen an dieser Schule gearbeitet werden soll,
- welche besonderen inhaltlichen Schwerpunkte für die Arbeit gesetzt werden,
- welche Mitwirkungsmöglichkeiten die Kinder bzw. Jugendlichen haben sollen,
- welche Formen der Entwicklungs- und Leistungsbeschreibung es an der Schule geben soll,
- wie viele SchülerInnen die Schule im Endausbau haben wird und an welche Klassen- bzw. Gruppenstärke gedacht ist,
- ob in jahrgangsübergreifenden oder Jahrgangsklassen gelernt werden soll,
- ob - und wenn ja - wie behinderte Kinder integriert werden sollen und
- welche Möglichkeiten bzw. Grenzen es für Elternmitarbeit geben soll.

Möglicherweise gibt es in diesem Stadium schon eine Teilung der Gruppe, weil die pädagogischen Anschauungen zu weit auseinander liegen. Aber eine solche Teilung im frühen Gründungsstadium ist besser als konträre pädagogische Einstellungen zuzudecken und sie erst im laufenden Schulbetrieb auszutragen. Die Haltung aller Beteiligten während dieser Diskussionen sollte von der Maxime geprägt sein: Die allein selig machende Pädagogik gibt es nicht, und was für Eltern bzw. LehrerInnen pädagogisch als besonders wertvoll gilt, wird immer sehr individuell und subjektiv gefärbt sein.

Ist das pädagogische Konzept erstellt, sollte man es beim Bundesverband der FAS gegenlesen lassen, um die Frage zu klären: Sind die Genehmigungsvoraussetzungen für eine Schule mit „besonderem pädagogischen Interesse", die das Bundesverfassungsgericht genannt hat, einwandfrei gegeben. Das kann späterem Ärger im Genehmigungsverfahren vorbeugen.

4. Schritt: Die Frage klären "Welche Wege führen zum Ziel?"

Die Gründung einer Freien Alternativschule als Schule in freier Trägerschaft ermöglicht pädagogische und didaktische Freiräume, die es in gleicher Form an Schulen in kommunaler Trägerschaft nicht gibt. Nun kann es aber vorkommen, daß die Ministerien in einigen Bundesländern sehr heftigen Widerstand gegen die Gründung von Schulen in freier Trägerschaft leisten oder daß vor Ort die KommunalpolitikerInnen mit der Gründung einer Freien Schule nicht einverstanden sind. Wenn das der Fall ist, sollte die Gründungsgruppe sich ernsthaft überlegen, ob man nun die Mühsal jahrelanger Auseinandersetzungen für die Gründung einer Schule in freier Trägerschaft auf sich nehmen will oder lieber versucht, als Eltern- und LehrerInnengruppe eine FAS innerhalb des staatlichen Schulsystems zu eröffnen. Das erleichtert einerseits die Finanzierung der Schule, die Lösung der Raumfrage, das Finden von LehrerInnen und die Kooperation mit anderen Reformschulen im staatlichen Bereich, kann aber andererseits auch zu Einschränkungen der pädagogischen Gestaltungsfreiheit führen. Die Kinderschule Bremen, die Glocksee-Schule in Hannover, die Freie Kinderschule Harburg und die Freie Schule Eutin arbeiten als Schulen in kommunaler Trägerschaft bzw. als Klassen an einer kommunalen Schule. Sie haben unterschiedliche Erfahrung mit Vor- und Nachteilen des Eingebundenseins in den staatlichen Schulbereich gemacht. Es lohnt sich sie zu besuchen.

5. Schritt: Eintauchen in das Schulrecht

In vielen europäischen Ländern ist es sehr einfach, eine Schule in freier Trägerschaft zu gründen, in Deutschland aber sehr schwierig. Das gilt insbesondere für Grundschulen in freier Trägerschaft.

Die grundlegenden Bestimmungen zum Errichten von Schulen in freier Trägerschaft findet man im Grundgesetz. Dort heißt es in den Absätzen 4, 5 und 6 des Artikels 7:

„(4) Das Recht zur Errichtung von privaten Schulen wird gewährleistet. Private Schulen als Ersatz für öffentliche Schulen bedürfen der Genehmigung des Staates und unterstehen den Landesgesetzen. Die Genehmigung ist zu erteilen, wenn die privaten Schulen in ihren Lehrzielen und Einrichtungen[1] nicht hinter den öffentlichen Schulen zurückstehen und eine Sonderung der Schüler nach den Besitzverhältnissen der Eltern nicht gefördert wird. Die Genehmigung ist zu versagen, wenn die wirtschaftliche und rechtliche Stellung der Lehrkräfte nicht genügend gesichert ist.

(5) Eine private Volksschule[2] ist nur zuzulassen, wenn die Unterrichtsverwaltung[3] ein besonderes pädagogisches Interesse anerkennt oder, auf Antrag der Erziehungsberechtigten, wenn sie als Gemeinschaftsschule[4], als Bekenntnis-[5] oder Weltanschauungsschule errichtet werden soll und eine öffentliche Volksschule dieser Art in der Gemeinde nicht besteht.

(6) Absatz 1: Das gesamte Schulwesen steht unter Aufsicht des Staates."

Das Recht auf Schulgründung hat also den gleichen Rang wie die Grundrechte auf Meinungsäußerung, freie Entfaltung der Persönlichkeit oder die Freiheit der Berufswahl. Der Staat ist also verpflichtet, das Grundrecht auf Gründung von Schulen in freier Trägerschaft zu gewährleisten. Ein staatliches Schulmonopol ist verfassungswidrig. Das Recht auf Schulgründung ist aber eingeschränkt. Für die Freien Alternativschulen, die meist als Grundschulen betrieben werden, ist vor allem die Einschränkung von Bedeutung, daß vor deren Gründung ein "besonderes pädagogisches Interesse" von der Schulverwaltung anerkannt werden muß.

Was ist unter dem „besonderen pädagogischen Interesse" zu verstehen? Nach jahrelangem Rechtsstreit um die Genehmigung einer Freien Alternativschule in Berlin hat das Bundesverfassungsgericht (BVerfG) fünf Bedingungen beschrieben, die das "besondere pädagogische Interesse" als "objektive Voraussetzung für die Genehmigung privater Volksschulen"[6] begründen können.

Bedingung 1: "... der Antragsteller muß das von ihm entwickelte Konzept so substantiiert darlegen, daß der Unterrichtsverwaltung ein Vergleich mit bestehenden Konzepten und eine prognostische Beurteilung seiner Erfolgschancen und der möglicherweise mit ihm verbundenen Risiken und Gefahren für die

---

[1] Mit Einrichtungen sind Räume, Ausstattung, Lernmaterialien, Schulgelände gemeint.

[2] Volksschulen gibt es heute nicht mehr, deshalb muß man den Begriff mit Grund- und Hauptschule übersetzen

[3] Unterrichtsverwaltung bedeutet Schulaufsichtsbehörden bzw. Ministerium

[4] nicht konfessionell gebundene Schule

[5] konfessionell gebundene Schule

[6] L. R. Reuter: Zur Zulassung privater Grundschulen: Freie Schule Kreuzberg, in: RdJB, 1993, S. 476.

Entwicklung der Schüler ohne weiteres möglich ist."[1] In diesem Zusammenhang steht auch die vom BVerfG aufgenommene Frage, "... ob sich ein bestimmtes Konzept innerhalb der Bandbreite wissenschaftlich anerkannter pädagogischer Konzepte hält und Methoden vorsieht, die jedenfalls von ernstzunehmenden Teilen der Pädagogik als wissenschaftlich begründbar angesehen werden."[2]

Bedingung 2: "Gemeint ist (mit dem Begriff 'besonderes pädagogisches Interesse', M.B.) vielmehr das öffentliche Interesse an der Erprobung und Fortentwicklung pädagogischer Konzepte ..."[3]

Bedingung 3: Ein besonderes pädagogisches Interesse "... setzt vielmehr nur eine sinnvolle Alternative zum bestehenden öffentlichen und privaten Schulangebot voraus, welches die pädagogische Erfahrung bereichert und der Entwicklung des Schulsystems insgesamt zugute kommt."[4]

Bedingung 4: Das BVerfG fordert nicht, "... daß das fragliche Konzept in jeder Hinsicht neu oder gar einzigartig ist. (...)Es muß deshalb grundsätzlich ausreichen, daß ein pädagogisches Konzept wesentlich neue Akzente setzt oder schon erprobte Konzepte mit neuen Ansätzen von einigem Gewicht kombiniert."[5] An anderer Stelle der Urteilsbegründung wird diese Bedingung dahingehend erläutert, daß das Beruhen von Zielen und Inhalten auf dem Rahmenplan öffentlicher Grundschulen und ihre teilweise Verwirklichung in Schulversuchen einem pädagogischen Konzept noch nicht seine Besonderheit nehmen, dies sei erst der Fall "... wenn und soweit sie die Praxis des öffentlichen Schulwesens prägen."[6]

Bedingung 5: Das Erfüllen dieser Bedingung allein reicht schon aus für die Genehmigung einer FAS. Sie betrifft„...das Interesse an der angemessenen pädagogischen Betreuung spezieller Schülergruppen, welchen das öffentliche Schulwesen keine hinreichenden Angebote macht oder machen kann."[7] Das kann beispielsweise für die Integration lernbehinderter oder verhaltensauffälliger SchülerInnen gelten.

Im ersten Verwaltungsgerichtsprozeß nach dem Spruch des BVerfG vom 16.12.92 hat das Verwaltungsgericht Düsseldorf auf Grund eines Gutachtens von Prof. Rainer Winkel in seinem Urteil über die Genehmigung der Freien

---

[1]Ebda.

[2]a.a.O., S. 478.

[3]a.a.O., S. 476.

[4]Ebda.

[5]Ebda.

[6]a.a.O., S. 478.

[7]Ebda.

Schule Wuppertal befunden, daß folgende besonderen pädagogischen Merkmale für die Genehmigung einer Freien Alternativschule ausreichen:

a) der Unterricht in differenzierter Angebotsform, den es in der für FAS spezifischen Form an keiner staatlichen Schule oder anderen reformpädagogischen Schule in freier Trägerschaft gibt,

b) das Anbieten von Familienstrukturen (family grouping) und

c) besondere Formen der Elternmitwirkung (gemeint war damit die Mitarbeit der Eltern im Unterricht)

Das sind klare Aussagen zur Definition des "besonderen pädagogischen Interesses", leider aber halten sich Ministerien und Schulverwaltung in Genehmigungsverfahren nicht immer an Recht und Gesetz. Dabei stützen sie sich auf Art. 7 Abs.6 (1) „Das gesamte Schulwesen steht unter der Aufsicht des Staates." Dieser Satz wird bisweilen so interpretiert, daß Reformen nur dann sinnvoll sind, wenn sie im staatlichen Schulbereich realisiert werden. Deshalb ist es sehr wichtig, daß man durch den Bundesverband der FAS oder durch Rechtsanwälte, die auf Schulrecht spezialisiert sind, das pädagogische Konzept unter dem Gesichtspunkt beurteilen läßt, ob alle zuvor genannten Bedingungen für die Anerkennung des „besonderen pädagogischen Interesses" aus Sicht des BVerfG gegeben sind. Leider gibt es nur sehr wenige Anwälte, die sich auf Schulrecht spezialisiert haben, die Anschriften dieser Experten kann man über den Bundesverband der FAS erhalten.

6. Schritt: Verein gründen

Wenn die Gründungsgruppe das eigene Konzept erstellt oder ein bewährtes übernommen hat, steht die Gründung eines gemeinnützigen Vereins an. Das ist schon allein deshalb wichtig, weil man Spenden für den Verein steuerlich absetzen kann. Der Verein ist aber auch der zukünftige Träger der Schule, und der Vereinsvorstand verhandelt mit den Behörden, mietet Räume an usw.. Für die Vereinsgründung braucht man eine Satzung und sieben Gründungsmitglieder. Mustersatzungen für gemeinnützige Vereine erhält man bei anderen Schulen in freier Trägerschaft und beim Deutschen Paritätischen Wohlfahrtsverband. Wenn man aber eine FAS gründen will, zu der eine demokratische Selbstverwaltung gehört, sollte man schon zu diesem Zeitpunkt überlegen, welche Rechte und Pflichten Eltern, LehrerInnen und Kinder an der eigenen Schule haben sollen. Das Motto für diese Diskussion sollte lauten: „Wir geben denjenigen Verantwortung, die sie auch in der Schulpraxis tragen können!"

7. Schritt: Kosten klären, Geld beschaffen

Das Bundesverfassungsgericht hat in mehreren Entscheidungen festgestellt, daß der Staat zur finanziellen Förderung von Schulen in freier Trägerschaft verpflichtet ist. Von den Ministerien und Schulverwaltungen in den Bundesländern wird diese Verpflichtung aber extrem unterschiedlich gehandhabt. In Nordrhein-Westfalen gibt es z.B. für staatlich anerkannte Schulen in freier Trägerschaft Zuschüsse zwischen 87 und 94 Prozent der Kosten einer vergleichbaren staatlichen Regelschule. Bevor die staatliche Anerkennung aber ausgesprochen wird, gilt es eine meist 18 Monate dauernde Phase der vorläufigen Betriebserlaubnis zu überstehen, in der die Schulen nur die Hälfte der Zuschüsse bekommen, die sie später als staatlich anerkannte Schulen erhalten. In anderen Bundesländern kann die Phase vor der endgültigen staatlichen Anerkennung bei Grundschulen sechs oder sieben Jahre dauern, in der die Ministerien entscheiden, ob die Schulen sogenannte „freiwillige Zuschüsse" erhalten oder nicht. Das gilt z.B. für Berlin, Bayern und Baden-Württemberg. In manchen Bundesländern gibt es pauschale Zuschüsse pro Kind, in anderen wird nach dem Defizit-Deckungsverfahren bezuschußt. Die Materie ist recht kompliziert. Das beste ist, sich an die GeschäftsführerInnen anderer FAS oder sonstiger Schulen in freier Trägerschaft zu wenden und sich dort beraten zu lassen.

Ein typischer Denkfehler in Finanzfragen wird von Gründungsgruppen immer wieder gern gemacht. Sie rechnen aus, was es kostet, die Schule einzurichten und wieviel Mittel für die Phase der vorläufigen Betriebserlaubnis nötig sind. Nach Erledigung dieser Rechenaufgaben kommen sie dann zu dem voreiligen Schluß, daß die Finanzierung eigentlich unmöglich ist. Wenn man aber die Investitionskosten und die besondere Belastung während der vorläufigen Betriebserlaubnis nicht nur auf die Eltern der Gründungsgenerationen umlegt, sondern auch die Eltern finanziell beteiligt, die erst in späteren Jahren (in das gemachte Nest) hinzukommen, ist die anfängliche Durststrecke viel leichter zu überstehen. Dafür aber braucht man Kredite. Eine sehr gute Adresse dafür ist die Gemeinschaftsbank für Leihen und Schenken (GLS) in Bochum. Sie unterstützt mit günstigen Darlehen Schulen mit besonderem pädagogischen Profil, so daß auch Eltern- und LehrerInnengruppen mit bescheidenen Finanzmitteln ihre Schule gründen können.

Eine weitere die Finanzen betreffende Genehmigungshürde besteht darin, daß die Gründungsgruppe Eigenmittel für den Schulbetrieb für die ersten Jahre nachweisen muß. In einigen Bundesländern reichen dafür Bürgschaften von Eltern oder anderen Personen aus, in anderen werden Bankbürgschaften oder der Nachweis von Mitteln auf den Konten des Trägervereins verlangt. Für diesen Nachweis gibt es bewährte Verfahren wie z.B. die Leihgemeinschaften oder Bürgschaften von Eltern an den zu gründenden bzw. schon länger existierenden Schulen.

8. Schritt: Räume finden

Das Finden geeigneter Räume ist ein schwieriges Problem. An Schulgebäude werden besondere Ansprüche gestellt: Größe, Helligkeit der Räume, Fluchtwege, Brandsicherheit, Toiletten usw.. Deshalb ist dringend zu empfehlen, daß man sich vor der Anmietung von Räumen durch MitarbeiterInnen des örtlichen Bauamtes bzw. der zuständigen Schulaufsichtsbehörde bei den Regierungspräsidenten oder den staatlichen Schulämtern in den Regionen und der Feuerwehr beraten läßt, ob die Räume für eine Nutzung als Schule in Frage kommen. Wenn in den Räumen nicht zuvor schon ein Schule betrieben worden ist, bedarf es einer Nutzungsänderungserlaubnis, die durch die örtlichen Bauämter erteilt wird. Für ein solches Verfahren muß man einige Monate Zeit einkalkulieren. Es ist zwar günstig, wenn man geeignete Räume schon bei der Antragstellung durch einen Mietvertrag nachweisen kann, es reicht aber auch eine Option auf einen Miet- oder Kaufvertrag.

9. Schritt: Türen öffnen

Dieser Schritt steht zwar hier erst als neunter, eigentlich aber muß er parallel zu allen anderen Arbeiten getan werden. Gemeint ist mit dem Öffnen von Türen, daß man die geplante Schulgründung bei der örtlichen Schulverwaltung, im Schulausschuß und bei den Schulaufsichtsbehörden vorstellt, wenn das pädagogische Konzept formuliert ist und im Ort Bedarf für eine FAS nachgewiesen werden kann. Dabei sollte man keine Scheu haben vor PolitikerInnen, die den eigenen politischen Ansichten eher fernstehen. Denn in pädagogischen Fragen findet man BefürworterInnen und GegnerInnen von FAS quer durch fast alle Parteien. Für die Gespräche wappne man sich mit großer Geduld, weil immer wieder dieselben Fragen zu beantworten sind und immer wieder dieselben Vorurteile zum Vorschein kommen. Da kann es nützlich sein, wenn erfahrene BeraterInnen aus anderen Freien Alternativschulen oder vom Bundesverband Hilfestellung leisten. Auch befürwortende schriftliche Stellungnahmen von einflußreichen PolitikerInnen, WissenschaftlerInnen und vom Bundesverband der FAS können hilfreich sein.

10.Schritt: Antrag stellen

Sind diese Vorgespräche gelaufen, wird es erst richtig spannend. Der Antrag auf die Genehmigung der Schule wird eingereicht. Der Antrag muß mindestens sechs Monate vor dem geplanten Schulbeginn beim Kultus- bzw. Schulministerium vorliegen. Auch bei den beizubringenden Unterlagen gibt es Unterschiede von Bundesland zu Bundesland. Üblicherweise sind aber dem Antrag folgende Unterlagen beizufügen:

- das pädagogische Konzept,
- Lehrpläne, falls eigene entwickelt worden sind, oder die schriftliche Auskunft, daß man sich an den Lehrplänen der staatlichen Schulen orientiert,
- Arbeitsverträge mit den vorgesehenen Lehrkräften sowie deren Zeugnisse über erstes und zweites Staatsexamen, amtliche Gesundheitszeugnisse und polizeiliche Führungszeugnisse,
- Grundrisse und Lageplan von den vorgesehenen Schulräumen,
- Haushaltsvoranschläge,
- Nachweis von Eigenmitteln,
- Satzung des Schulträgervereins
- Auszug aus dem Vereinsregister, aus dem die Namen der Vorstandsmitglieder hervorgehen,
- Bedarfsnachweis (Liste von Eltern, die ihre Kinder anmelden wollen).

11. Schritt: Antrag abgelehnt - Widerspruch einlegen

Diesen Schritt mußten früher viele FAS gehen. Seit einigen Jahren aber hat sich die Genehmigungspraxis in fast allen Bundesländern sehr verbessert. Offensichtlich haben die FAS bei PolitikerInnen und in den Ministerien einige Vorurteile und Bedenken ausräumen können. Ausnahmen sind Bayern, Baden-Württemberg und einige wenige von der SPD regierte Länder, in denen man sich so wie sonst nur die CSU Schulreform am liebsten als staatlich regulierte, nicht aber in Eigeninitiative von Eltern und LehrerInnen vorstellt. Zu diesen Ländern gehören Bremen, Hamburg und Nordrhein-Westfalen.

Falls aber dieser Fall eintritt, empfiehlt es sich dringend, sofort durch einen fachkundigen Anwalt Widerspruch einzulegen und gleichzeitig nochmals Gespräche anzubieten. Falls Widerspruch und Gesprächsangebot abgelehnt werden, bleibt nur der Klageweg vor einem Verwaltungsgericht. Da die Verwaltungsgerichte zur Berücksichtigung der Rechtsprechung des BVerfG verpflichtet sind, stehen die Chancen auf die Durchsetzung einer Genehmigung gut. Freilich kann ein solcher Prozeß mehrere Jahre lang dauern. Was also tun?

Den Traum von der eigenen Schule zu Grabe tragen oder ohne Genehmigung anfangen?

Diese Frage ist nicht leicht zu beantworten, denn Eltern, die ihre Kinder an eine nicht genehmigte Schule schicken, verletzen die Schulpflicht. Das ist zwar keine Straftat, sondern eine Ordnungswidrigkeit, die mit Bußgeldern zwischen 200 und mehreren Tausend Mark geahndet werden kann, je nachdem in welchem Bundesland man lebt und wie lange das eigene Kind an einer nicht genehmigten Schule unterrichtet wird. Auch eine zwangsweise Zuführung eines Kindes an eine staatliche Schule ist möglich. In der mehr als zwei Jahrzehnte langen Geschichte der FAS hat es aber bisher nur einen einzigen derartigen Fall gegeben. Schildert man diesen Fall in anderen europäischen Ländern, reagieren die ZuhörerInnen fassungslos oder mit ungläubigem Kopfschütteln.

Normalerweise legen die Eltern gegen die Bußgeldbescheide Widerspruch bzw. Klage ein, und die Verwaltungsgerichte setzen die Bußgeldverfahren dann solange aus, bis der Genehmigungsprozeß entschieden ist. So geschehen u.a. in Frankfurt, Bochum und Wuppertal. Die genannten Schulen haben sich alle gerichtlich durchgesetzt, worauf die angedrohten Bußgeldverfahren eingestellt wurden. Doch auch ohne die Zahlung von Bußgeldern ist es sehr schwierig, eine nicht genehmigte Schule zu betreiben. Vor allem deshalb, weil die Schule dann keine staatlichen Zuschüsse erhält, aber auch weil viele Eltern Angst haben, ihre Kinder an eine ungenehmigte Schule zu schicken. Von zwei Ausnahmen abgesehen haben aber alle FAS, die den Schulbetrieb ohne den Segen staatlicher Behörden aufgenommen haben, diese Genehmigung vor Gericht erstritten. Diejenigen Eltern und LehrerInnen aber, die es nicht auf einen Prozeß ankommen lassen wollen, sollten auf jeden Fall mit den Schulbehörden darüber verhandeln, ob sie im Rahmen staatlicher Schulen Klassen mit besonderer pädagogischer Prägung einrichten können. Denn manche Ministerien sind bereit, Zugeständnisse für die pädagogische Gestaltungsfreiheit zu machen, wenn sie damit jahrelange Prozesse und großes öffentliches Aufsehen vermeiden können.

12. Schritt: Die Schuleröffnungsfeier

Alle Menschen einladen, die mitgeholfen haben, daß wieder eine Freie Alternativschule eröffnet werden kann. Die Amts- und Würdenträger der Lokalpolitik, der Schulaufsichtsbehörde, in den Ministerien lädt man selbstverständlich auch ein, weil sich in lockerer Party-Atmosphäre die gegenseitigen Beziehungen verbessern und manche eventuell noch ungelöste Probleme leicht lösen lassen. Und: Die Preise für Essen und Getränke so gestalten, daß noch etwas Geld für die Schule übrig bleibt.

Adressenliste der Freien Alternativschulen in der BRD
Stand: Juni 1998

Eine jährlich aktualisierte Adressenliste incl. Kurzinfos und weitere Informationsmaterialien (Info-Mappe zur Gründung einer FAS/ Rückmeldebögen zur Fördermitgliedschaft im BFAS/ Bestandsübersicht des Info-Archivs der FAS etc.) können gegen Kostenerstattung bezogen werden beim:

Bundesverband der Freien Alternativschulen
Wiemelhauser Str. 270
44799 Bochum
Tel.: 0234/72648
Fax.: 0234/76053
Internet: // www.paritaet.org/bfas/index.htm

Freie Schule Altmark - (seit 1995; 21 Grundschulkinder)
Dorfstr.4 - 29416 Groß Chüden - Tel.: 03901/471195

Freie Montessorischule Barnim - (seit 1997; 14 Grundschulkinder)
OT Struwenberg - 16248 Hohenfinow - Tel.: 033362/70104

Freie Schule in Berlin - (seit 1979; 50 Kinder in den Jahrgängen 1 bis 6)
Viktoriastr. 10-18 - 12105 Berlin - 030/7520771

Freie Schule Pankow - (seit 1996; 13 Grundschulkinder)
c/o Jan Fuhge - Husemannstr. 7 - 10435 Berlin - 030/4410920

Freie Schule Prenzlauer Berg - (seit 1996; 25 Kinder in den Jahrgängen 1 bis 6)
Thomas-Mann-Str.65 – 10409 Berlin – 030/4241805

Freie Schule Bochum - (seit 1981; 160 Kinder und Jugendliche in den Jahrgängen 1 bis 10)
Wiemelhauser Str. 270 - 44799 Bochum - 0234/72648

Freie Schule Braunschweig - (seit1985; 76 Kinder in den Jahrgängen 1 bis 4)
Grünewaldstr. 12 - 38124 Braunschweig - 0531/347425

Kinderschule Bremen - (seit 1980; 45 Kinder zwischen 5 und 11 Jahren)
Lothringerstr. 30 - 28211 Bremen - 0421/343276

Freie Comenius-Schule Darmstadt -(seit 1986; 105 Kinder in den Jahrgängen 1 bis 9)
Jägertorstr. 179a - 64284 Darmstadt - 06151/ 7347290

Freie Schule Dresden - (seit 1994; 26 Grundschulkinder)
Emmerich-Ambroß-Ufer 95 - 01157 Dresden - 0351/4216320

Freie Schule Regenbogen Erfurt - (seit 1991, 25 Grundschulkinder)
Tungerstr. 9 - 99099 Erfurt - 0361/4233936

Freie Schule Frankfurt - (seit 1974, 47 Kinder zwischen 3 und 14 Jahren)
Vogelweidstr. 3 - 60596 Frankfurt/Main - 069/636750

Freie Schule Güstrow - (seit 1997; 27 Grundschulkinder)
Waldweg 26 - 18273 Güstrow - 03843/234831

Freie Kinderschule Harburg - (seit 1987; 88 Kinder in den Jahrgängen 1 bis 4)
Maretstr. 50 - 21073 Hamburg - 040/7654298

Glocksee-Schule - (seit 1972; 210 Kinder und Jugendliche in den Jahrgängen 1 bis 10)
Am Lindenhofe 14 - 30519 Hannover - 0511/1689197

Werk-statt-Schule - (seit 1983, 50 Jugendliche in den Jahrgängen 7 bis 10)
Sundernstr. 33-35 – 30657 Hannover – 0511/6046061

Freie Montessorischule Heidelberg - (seit 1996, 15 Grundschulkinder)
Turnerstr. 133 - 69126 Heidelberg - 06221/375768

Freie Schule Kassel - (seit 1987; 36 Kinder zwischen 6 und 12 Jahren)
Brandenburgerstr. 5 - 34131 Kassel - 0561/34706

Freie Schule Köln - (seit 1987; 39 Kinder und Jugendliche in den Jahrgängen 5 bis 8)
B.-Letterhaus-Str.17 - 50670 Köln - 0221/9731830

Freie Schule Leipzig-Connewitz - (seit 1990; 75 Kinder und Jugendliche zwischen 5 und 14 Jahren)
Am Lindenhof 22 - 04277 Leipzig - 0341/3013343

Freie Schule Auguste - (seit 1994; 21 Kinder zwischen 5 und 9 Jahren)
Augustenstr. 20 - 04317 Leipzig - 0341/692291

Freie Schule Magdeburg - (seit 1997; 18 Grundschulkinder)
Harsdorferstr. - 39110 Magdeburg - 03917313210

Freie Schule Marburg - (seit 1986; 39 Kinder in den Jahrgängen 1 bis 6)
Anne-Frank-Str. 2 - 35037 Marburg - 0641/35905

Freie Schule SPATZ - (seit 1995, 11 Kinder in den Jahrgängen 1 bis 4)
Weingartenstr. 34 E - 77654 Offenburg - 0781/9480824

Freie Schule Potsdam - (seit 1995; 56 Kinder zwischen 6 und 10 Jahren)
Biesamkiez 28 – 14478 Potsdam – 0331/8714810

Freie Schule Prinzhöfte - (seit 1996, 19 Grundschulkinder)
Simmerhauser Str. 1 - 27243 Prinzhöfte - 04244/644

Nachbarschaftsschule Freie Schule Roddahn - (Seit 1997; 10 Grundschulkinder)
Dorfstr. 9 - 16845 Roddahn - 033875/31353

Schülerschule Schenefeld - (seit 1985; 173 Kinder in den Jahrgängen 1 bis 10)
Blankeneser Chaussee 5 - 22869 Schenefeld - 040/8301078

Aktive Naturschule Taschenberg - (seit 1994, 47 Kinder in den Jahrgängen 1 bis 6)
Dorfstr.45/46 - 17337 Taschenberg - 039853/2769

Aktive Naturschule Templin - (seit 1997; 21 Grundschulkinder)
Friedericke-Krüger-Str. 3 - 17268 Templin - 03987/54900

Freie Ganztagsschule Thale - (seit 1995; 63 Grundschulkinder)
Ahornalle 4 - 06502 Thale - 03947/64402

Freie Schule Untertaunus - (seit 1986; 38 Kinder in den Jahrgängen 1 bis 6)
Scheidertalstr. 22 - 65326 Aarbergen - 06120/5767

Verzeichnis der Autorinnen und Autoren

Jutta Altrogge
geb. 1959, Grundschullehrerin für Mathematik, Sprache und Sachunterricht, arbeitete von 1989 bis 1996 als Lehrerin in der Primarstufe der Freien Schule Bochum.

Manfred Borchert
geb. 1947, Dipl Sozialwissenschaftler, Dr. phil.; Mitbegründer der Freien Schule Bochum, dort zehn Jahre als Lehrer und Geschäftsführer tätig. Vorstandmitglied im Bundesverband der Freien Alternativschulen. Beratungstätigkeit für Freie Schulen. Mitarbeiter des Europäischen Forums für Freiheit im Bildungswesen.

Ulrike Bress
geb. 1977, Schülerin der Freien Schule Bochum von 1989 bis 1994, macht derzeit eine Ausbildung zur Rechtsanwalts- und Notarfachangestellten.

Pamela Burgdorf
geb. 1977, Schülerin der Freien Schule Bochum von 1988 bis 1994, besucht derzeit eine Fachoberschule für Gestaltung.

Henrik Ebenbeck
geb. 1961, Diplom-Theologe, Studium der evangelischen Theologie und Soziologie, anschließend sieben Jahre als Hausmann mit zwei Kindern tätig, arbeitet seit 1994 als Lehrer in der Freien Schule Leipzig.

Norbert Henn
geb. 1957 in Essen, Studium der Malerei und Bildhauerei in Kassel, Sonderschulstudium in Dortmund, seit 1989 als Lehrer und Vater an der Freien Schule Bochum tätig.

Ulrike Köhler
geb. 1947, Dr. phil., Diplom-Pädagogin und Lehrerin für die Grund- und Hauptschule, Lehrerin an der Glocksee-Schule seit 1975, schloß 1997 im Rahmen des Bielefeld-Kasseler Graduiertenkollegs „Schulentwicklungsforschung“ ihre Dissertation über die AbsolventInnen der Glocksee-Schule ab.

Jutta Kraus
geb. 1957, Englisch-/Kunststudium in Weingarten und Heidelberg, Sonderschulstudium in Heidelberg, seit 1981 Mitarbeit am Projekt Schneckenhaus, Mitbegründerin der Freien Schule Offenburg (1987 -1990) und der Freien Schule SPATZ (seit 1995), Vorstandsmitglied im Bundesverband der Freien Alternativschulen.

Birgit Kronsfeld
geb. 1955, Lehrerin für die Sekundarstufe I in den Fächern Kunst und Textilgestaltung, zwei Jahre Unterrichtstätigkeit in einer Regelschule, seit 1985 Lehrerin und seit 1991 Schulleiterin an der Freien Schule Bochum, macht seit drei Jahren eine Fortbildung in Gestaltpädagogik.

Burkhard Lammert
geb. 1953, grad. Sozialpädagoge, Lehrer für die Sek.I und Diplompädagoge, nach Arbeitstätigkeiten in der offenen Schülerarbeit, Erwachsenenbildung, in Arbeitslosenprojekten und in der Straffälligenhilfe seit 1992 Lehrer an der Freien Schule Bochum, seit 1988 auch als Elternteil mit der Freien Schule Bochum verbunden.

Christina Lammert
geb.1981, Schülerin der Stammgruppe 9 der Freien Schule Bochum, seit 1988 Schülerin der Freien Schule.

Michael Maas
geb. 1969, Dipl.-Päd., ehrenamtliche Mitarbeit in der Freien Schule Bochum seit 1990, Vorstandsmitglied im Bundesverband und Betreuer des Info-Archivs der Freien Alternativschulen. Promoviert im Rahmen des Bielefeld-Kasseler Graduiertenkollegs „Schulentwicklungsforschung"seit Jan. '97 über die Sek. I der Freien Schule Bochum.

Frank Mehler
geb. 1951, Lehrer für Pädagogik und Psychologie an der BBS III in Celle, Elternvertreter in der 8. Klasse seines Sohnes David an der Glocksee-Schule und Mitarbeit in der Glocksee-Info-Redaktion seit sieben Jahren.

Wilfried Müller
geb. 1960, dipl. Sozialwissenschaftler, Bootsbauer, seit 1992 tätig in der Kinderschule Bremen mit den Arbeitsschwerpunkten Werken und Gestalten mit Naturmaterialien, alte Handwerkstechniken und geschlechtsspezifische Jungenarbeit.

Wolfgang Mützelfeld
geb. 1949, war zunächst Fernmeldemechaniker, machte über den 2. Bildungsweg das Abitur und studierte das Lehramt in Oldenburg. Nach acht Jahren im Schuldienst gründete er vor 15 Jahren zusammen mit anderen Menschen das Zentrum Prinzhöfte und arbeitet seit 1996 als Lehrer an der Freien Schule Prinzhöfte.

Detlef Papke
geb. 1952, Lehrer für die Primar- und Sekundarstufe I, von 1978 bis 1981 Lehrer in Berlin, seit 1982 in der Kinderschule Bremen mit den Schwerpunkten Schreiben, Experimente, Theater und geschlechtsspezifische Jungenarbeit.

Angelika Parreidt
geb. 1955, Lehrerin für die Sekundarstufe I und II in den Fächern Erdkunde und Biologie, Tätigkeiten in einer Privatschule, in Berufsförderlehrgängen und 1996 in der Freien Schule Bochum, zur Zeit wieder in der beruflichen Bildung tätig.

Susanne Reick-Partenheimer
geb. 1961, Lehrerin für die Sekundarstufen I und II in den Fächern Geschichte und Deutsch, Stammgruppenlehrerin an der Freien Schule Bochum von 1992 - 1997.

Dagmar Rogall
geb. 1970, studiert das Lehramt für die Primarstufe in Münster, führte 1996 ein dreimonatiges Praktikum in der Freien Schule Bochum durch.

Siegfried Scharff
geb. 1960, Diplomlehrer für Deutsch und Englisch, 1989 Ausscheiden aus dem Staatsdienst und Mitarbeit an der Gründung der Freien Schule Leipzig, seit 1990 Lehrer und Vater an der Freien Schule Leipzig.

Rainer Winkel
geb. 1943, Professor für Erziehungswissenschaft an der Berliner Hochschule der Künste seit 1980. Von 1970 bis 1980 war er Assistent, Privatdozent sowie Professor an der Universität-GHS-Essen sowie Mitbegründer und Mitgestalter der Freien Schule Essen.

Kim Zahnwetzer
geb. 1976, Schüler der Freien Schule Bochum von 1987 bis 1993, macht derzeit eine Ausbildung als Gärtner mit der Fachrichtung Garten- und Landschaftspflege.